国家现代农业产业技术体系肉牛牦牛产业经济研究专项（CARS-38）

农业农村部畜牧兽医局委托课题（16230002）

吉林省教育厅科学研究项目（JJKH20250764SK）

吉林财经大学校级项目（2023YB030）

吉林财经大学著作出版资助项目

空间治理视角下的碳排放效率

以肉牛产业为例

闫佳惠 张越杰 著

Carbon Emission Efficiency
from the Perspective of Spatial Governance:

A Case Study of Beef Cattle Industry

中国社会科学出版社

图书在版编目（CIP）数据

空间治理视角下的碳排放效率：以肉牛产业为例 / 闫佳惠，张越杰著. -- 北京：中国社会科学出版社，2025.9. -- ISBN 978-7-5227-5112-2

Ⅰ．F326.33；X511

中国国家版本馆 CIP 数据核字第 2025E44Q94 号

出 版 人	季为民	
责任编辑	刘晓红	
责任校对	周晓东	
责任印制	戴　宽	
出　　版	中国社会科学出版社	
社　　址	北京鼓楼西大街甲 158 号	
邮　　编	100720	
网　　址	http://www.csspw.cn	
发 行 部	010-84083685	
门 市 部	010-84029450	
经　　销	新华书店及其他书店	
印　　刷	北京君升印刷有限公司	
装　　订	廊坊市广阳区广增装订厂	
版　　次	2025 年 9 月第 1 版	
印　　次	2025 年 9 月第 1 次印刷	
开　　本	710×1000　1/16	
印　　张	13.5	
字　　数	205 千字	
定　　价	76.00 元	

凡购买中国社会科学出版社图书，如有质量问题请与本社营销中心联系调换
电话：010-84083683
版权所有　侵权必究

前　言

　　第七十五届联合国大会上中国首次在国际会议中提出碳中和目标，表示将提高国家自主贡献力度，采取更加有力的政策和措施，二氧化碳排放力争于2030年前达到峰值，努力争取2060年前实现碳中和。肉牛作为大型反刍动物，是畜牧业温室气体排放中最大的排放源，中国作为仅次于美国和巴西的第三大牛肉生产国，其碳排放的负外部性不容小觑。但同时，牛肉作为城乡居民重要的"菜篮子"产品，消费需求日益增长，供需存在较大缺口。2020年中国牛肉进口量达到275万吨，在全球牛肉进口量中位居第一。在巨大的需求与产业体量的背后，如何实现产业经济增长与低碳减排的共同发展，是中国肉牛产业面临的严峻挑战。因此，碳排放效率作为能够兼顾发展与减排的关键要素，是中国肉牛产业亟待探讨的话题。那么中国肉牛主产区碳排放效率目前处于怎样的水平？各主产区之间的效率水平是否存在差异？其空间分布特征是什么？导致中国各肉牛主产区碳排放效率差异的关键因素是什么？其差异能否逐渐缩小？未来的减排潜力如何？

　　为回答上述问题，本书一是基于CNKI、SSCI数据库对国内外相关文献进行了可视化分析，厘清碳排放效率领域的研究趋势及研究前沿。并通过对书中所涉及的重要概念及相关理论的梳理，为进一步的研究打下基础。二是本书构建了肉牛产业碳排放测算体系，测算了中国肉牛产业及各主产区的碳排放量，在增强宏观认知的同时，也为碳排放效率的测算提供了数据支撑。三是本书对中国肉牛主产区碳排放效率进行了测算及评价，同时采用ESDA探索性空间数据分析方法，从全局和局部两个维度对中国肉牛主产区碳排放效率的空间相关性进行检验，判别其时空分异特征。基于此，在引入空间因素后探讨中国肉牛主产区碳排放效率的影响因素。四是对中国各肉牛主产区的碳排放效率差异进行了收敛性检验，并剖析各主产区的碳减排潜力。五是根据研究结论对推动中国肉牛产业低碳发展，缩小各主产区碳排放效率的区域差异提供决策依据。

本书的主要内容和相关结论如下：

（1）使用三阶段超效率SBM-DEA模型，将碳排放量作为非期望产出纳入效率测算框架中，对中国肉牛主产区碳排放效率进行评价，并从静态及动态两个方面探讨各肉牛主产区碳排放效率的区域差异。研究表明：①中国肉牛主产区碳排放效率与生产前沿面还有一定差距，各主产区碳排放效率存在显著差异，区域发展存在不均衡的情况。②在静态特征分析中，中国肉牛主产区碳排放效率值随时间变化呈现出波动下降趋势，整体呈现负增长。从地域上来看，存在明显的区域空间差异，碳排放效率值呈现出"中原>东北>西北>西南"的格局。③在动态特征分析中，通过GML指数分解得到中国肉牛主产区碳排放效率整体呈现下降趋势，规模化效率在碳排放效率的各增长动力来源中带来的贡献占比更大，生产要素利用率不高是导致目前中国肉牛主产区碳排放效率GML指数偏低的主要原因。

（2）通过探索性空间数据分析方法（ESDA）从全局和局部两个角度对中国肉牛主产区碳排放效率的空间相关性进行分析，用以揭示各肉牛主产区碳排放效率的空间集聚特征。研究表明：①中国各肉牛主产区碳排放效率差异会受空间单元的影响，具有较强的空间相关性，碳排放效率的空间分布存在集聚效应。②全局莫兰指数在研究期间内呈现较大变动幅度，空间集聚特征并不稳定，存在较大波动性，总体上呈现先下降后上升的"U"形趋势。③莫兰散点图显示大部分省份主要集中在第一、第三象限，存在较强的正向空间相关性。④LISA集聚图显示，在研究期内H-H集聚区的数量显著减少，从中原地区逐渐转移至东北及西北地区。L-L集聚区则逐渐向西南地区聚集，整个西南主产区碳排放效率呈现较低的发展水平。

（3）剖析中国肉牛主产区碳排放效率影响因素的影响机理，在此基础上采用 SDM 空间杜宾模型捕捉空间地理因素，并对区域间的影响因素及其空间溢出效应进行检验。研究表明：①空间地理因素是研究肉牛主产区碳排放效率不可或缺的因素，其溢出效应明显。②就主产区整体而言，规模化程度、机械化水平、专业技术水平、城乡收入差距对碳排放效率具有显著的正向影响，经济发展水平具有显著的负向影响。能够产生空间溢出效应的因素包括进口依存度、规模化程度、城乡收入差距。③分区域来看，各影响因素对不同主产区碳排放效率的作用大小以及对邻近地区产生溢出效应的大小存在较大差异，作用效果的显著性也不同。

（4）基于收敛性理论，采用 σ 收敛、绝对 β 收敛、PS 收敛对中国肉牛主产区碳排放效率的收敛性进行检验，并利用核密度函数刻画碳排放效率的整体动态演变趋势。同时构建了碳减排潜力测算模型，对中国肉牛主产区的碳减排潜力进行测算。研究表明：①中国肉牛主产区的碳排放效率不存在 σ 收敛，区域差异不会自动消失；存在绝对 β 收敛，碳排放效率值低的地区具有更高的增长率，对高值地区存在"追赶效应"。通过核密度估计及 PS 收敛发现，主产区碳排放效率值不存在整体上的收敛，继而进一步进行俱乐部收敛检验，发现主产区碳排放效率存在俱乐部收敛，组内省域之间碳排放效率的差异正在逐渐缩小。②中国各肉牛主产区皆存在碳减排潜力，但主产区内各地区碳减排潜力差异较大，可减碳量及减排规模也存在区域差异。目前，西北及西南产区是减排潜力最大的区域，碳排放效率亟待改善。

基于上述内容，本书从充分发挥低碳养殖示范区正向扩散作用，规避负向溢出效应；提高肉牛产业规模化程度，加大对低碳减排技术的扶持；制定与各主产区自身资源禀赋、发展阶段与管理水平相匹配的减排政策；快速释放减排空间，深度挖掘减排潜力；兼顾产业发展与碳减排，尽早布局产业自主发展策略及碳减排政策等方面提出对策建议。以期通过本书的研究能够为落实肉牛产业减排任务，缩小肉牛主产区碳排放效率区域差异，推进各主产区协调发展，合理布局减排工作重点提供科学决策依据。

目 录

第一章 绪论 ········· 1
- 第一节 研究背景 ········· 1
- 第二节 研究目的及研究意义 ········· 4
- 第三节 研究内容及研究方法 ········· 5
- 第四节 技术路线及本书研究结构安排 ········· 7
- 第五节 可能的创新点 ········· 10

第二章 理论基础与文献综述 ········· 12
- 第一节 核心概念界定 ········· 12
- 第二节 理论基础 ········· 15
- 第三节 国内外研究现状及评述 ········· 24
- 第四节 本章小结 ········· 46

第三章 中国肉牛产业碳排放的测度及特征分析 ········· 47
- 第一节 中国肉牛产业演变趋势及主产区发展概况 ········· 48
- 第二节 肉牛产业碳排放测算体系构建 ········· 54
- 第三节 肉牛产业碳排放量的测算 ········· 58
- 第四节 中国肉牛产业碳排放量特征解析 ········· 64
- 第五节 本章小结 ········· 77

第四章 中国肉牛主产区碳排放效率评价及特征分析 ········· 78
- 第一节 中国肉牛主产区碳排放效率测算方法与模型构建 ········· 79

第二节　变量选取与数据来源 ·· 87
　　第三节　中国肉牛主产区碳排放效率测算与分析 ···················· 89
　　第四节　中国肉牛主产区碳排放效率值静态特征分析 ············ 94
　　第五节　中国肉牛主产区碳排放效率值动态特征分析 ············ 97
　　第六节　本章小结 ·· 103

第五章　中国肉牛主产区碳排放效率的空间相关性分析 ··············· 105
　　第一节　空间相关性理论分析 ·· 106
　　第二节　空间相关性统计方法 ·· 108
　　第三节　肉牛主产区碳排放效率空间相关性检验 ················ 112
　　第四节　本章小结 ·· 117

第六章　中国肉牛主产区碳排放效率影响因素空间计量分析 ······· 119
　　第一节　空间计量模型的构建与检验 ·································· 120
　　第二节　中国肉牛主产区碳排放效率影响因素指标选取 ···· 122
　　第三节　中国肉牛主产区碳排放效率影响因素实证检验 ···· 134
　　第四节　本章小结 ·· 148

第七章　中国肉牛主产区碳排放效率的收敛性及减排潜力分析 ··· 150
　　第一节　收敛性理论分析及其研究方法 ······························ 151
　　第二节　中国肉牛主产区碳排放效率 σ 收敛检验 ················ 158
　　第三节　中国肉牛主产区碳排放效率绝对 β 收敛检验 ········ 162
　　第四节　中国肉牛主产区碳排放效率核密度函数估计 ········ 165
　　第五节　中国肉牛主产区碳排放效率 PS 收敛检验 ············ 166
　　第六节　中国肉牛主产区碳减排潜力分析 ···························· 169
　　第七节　本章小结 ·· 174

第八章　研究结论、政策建议与研究展望 ······································ 177
　　第一节　研究结论 ·· 177
　　第二节　政策建议 ·· 182

第三节　研究展望 ………………………………………… 185

附　录 ……………………………………………………………… 187

参考文献 …………………………………………………………… 190

后　记 ……………………………………………………………… 207

第一章

绪 论

第一节 研究背景

温室气体（GHG）的大量排放正在改变全球的生态系统，导致环境污染、气候变暖等环境问题日益加剧。不断刷新历史纪录的高温、海平面的逐年升高、土地的沙漠化、干旱与洪涝的频发，在气候、环境、经济等多个领域对人类生活造成了严重的危害。世界各国对于气候、碳排放等环境问题给予了高度关注。2015 年 12 月，近 200 个《联合国气候变化框架公约》（United Nations Framework Convention on Climate Change，UNFCCC）缔约方在第 21 届联合国气候变化大会上通过了《巴黎协定》。2016 年，178 个缔约方签署了《巴黎协定》，表示将采取行动减少温室气体排放。中国在 2020 年联合国大会上明确提出二氧化碳排放量力争在 2030 年左右达到最高值，努力争取 2060 年前实现碳中和。面对巨大的减排压力，如何抑制各行业碳排放量的增长成为中国亟须解决的问题。

畜牧业是全球温室气体的主要排放源，是影响气候变化的重要因素之一。在联合国粮农组织发布的《牲畜的巨大阴影：环境问题与选择》报告中显示，全球范围内畜牧业排放的温室气体年排放总量为 71 亿吨，占人类造成的温室气体总排放量的 14.5%，已经超过了交通运输业及工业，成为最大的温室气体排放源，每年所排放的甲烷量相当于 1.44 亿吨石油，足够为整个南美洲供电。而在畜牧业温室气体排放中，最大的排放源是牛。牛作为大型多胃反刍动物，会通过肠道发酵、粪污排放的方式释放如氧化亚氮（N_2O）、甲烷（CH_4）等大量温室气体，其排放量远超猪、禽类及小型反刍动物，占畜牧业总排放量的 65%，其中又以肉牛占比最高，约为 35%，如图 1-1 所示。在畜牧产品中，牛肉是排放强度最高的产品，平均每公斤蛋白质排放的二氧化碳当量为 342 公斤，排放量约为 29 亿吨，占行业总排放量的 41%。另外，肉牛养殖具有独特的产业经济规律，与猪、禽类养殖相比具有生命周期长以及产业链条长的特点。肉牛独特的生物生长特点及产业经济规律，决定了肉牛产业的低碳发展对于绿色畜牧业的建设而言至关重要。

随着国民经济发展，家庭收入不断增加，牛肉作为城乡居民重要的"菜篮子"产品，消费需求日益增长。作为畜牧业的主导产业，肉牛产业在部分地区已逐步由家庭副业发展成为农业和农村经济的支柱产业。目前，中国已成为仅次于美国和巴西的第三大牛肉生产国，在保障牛肉有效供给、促进农村经济增长和农民增收、吸纳农村剩余劳动力等方面做出了巨大的贡献。2019 年中国牛肉产业总产值达到 5300 亿元，在巨大的产业体量背后，牛肉的供需仍然存在较大缺口。2020 年中国牛肉进口量达到 275 万吨，在全球牛肉进口量中位居第一。在巨大的需求与产业体量的背后，如何实现产业经济增长与低碳减排的共同发展，是中国肉牛产业面临的严峻挑战。

习近平总书记在全国生态环境保护大会上强调，要构建以"产业生态化"和"生态产业化"为主体的生态经济体系，经济增长与低碳减排的和谐共进是推进生态文明建设，实现可持续发展的必经之路。2020 年，《国务院办公厅关于促进畜牧业高质量发展的意见》中强调要坚持畜牧业绿色发展，统筹资源环境承载能力，协同推进畜禽养殖和环境保护。中国肉牛产业的绿色低碳发展方兴未艾，产业发展如何与资源、环境相协调，实现可持续发展逐渐成为肉牛产业关注的重大议题。

对于中国肉牛产业来说，提高碳排放效率，在兼顾产业健康发展的同时实现碳减排目标是肉牛产业目前面临的重大挑战。而肉牛产业是一个存在生产要素流动的非封闭性独立活动，不是孤立存在或能单独开展的，相似的地理环境和资源禀赋会使各主产区之间的生产要素存在相互影响以及相互交流的依赖关系，因此不同肉牛主产区的碳排放效率水平可能存在相关性，掌握各肉牛主产区碳排放效率的空间分布状况至关重要，故而本书基于空间计量的视角，聚焦中国肉牛主产区碳排放效率，探讨中国肉牛主产区碳排放效率目前处于怎样的水平？各主产区之间的效率水平是否存在差异？其空间分布特征是什么？导致中国各肉牛主产区碳排放效率差异的关键因素是什么？其差异能否逐渐缩小？未来的减排潜力如何？本书基于空间计量的视角，试图解答上述问题，旨在通过对中国肉牛产业碳排放效率的研究，为中国肉牛产业经济与环境协同发展的政策制定提供理论基础及科学决策依据。

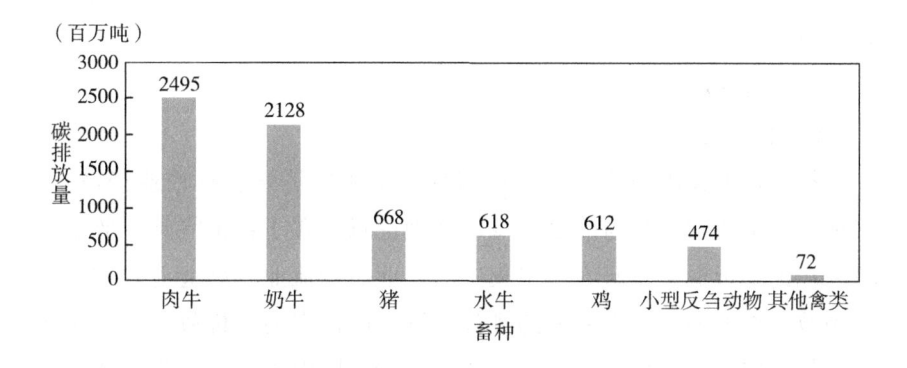

图 1-1 不同动物的碳排放量评估

注：包括可食用产品的排放及其他商品和服务的排放。

资料来源：GLEAM 数据库。

第二节 研究目的及研究意义

一 研究目的

本书以碳排放效率为切入点,通过对中国肉牛主产区碳排放效率的研究,为中国肉牛产业经济与环境协同发展的政策制定提供理论基础及科学决策依据。主要研究目的包括:①对中国肉牛产业及各主产区的碳排量进行科学测算,并通过三阶段超效率 SBM-DEA 模型对中国肉牛主产区碳排放效率进行测算,完成碳排放效率的静态及动态特征分析。②探索中国肉牛主产区碳排放效率的空间相关性,掌握各肉牛主产区碳排放效率的空间分布状况。③探索影响中国肉牛主产区碳排放效率的关键因素,并分析区域内各因素产生的空间交互影响。④分析中国肉牛主产区碳排放效率的收敛性及各主产区的减排潜力,针对各主产区碳排放效率的动态演变趋势及减排潜力制定差异化的减排政策。

二 研究意义

(一) 理论意义

本书属于农业经济学、环境与自然资源经济学、畜牧业经济学、管理学等学科的交叉与前沿领域,其理论意义在于:①将碳排放纳入效率理论分析框架的研究大多集中在工业、物流业、制造业、交通业等领域,更加关注化石能源的排放问题。同样作为高排放产业,聚焦于畜牧业碳排放效率方面的研究相对较少。以肉牛主产区作为研究对象,有助于拓宽效率理论的应用范围。②本书尝试综合运用效率理论、低碳经济理论、可持续发展理论及空间相关性理论,构建将空间地理因素考虑在内的中国肉牛主产区碳排放效率分析框架,对于丰富中国肉牛主产区碳排放效率空间相关性的作用机理与理论体系具有一定的理论意义。

(二) 现实意义

第一,在中国"双碳"目标的背景下,肉牛产业作为畜牧业碳排放量占比最高的产业，需承担减排的重要责任。与此同时，为满足牛肉消费需求的增长，减排的同时保障产业的健康发展至关重要。对中国肉牛主产区碳排放效率的研究，有助于产业经济发展与碳减排的"双赢"。科学合理地对中国肉牛主产区碳排放效率进行测算，并识别其空间分布特征，是评判中国肉牛主产区低碳化发展成效的重要标尺。

第二，中国区域经济发展及资源禀赋的不均衡性决定了各肉牛主产区碳排放效率存在显著的区域差异。识别各肉牛主产区碳排放效率的空间分布特征，分析主要影响因素对碳排放效率的作用机理、贡献程度以及存在的溢出效应，深入探究中国肉牛主产区碳排放效率的收敛性及减排潜力，有益于各主产区肉牛产业低碳政策的制定与调整。能够为落实肉牛产业减排任务，缩小肉牛主产区碳排放效率区域差异，推进各主产区协调发展，合理布局减排工作重点提供科学决策依据。

第三节 研究内容及研究方法

一 研究内容

本书在绿色、低碳、可持续发展的视角下探讨中国肉牛主产区碳排放效率的相关问题。测算了中国肉牛产业及各主产区的碳排放量，为碳排放效率的测算提供数据支撑，进而对中国肉牛主产区碳排放效率进行了测算及评价。同时采用探索性空间数据分析方法（ESDA），从全局和局部两个维度对中国肉牛主产区碳排放效率的空间相关性进行检验。基于此，在引入空间因素后探讨中国肉牛主产区碳排放效率的影响因素。并对中国各肉牛主产区碳排放效率差异进行了收敛性检验，剖析各主产区的碳减排潜力。此外，根据研究结论对推动中国肉牛主产区低碳发展，缩小各主产区碳排放效率的区域差异提供决策依据。具体内容如下：

第一，分析中国肉牛产业发展现状，构建肉牛产业碳排放测算体系，对中国肉牛产业及肉牛主产区的碳排放量进行测算，并依据环境库茨涅茨曲线理论，判别中国肉牛产业碳排放 EKC 曲线形态，剖析肉牛主产区碳排放量的时空特征。

第二，依据低碳经济理论及效率理论，将肉牛产业的碳排放作为非期望产出，纳入效率测算框架，采用三阶段超效率SBM-DEA模型以及Global Malmquist-Luenberger（GML）指数，测算并评价中国肉牛主产区碳排放效率水平，并从静态、动态两个方面进行时空特征的分析。

第三，对中国肉牛主产区碳排放效率进行空间相关性分析，采用探索性空间数据分析方法（ESDA），从全局和局部两个角度对中国肉牛主产区碳排放效率的空间相关性进行检验，以揭示各肉牛主产区碳排放效率的空间集聚特征。

第四，通过空间计量模型剖析中国肉牛主产区碳排放效率的影响因素，采用空间杜宾模型（SDM），在引入空间因素的基础上探讨经济发展水平、规模化程度、机械化水平、进口依存度、受教育程度、专业技术水平、城乡收入差距等因素对肉牛主产区碳排放效率的影响程度。

第五，基于收敛性理论，对中国肉牛主产区碳排放效率的收敛性进行探讨，采用σ收敛、绝对β收敛、PS收敛等方法探究中国肉牛主产区碳排放效率差异的收敛性，并利用核密度函数刻画中国肉牛主产区碳排放效率的整体演变动态趋势。同时构建了碳减排潜力测算模型，对中国肉牛主产区的碳减排潜力进行测算。

二 研究方法

（一）文献研究法

在本书研究过程中，采用CiteSpace分析工具，对文献开展可视化分析，从CNKI、SSCI数据库中查阅国内外相关文献，梳理、总结碳排放效率现有研究所取得的成果，明晰目前研究领域的研究前沿及发展趋势，通过可视化图谱，为后续研究内容的设定、研究方法的选取、研究视角的切入提供支撑。

（二）比较分析法

比较分析法是在不同的时间维度或不同的空间维度下，对某一指标进行比较，从而判断出该指标的差异，并明确异同点，多用于自然科学与社会科学领域。第三章通过比较分析法得到中国肉牛主产区碳排放量的区域差异。第四章在时间、空间两个维度下比较肉牛主产区的碳排放效率差异，并进行区域特征分析。有助于解释肉牛主产区碳排放效率的演变特征和规律。

（三）数据包络分析方法

数据包络分析（Data Envelopment Analysis，DEA）法是以线性规划理论为基础的非参数分析方法，可以对多投入与多产出决策单元的相对效率进行测算。本书采用三阶段超效率 SBM-DEA 模型，将非期望产出碳排放量纳入效率测算框架，在剔除各省域环境因素后测算中国肉牛主产区的碳排放效率。

（四）探索性空间数据分析法

探索性空间数据分析法（Exploratory Spatial Data Analysis，ESDA）是解释与空间位置相关的空间依赖性、空间关联性或空间相关性，检验分布状态的模型方法。主要包括两类检验：①全局空间相关性的检验。②局部空间相关性的检验。本书采用探索性空间数据分析法，借助 Moran's I 指数、莫兰散点图、LISA 集聚图等方法检验和分析中国肉牛主产区碳排放效率的相关空间格局及集聚特征。

（五）空间计量经济分析方法

传统的计量分析方法基于空间单元是相互独立的假设，但这违背了地理学第一定律，会造成估计结果的偏误。本书运用空间计量经济分析方法，采用空间杜宾模型（Spatial Durbin Model，SDM）对中国肉牛主产区碳排放效率的影响因素进行实证分析，并试图捕捉各种影响因素的空间交互效应。

第四节　技术路线及本书研究结构安排

一　技术路线

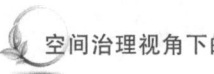

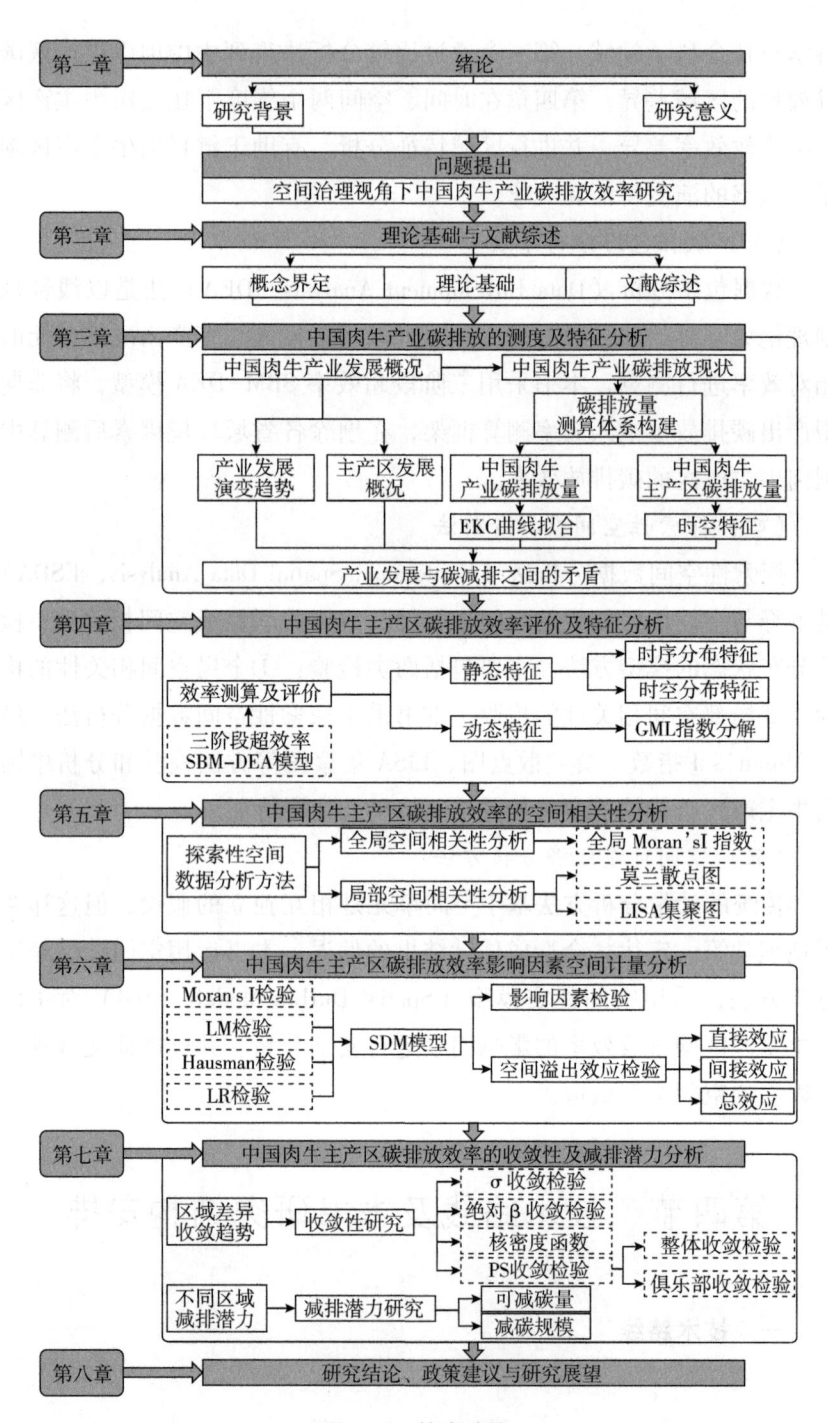

```
第一章 ──► 绪论
              ├── 研究背景
              └── 研究意义
                     │
                     ▼
              问题提出
              空间治理视角下中国肉牛产业碳排放效率研究

第二章 ──► 理论基础与文献综述
              ├── 概念界定
              ├── 理论基础
              └── 文献综述

第三章 ──► 中国肉牛产业碳排放的测度及特征分析
              ├── 中国肉牛产业发展概况 ──► 中国肉牛产业碳排放现状
              │                              │
              │                              ▼
              │                         碳排放量测算体系构建
              ├── 产业发展演变趋势
              ├── 主产区发展概况
              ├── 中国肉牛产业碳排放量 ── EKC曲线拟合
              └── 中国肉牛主产区碳排放量 ── 时空特征
                     │
                     ▼
              产业发展与碳减排之间的矛盾

第四章 ──► 中国肉牛主产区碳排放效率评价及特征分析
              ├── 效率测算及评价 ──┬── 静态特征 ──┬── 时序分布特征
              │                     │              └── 时空分布特征
              │                     └── 动态特征 ──── GML指数分解
              └── 三阶段超效率SBM-DEA模型

第五章 ──► 中国肉牛主产区碳排放效率的空间相关性分析
              └── 探索性空间数据分析方法
                     ├── 全局空间相关性分析 ──── 全局Moran's I指数
                     └── 局部空间相关性分析 ──┬── 莫兰散点图
                                               └── LISA集聚图

第六章 ──► 中国肉牛主产区碳排放效率影响因素空间计量分析
              ├── Moran's I检验
              ├── LM检验
              ├── Hausman检验  ──► SDM模型 ──┬── 影响因素检验
              └── LR检验                       └── 空间溢出效应检验 ──┬── 直接效应
                                                                       ├── 间接效应
                                                                       └── 总效应

第七章 ──► 中国肉牛主产区碳排放效率的收敛性及减排潜力分析
              ├── 区域差异收敛趋势 ──► 收敛性研究 ──┬── σ收敛检验
              │                                      ├── 绝对β收敛检验
              │                                      ├── 核密度函数
              │                                      └── PS收敛检验 ──┬── 整体收敛检验
              │                                                        └── 俱乐部收敛检验
              └── 不同区域减排潜力 ──► 减排潜力研究 ──┬── 可减碳量
                                                       └── 减碳规模

第八章 ──► 研究结论、政策建议与研究展望
```

图 1-2 技术路线

二 本书结构安排

在系统梳理总结相关理论和研究进展的基础上,本书旨在科学地测算并评价中国肉牛主产区碳排放效率,剖析其效率时空演变规律及特征,检验主产区碳排放效率的相关空间格局及集聚特征。在充分考虑空间效应的基础上识别对中国肉牛主产区碳排放效率产生关键作用的影响因素,判断区域差异的收敛性及动态演进趋势,同时对各主产区的减排潜力进行分析。本书共由八章组成,具体结构安排如下:

第一章为绪论。阐述研究背景,以及本书的理论意义和现实意义。在此基础之上,明确本书的研究内容,确定研究方法和研究思路,最终归纳出本书可能的创新之处。

第二章为理论基础与文献综述。主要从概念界定、理论基础和文献综述三方面展开。首先,对文中涉及的核心概念进行界定与说明,明确了研究对象的内涵。其次,对低碳经济理论、效率理论、空间相关性理论以及可持续发展理论进行了梳理,为后续研究提供理论基础。最后,采用 CiteSpace 分析工具,对文献开展可视化分析,对国内外有关碳排放效率、肉牛产业碳减排的研究进展进行系统梳理及详细综述,在已有研究的基础上探讨本书的研究贡献。

第三章为中国肉牛产业碳排放的测度及特征分析。首先,介绍了中国肉牛产业及各主产区发展概况。其次,构建肉牛产业碳排放测算体系对中国肉牛产业及肉牛主产区的碳排放量进行测算,在此基础上得到中国肉牛产业的碳排放量。最后,采用 VECM 模型对中国肉牛产业碳排放 EKC 曲线形态进行判别,进一步测算出中原主产区、东北主产区、西北主产区以及西南主产区的碳排放量,并对中国肉牛主产区碳排放量的时空特征进行深入的分析与探讨。

第四章为中国肉牛主产区碳排放效率评价及特征分析。将第三章测算的碳排放量纳入效率测算框架中,采用三阶段超效率 SBM-DEA 模型及 Global Malmquist-Luenberger(GML)指数,在剔除随机误差与省域环境因素后测算肉牛主产区碳排放效率,并从静态及动态两个方面探讨肉牛主产区的区域差异及时空分布特征。

第五章为中国肉牛主产区碳排放效率的空间相关性分析。本章从空间视角出发，通过探索性空间数据分析方法（ESDA），采用 Moran's I 指数、莫兰散点图及 LISA 集聚图从全局和局部两个角度对中国肉牛主产区碳排放效率的空间相关性进行分析，以揭示肉牛主产区碳排放效率的空间集聚特征。

第六章为中国肉牛主产区碳排放效率影响因素空间计量分析。本章在理论分析的基础上，剖析中国肉牛主产区碳排放效率影响因素的作用机理，在充分考虑空间效应后，采用空间杜宾模型（SDM）分析经济发展水平、规模化程度、机械化水平、进口依存度、受教育程度、专业技术水平、城乡收入差距等影响因素对肉牛主产区碳排放效率的影响，并剖析各影响因素产生的直接效应、间接效应和总效应对碳排放效率造成的影响和冲击，从而检验各影响因素是否存在空间溢出性。

第七章为中国肉牛主产区碳排放效率的收敛性及减排潜力分析。基于收敛性理论，采用 σ 收敛、绝对 β 收敛、PS 收敛对中国肉牛主产区碳排放效率的收敛性进行检验，并利用核密度函数刻画中国肉牛主产区碳排放效率的整体演变动态趋势。同时，构建碳减排潜力测算模型，对中国肉牛主产区的碳减排潜力进行测算。从而为推动中国肉牛主产区低碳发展，缩小各主产区碳排放效率的区域差异提供决策依据。

第八章为研究结论、政策建议与研究展望。首先，对主要研究结论进行汇总和梳理。其次，就如何提高中国肉牛主产区碳排放效率提出相关对策和政策建议。最后，分析研究中可能存在的不足之处，并对后续的研究方向进行展望。

第五节　可能的创新点

第一，目前有关碳排放效率的研究主要集中在工业、制造业等领域，更加关注化石燃料的排放，对于畜牧业方面的研究比较少，更鲜有学者针对肉牛产业碳排放效率进行研究。本书的研究以中国肉牛产业为切入点，对现有的碳排放效率研究进行了行业层面的丰富，从低碳角度对现有的肉牛产业研究进行了较为详尽的补充。

第二，传统的碳排放效率研究大多直接使用标准的计量经济学方法进行估计，但肉牛产业会倾向于在同一地理空间上集聚形成主产区，空间相关性及空间异质性的存在会违背独立性假定与误差同方差假定，这会造成估计结果的偏误。本书基于空间计量的视角，采用空间计量模型，将空间地理因素纳入肉牛产业碳排放效率研究之中，能够使研究结果更加客观全面。

第三，本书将碳排放量作为非期望产出纳入效率测算框架中，采用三阶段超效率 SBM-DEA 模型测算中国肉牛主产区碳排放效率。与传统 DEA 模型相比，剔除了非经营因素对效率的影响，能够更加客观地测度决策单元的效率，并且能够在处理超效率问题的同时，给出各决策单元投入产出变量的松弛量。另外，在对中国肉牛主产区碳排放效率的影响因素进行分析时，采用空间杜宾模型（SDM）将空间效应纳入影响因素的回归模型，可以避免直接使用回归系数对经济现象进行解释时可能出现的偏误。这些方法的运用使研究结论更加贴近现实情况。

第二章

理论基础与文献综述

本章对研究过程中涉及的核心概念进行界定，在此基础之上阐述相关理论基础，并梳理相关研究文献，主要内容如下：首先，结合研究内容，对肉牛产业、肉牛主产区、碳排放、碳排放效率及低碳畜牧业的相关概念进行界定。其次，在理论基础方面，对低碳经济理论、效率理论、空间相关性理论以及可持续发展理论进行了介绍。最后，采用 CiteSpace 软件对碳排放效率的相关研究开展了可视化分析，并对肉牛产业碳减排的相关研究进行了系统的梳理。明确相关研究的研究进展、研究方向及其存在的问题，掌握最新的研究视角、研究方向与计量模型，为整体研究奠定坚实的理论基础。

第一节 核心概念界定

一 肉牛产业及肉牛主产区

产业是社会分工的产物，是在生产力水平和劳动分工发展过程中产生的，是社会生产力持续发展的必然产物，是具有相似属性的企业经济活动的集合。在产业经济学中，产业是指由利益具有相互联系的、具有不同分工的、由各个相关联行业所组成的集合总称，尽管经营形式、经营方式、经营模式和流通环节有所不同，但这些行业的经营目标和经营范围都是以同一产品为中心的，其概念是介于宏观经济与微观经济之间的集合概念。产业的内涵为生产物质产品的集合体。基于产业的概念，本书将肉牛产业定义为与肉牛生产密切相关的经济活动的集合,包括与肉牛生产相关的生产资料的供应、饲养繁殖、屠宰加工、储运、消费等经济活动。肉牛产业涉及多个生产环节,其中包括许多不同的利益相关方和参与方。肉牛产业将农业、工业和消费三个领域串联起来。在提供各种生产资料、种牛和基本母牛培育、肉牛饲养等方面,都是在农牧业进行和实现的。而屠宰、加工、储存、运输等各方面的工作是在工业领域进行的。农业、工业、消费三个领域都有着独有的特征和规律,在一定的范围内对肉牛生产的各个生产过程产生了不同的作用,从而形成了与其他行业相区别的鲜明特征。

肉牛主产区是指具有充足的牛源,具有一定的资源优势、技术优势和经济效益等比较优势,同时养殖技术服务体系健全,拥有一定规模的屠宰及加工能力的以提供产业产品为主体功能的区域。在农业部印发的《全国优势农产品区域布局规划(2008—2015年)》中,将中原地区、东北地区、西北地区、西南地区四个区域划分为肉牛优势主产区。其中中原肉牛主产区包括山东、河南、河北、安徽4省;东北肉牛主产区包括吉林、黑龙江、辽宁、内蒙古4省(区);西北肉牛主产区包括新疆、甘肃、陕西、宁夏4省(区);西南肉牛主产区包括四川、重庆、云南、贵州、广西5省(区、市)。

长期以来,中国肉牛主产区主要集中于内蒙古自治区、新疆维吾尔自治区、青海省等西部牧区。自20世纪90年代以来,由于牧区人口及牛羊饲养量的快速增加,导致了草地过度放牧,草原环境急剧恶化。与此同时,大量的草地被开发成了农田,草地面积逐渐缩小。这就导致中国的牛肉生产难以单靠草地牧草养殖,肉牛产区逐渐从牧区转出。在养殖技术进步的同时,肉牛的饲料也从单一的青贮饲料逐渐向农作物、秸秆等方向发展。中原地区地处中国东部的黄淮海平原,气候温和,雨水充足,土壤丰饶,这里盛产小麦、玉米、水稻、红薯、大豆、棉花和油菜。优良的天然环境和饲草资源是促进肉牛产业发展的重要因素,从而使中原地区的肉牛产业可以在20世纪90年代后迅速发展。作为中国的重要粮仓,东北地区每年可产约5900万吨的农作物秸秆,饲料资源充足,饲料成本低廉,使东北地区的肉牛生产成本相对较低，成为中国主要的肉牛产区。

二 碳排放及碳排放效率

碳排放（Carbon Emission）的概念从狭义层面上来看，是指社会经济活动直接或者间接导致的二氧化碳产生并排放到大气环境中的过程、活动和机制，只涵盖二氧化碳这一类温室气体，而在广义层面上，碳排放是温室气体排放的总称，《京都议定书》中明确将二氧化碳（CO_2）、甲烷（CH_4）、氧化亚氮（N_2O）、氢氟碳化物（HFC_S）、全氟化碳（PFC_S）以及六氟化硫（SF_6）划分为温室气体。

碳排放效率（Carbon Emission Efficiency）最早是由能源效率、生态效率引申出来的概念，世界能源委员会（World Energy Council，WEC）对能源效率定义是"在提供能源服务不变时，减少能源投入"。也有学者从"帕累托效率"出发，认为保证相同数量的产出或服务所用的能源较少就是能源效率[1]。生态效率则是指用最低的要素投入和最低的环境损失获得经济效益的最大化[2]。碳排放效率在本质上是一种特殊的能源效率、生态效率。

碳排放效率作为衔接经济产出与碳排放量的桥梁，是评估低碳经济发展水平的重要指标之一，有学者认为其本质上是考虑了碳排放的生产技术效率，可以反映生产活动的能源利用效率[3]。也有学者认为碳排放效率是全要素碳排放效率的简称，是在固定产出水平条件下最优生产边界下的理想二氧化碳（CO_2）投入与实际二氧化碳（CO_2）投入的比值[4]。碳排放效率强调以尽可能少的要素投入、碳排放以及相关环境代价获得尽可能多的期望产出，如产品或服务，即每单位经济活动产生的二氧化碳排放量。肉牛生产过程的产出包括期望产出，

---

[1] Nar Mehmet, "The Relationship between Income Inequality and Energy Consumption: A Pareto Optimal Approach", *Journal of Asian Finance Economics and Business*, Vol. 8, No. 4, 2021, p. 619.

[2] 唐洪松:《西北地区土地利用碳排放效率及减排潜力研究》，博士毕业论文，新疆农业大学，2018年。

[3] 邵海琴、王兆峰:《中国交通碳排放效率的空间关联网络结构及其影响因素》，《中国人口·资源与环境》2021年第4期。

[4] 董锋等:《基于三阶段DEA模型的我国碳排放效率分析》，《运筹与管理》2014年第4期。

如牛肉产品等,以及非期望产出,如二氧化碳(CO_2)、甲烷(CH_4)、氧化亚氮(N_2O),那么对于肉牛产业碳排放效率,本书将其界定为肉牛产业每单位经济活动产生的二氧化碳当量($CO_{2\text{-eq}}$)。

三 低碳畜牧业

随着经济发展水平及人民生活水平的提高,畜牧业正向着集约化、规模化、现代化的方向快速发展,但随着产业的快速发展,大量的环境污染与生态破坏也随之而来。从长远来看,在提高生产力的同时保障产业的可持续发展至关重要。在现代畜牧业的基础上,能够兼顾经济效益、生态效益以及社会效应,就形成了低碳畜牧业的概念。低碳畜牧业顺应了可持续发展的理念,是低碳经济的延伸,是以低耗能、低污染、低排放为基础的畜牧业经济模式[1],是畜牧业发展的必然方向。低碳畜牧业是继现代化畜牧业发展模式之后,在节粮型畜牧业、农牧结合的生态循环畜牧业基础上的进一步发展[2]。本书认为低碳畜牧业旨在构建集约化与生态化内在统一的产业发展模式,其基本内涵是要合理、充分、节约地利用各种资源,从而实现经济活动的代价最低、物质消耗最小、污染物排放最少,是实现高效、低耗、低碳、生态、绿色、优质,使产品与服务实现最大化的畜牧业发展模式。

第二节 理论基础

一 低碳经济理论

工业革命以来,温室气体排放量不断增加,显著地增强了地球大气圈截留热辐射的能力,导致全球变暖,从而影响生态系统。随着经济活动的规模不断稳定地扩大,其引发的环境问题的范围已经超越了地理与代际的界限。在这样的背景下,低碳经济的理念应运而生。低

---

[1] 王占红、张世伟:《发展低碳畜牧业之拙议》,《现代畜牧兽医》2011 年第 2 期。
[2] Defra, *Energy White Paper: Our Energy Future—Creating a Low Carbon Economy*, London: The Stationery Office, 2003, p. 68.

碳经济这一概念最早由英国在 2003 年颁布的能源白皮书《我们的能源未来：创建低碳经济》(Our Energy Future: Creating a Low Carbon Economy) 中提出，英国政府期望通过革新能源利用方式的手段，促使经济发展的同时减少碳排放，并提出在 2050 年以前实现将二氧化碳排放量减少 2500 万吨的低碳经济目标。此后，低碳经济的理论发展不断深化。低碳经济通过转变经济增长方式，将低污染与低排放作为经济发展方式的基础，能够提升能源使用效率，优化能源结构[1]。对于发展中国家来说，低碳经济能够为其提供一种经济增长与低碳减排"双赢"的发展方式，能够实现区域经济、能源消费与低碳的协同发展，不仅不会阻碍经济发展，反而提高了经济增长的质量[2]。

  环境与自然资源经济学也为低碳经济理论的形成奠定了基础。1798 年，马尔萨斯发表了《人口论》，书中预示着未来将会出现出生率迅速提高，使人口的增长超出土地供应的潜力，食物的匮乏最终导致饥荒与死亡[3]。在资源环境的约束下，死亡率会不断增加，而人们只有在资源稀缺迫在眉睫时才会采取创新或自我限制。温室气体排放存在的负外部性是导致气候问题的主要根源，每个人都可以排放温室气体，但却不用为此付出成本。此时，市场机制的调节作用是非常具有弹性的，一方面，价格可以激励消费者有效地利用资源并且推动创新，采取更加环保节能的生产、生活方式。另一方面，市场激励并不总是能够有效地推动环境保护。在利益最大化的情景下，许多消费者愿意维持现状，即使有可能导致环境破坏。例如，牧民不愿限牧，哪怕过度放牧会导致草场超载严重，也会因为养殖成本的增加而不愿采用清洁的生产方式。环境与自然资源经济学对这一问题进行系统思考，探讨如何通过最小的环境损耗，获取最高的经济收益，从而实现经济与环境两者之间合理有序的发展状态，实现可持续发展。在环境与自然资源经济学中，经济学家 Grossman 和 Krueger 围绕经济增长与

---

[1] 厉以宁等：《低碳发展作为宏观经济目标的理论探讨——基于中国情形》，《管理世界》2017 年第 6 期。
[2] 邰彩霞：《中国低碳经济发展的协同效应研究》，《管理世界》2021 年第 8 期。
[3] [英] 马尔萨斯：《人口论》，陈祖洲等译，陕西人民出版社 2013 年版。

环境质量的关系提出了环境库兹涅茨曲线（Environment Kuznets Curve，EKC）理论，认为环境质量与经济发展之间存在倒"U"形关系①。即经济发展初期，环境污染程度较低，随着人均收入增加，规模效应使环境污染急剧上升，当国民经济发展到一定水平，环境污染程度到达拐点，技术效应、结构效应超过规模效应，环境污染逐渐减缓，两者实现协同发展②。这一理论为中国肉牛主产区碳排放效率的研究提供了重要思路，产业经济发展水平提升，碳排放量的减少，将通过规模效应、结构效应、技术效应推动肉牛产业碳排放效率的改进和提高。

与环境与自然资源经济学相关理论的关联、融合进一步推动了低碳经济理论的发展，相较于其他理论，低碳经济理论更强调对开发低碳技术、调整产业结构、转变生产方式等减排技术及减排制度方面的创新探索，并非单纯地降低碳排放量，而是在实现排放效率提升的同时，还要优化产业经济发展模式，实现经济效益、生态效益、社会效益的"共赢"，这为本书对中国肉牛主产区碳排放效率的研究指明了方向。

二 效率理论

在经济学中，效率是判断同一时点上不同资源配置方案的重要标准。英国经济学家亚当·斯密最早在《国富论》中阐述了效率理论的思想，他提出了劳动生产率，即单位劳动所创造的财富数量③。他认为通过劳动分工可以让工人更加专注于自己的行业，从而提高熟练度、技巧性与判断力，使劳动生产率得以提高。而通过国际贸易，可以进一步地扩大劳动分工，提高各国的生产效率。当总体状态无法提升，除非以牺牲任意一人的利益为代价，资源配置方案实现了资源使用净效益的最大化，那么就实现了帕累托最优状态。进而，意大利经

---

① Grossman Gene, Krueger Alan, "Economic Growth and the Environment", *Quarterly Journal of Economics*, Vol. 110, No. 2, 1995, p. 353.

② Selden Thomas, Song Daqing, "Environmental Quality and Development: Is There a Kuznets Curve for Air Pollution Emission", *Journal of Environmental Economics and Management*, Vol. 35, 1994, p. 126.

③ ［英］亚当·斯密：《国富论》（上下）郭大力、王亚南译，上海三联书店出版社2009年版。

济学家维弗雷多·帕累托又提出了帕累托改进的概念，即通过改变社会的资源配置，在不牺牲任意一人的利益为代价的前提下提高总体状态。当资源配置方案处于帕累托效率状态时，不再需要任何的效率改进，当资源配置方案处于非帕累托效率状态时，需要通过帕累托改进提高效率水平[①]。

在效率测度上，Farrell 将效率分析与边界生产函数联系起来[②]。在给定投入条件下，能够实现最大可能产出的点为最优配置决策单元（Decision Making Units，DMU），这些决策单元位于生产前沿面上，而位于生产前沿面下方被前沿面包围的生产可能性区域中的单元为无效决策单元。在单投入单产出条件下（见图2-1），OB 上的点 A_1、A_2 为最优配置决策单元，OH 上的点 A 为无效决策单元，通过提高产出或缩减投入的方式，能够对点 A 进行改进，向最优配置决策单元移动，OH 为平均效率水平，OB 则代表了最高效率水平。

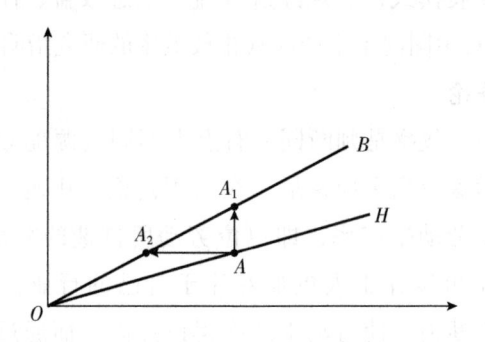

图 2-1　单投入单产出下的效率配置

Farrell 将总经济效率（EE）分解为技术效率（TE）和配置效率（AE），总经济效率等于技术效率与配置效率的乘积，技术效率测度在既定投入条件下的最大产出，配置效率测度在价格和生产技术一定的条件下实现资源配置的最优化。假设规模报酬不变，投入导向下的

---

① 胡代光、高鸿业主编：《西方经济学大辞典》，经济科学出版社 2000 年版。
② Farrell Michael James, "The Measurement of Productive Efficiency", *Journal of the Royal Statistical Society*, Vol. 120, No. 3, 1957, p. 2537.

效率配置如图 2-2 所示，假设有两种投入要素 X_1、X_2，一种产出 Y，HH′为生产前沿面，KK′为成本曲线，HH′与 KK′的切点 A′为最优配置决策单元，该点既实现了技术有效，又实现了配置有效。对于无效决策单元点 A_1，距离 A_2A_1 为技术无效率，点 A_1 的技术效率 TE_{A1} 为 OA_2/OA_1，TE_{A1} 小于 1。而点 A_2 位于生产前沿面上，技术有效，但投入要素 X_1、X_2 的配置效率无效，点 A_2 的配置效率 AE_{A2} 为 OA_3/OA_2。

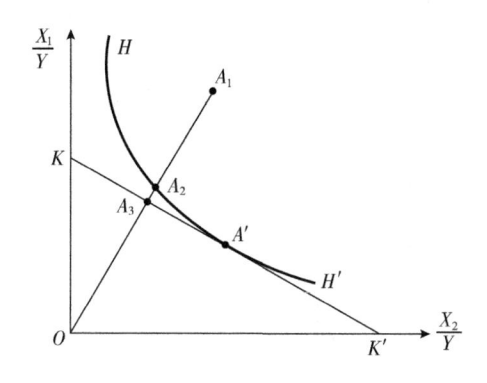

图 2-2　投入导向下的效率配置

在产出导向下的效率配置如图 2-3 所示，假设有一种投入要素 X，两种产出 Y_1、Y_2，HH′为生产前沿面，KK′为等收益曲线，HH′与 KK′的切点 A′为最优配置决策单元。对于无效决策单元点 A_2，距离 OA_2 为技术无效率，此时点 A_2 的技术效率 TE_{A2} 为 OA_2/OA_1。

在规模报酬可变的条件下，可以将技术效率分解为纯技术效率（PTE）与规模效率（SE）。如图 2-4 所示，纯技术效率是指在规模效率不变的情况下，投入量对技术效率的影响。规模效率是指在一定投入的条件下，实际产出与最优产出之间的差距。直线 CRPF 为规模报酬不变下的生产前沿面，曲线 VRPF 为规模报酬可变下的生产前沿面，则 A 点的规模效率 SE_A 为 EF/EB，代表着规模报酬可变生产前沿与规模报酬不变生产前沿之间的差距，A 点的纯技术效率为 EB/EA，代表着目前与规模报酬可变生产前沿之间的技术差距。

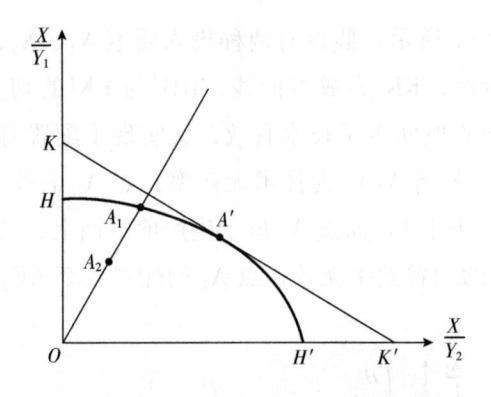

图 2-3　产出导向下的效率配置

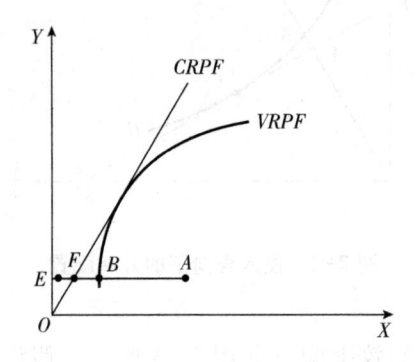

图 2-4　纯技术效率与规模效率

在经济生产活动之中，由于自然资源具有稀缺性，而人类需求又具有无限性，故而要以效率的视角指导经济生产。随着资源环境问题的日趋严峻，在传统效率问题的基础上，学者开始探讨环境成本对经济效率的影响。认为生产活动中，总产出量既包括经济产值这项期望产出，还包括环境污染等非期望产出。在构建效率的理论模型时，不仅要考虑传统的资本、劳动力、土地等生产要素，还要将环境污染因素纳入其中。目前，主要通过两种方法将环境污染纳入传统的效率模型，一种是将环境污染视为投入要素①②③，这种方法的计算较为便捷，但与实际的投入产出关系不一致，可能导致计算结果的偏误。另一种是将环境污染作为非期望产出直接纳入模型④⑤，该种方法与实际的投入产出关系相一致，可以采用 DEA 数据包络分析、SFA 随机前沿分析等估计方法进行测算。这为分析碳排放效率的内在机制提供了经济分析工具及理论支持。对于肉牛产业而言，生产过程中的肠道发酵及粪肥管理过程会造成温室气体排放，带来非期望产出，从而对环境系统带来极大压力。因此，本书将碳排放作为非期望产出纳入效率测算体系，能够在综合考虑经济系统与环境系统的内在关系后，有效地呈现肉牛产业低碳发展的能级、效率及状态。

三　空间相关性理论

Tobler 提出了地理学第一定律，认为所有事物之间都是相互关联的，距离相近的事物之间的相关关系会更强⑥。基于此，学者认为空间中的属性并非独立存在的，相近地理事物的属性存在相互依赖性，即空间相关性。这种空间相关性是空间计量经济学的基本特征，Anselin 等学者开始应用空间统计分析方法探索包括空间依赖性和空间异质性在内的空间相关性⑦。在空间统计分析方法中 ESDA 探索性空间数据分析是重要的研究方法，可以用来解释与空间位置相关的空间依赖性问题，探究空间的集聚、异常情况。空间依赖性即空间交互作

---

① 赵霞等：《低碳约束下中国流通业效率的区域差异——基于三阶段 DEA 模型的测算》，《北京工商大学学报》（社会科学版）2018 年第 5 期。

② 陈诗一：《能源消耗、二氧化碳排放与中国工业的可持续发展》，《经济研究》2009 年第 4 期。

③ 匡远凤、彭代彦：《中国环境生产效率与环境全要素生产率分析》，《经济研究》2012 年第 7 期。

④ Pittman Robert, "Multilateral Productivity Comparisons with Undesirable Outputs", *The Economic Journal*, Vol. 93, 1983, p. 933.

⑤ 于善波、张军涛：《长江经济带省域绿色全要素生产率测算与收敛性分析》，《改革》2021 年第 4 期。

⑥ Tobler Waldo, "A Computer Movie Simulating Urban Growth in the Detroit Region", *Economic Geography*, Vol. 46, 1970, p. 234.

⑦ Anselin Luc, *Spatial Econometrics: Methods and Models*, Dordrecht: Kluwer Academic Publisher, 1988, p. 10.

用，也称为空间自相关，是指空间区域内某一事物属性值与邻近空间区域的同一个属性值受到空间相关作用和空间溢出效应的影响，彼此之间不再是相互独立的个体，而存在相互制约、相互影响、相互作用、相互依赖的关系。当相邻空间区域内某一事物属性值的高值或低值在空间上出现集聚趋势，呈现出趋同的地理分布模式时，意味着存在正空间自相关；当空间区域被相异值的区域环绕时，意味着存在负空间自相关。空间结构变化则体现了空间异质性，表现为空间区域内某一事物属性值具有区别于其他区域的特征。空间上的关联性又可以被划分为全局空间相关性和局部空间相关性，存在全局空间相关性意味着在整个区域总体上存在集聚的特征，存在局部空间相关性则意味着某一区域的研究对象与其相邻近的研究对象之间存在一定的集聚性。

肉牛产业具有明显的区域相关性，由于各主产区区域间的自然条件和资源禀赋各不相同，加之社会经济与人文条件的差异，区域间农业发展的优劣势、生产模式、历史进程等因素可能截然不同。而碳排放也具有较强的空间相关性，某一地区的碳排放污染状况往往会影响相邻地区，并受到周边邻近地区的影响。因此，在考虑肉牛产业碳排放效率问题时，应将各主产区区域间的集聚特征、区域差异考虑在内。

四　可持续发展理论

可持续发展理念源自《世界自然保护大纲》，该纲要由联合国环境署在1980年3月公布。1987年2月世界环境与发展委员会颁布的《我们共同的未来》中，"可持续发展"的概念被正式提出，它的根本内涵是：既要保证当代人民的发展需要，又要保证人类赖以生存的自然资源和环境，而不会破坏后代的发展要求。1992年6月，102个国家领导人在世界范围内达成共识，通过《里约宣言》，并签署《21世纪议程》，标志着可持续发展的思想和行为准则得到了普遍认可。并逐渐从最初的生态、经济的可持续发展，拓展为经济、生态和社会的可持续发展。具体内容为：①经济可持续发展。随着经济的发展和财富的不断增长，我们不仅要追求经济的规模，更要重视发展的质量,从"高投入、高消耗、高污染"粗放式的经济发展模式转变为"低投入、低消耗、低污染"高效、集约的经济发展模式,既要增加经济的产出,又要重视污染的排放。②生态可持续发展。既要实现经济发展,又要减少环境污染,保护生物多样性、保持地球生态完整性、确保可再生资源的可持续利用,把人类发展维持在地球的承受范围内。③社会可持续发展。以经济和生态的和谐发展为目标,可持续发展思想的终极目的就是要改善人们的生活品质、改善环境、提高人类的健康水平。它所追求的是一个持续、稳定、健康的、以人为本位的自然—经济—社会的复合系统。

1982年4月,Pomona学院召开了《在变动的世界秩序下农业的可持续性》学术会议,首次明确提出了农业可持续(Agricultural Sustainability)的概念,即通过找到可持续的农作方式,摒弃目前采用的高投入、高产出的生产模式。但在常规现代化与集约化的农作条件下,往往追求的是高产与规模效益,这会对农业的可持续发展造成威胁。在通常情况下,农业集约化与生态环境之间存在尖锐的矛盾,可持续农业的研究就是要突破两者的因果性,寻找双赢的途径。中国经济增长进入新时代,消费者对肉、蛋、奶的需求不断增加,肉牛产业成为关系国计民生的重要产业。然而,肉牛产业为适应经济发展需求,产生大量的温室气体排放,已超过大自然对环境污染的自我消化能力,不加以管控而放任污染的短视行为,最终会危及生态系统。因此,通过加深对碳排放效率的理解与研究,探寻中国肉牛产业发展与低碳减排协同发展的途径,评价中国肉牛主产区资源配置与可持续发展的综合能力,是推进肉牛产业生态文明建设,实现肉牛产业可持续发展的必经之路。

五 理论分析框架

本书围绕中国肉牛产业碳排放效率问题,在测算得到肉牛产业碳排放量,以提供基础数据后,在低碳经济理论的指导下,考虑如何能够实现肉牛产业经济增长与碳减排的协同发展。因此,基于效率理论,将碳排放量作为非期望产出纳入效率测算框架,对碳排放效率进行测度。空间相关性理论认为区域之间存在相互影响以及相互交流的依赖关系，进而对中国肉牛主产区碳排放效率的空间相关性进行分析，并将空间地理因素纳入后续影响因素的分析之中，对肉牛主产区碳排放效率的影响因素进行空间计量分析。在此基础上，对中国肉牛主产区各区域的收敛性与减排潜力进行探讨，并根据可持续发展理论为中国肉牛产业经济与环境的协同发展提出了政策建议（见图2-5）。

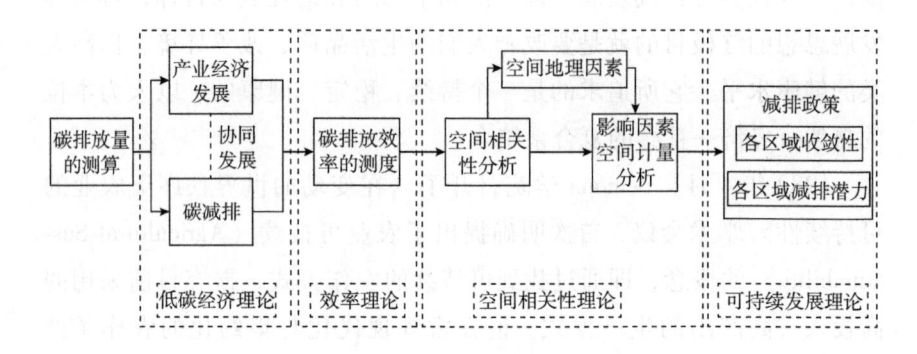

图2-5 理论分析框架

第三节 国内外研究现状及评述

一 碳排放效率相关研究的可视化分析

（一）数据来源

为增强研究的科学性与客观性，避免主观判断对分析造成的影响，本书采用CiteSpace5.8.R3软件对碳排放效率的相关研究开展可视化分析。可视化分析的数据来源于Web of Science中Social Sciences Citation Index（SSCI）数据库以及CNKI数据库。在SSCI数据库的检索中，将"Carbon emission efficiency"作为主题进行文献检索，限定类别为"article"。在CNKI数据库的检索中，以"碳排放效率"为主题。为了进一步保证入选文献的合理性，采用人工核实的方法对检索文献进行筛查，剔除内容不相干的文献。最终得到SSCI数据库有效文章5130篇，CNKI数据库有效文章194篇，下载日期为2022年1月15日。

(二) 外文文献的可视化分析

1. 发文量统计结果

对SSCI数据库检索结果的发文量进行逐年统计，并绘制折线图（见图2-6）。可以清楚地观测出在SSCI数据库中碳排放效率相关研究领域的重要时间节点、发展阶段以及演变趋势。从图2-6可以看出，国外对于碳排放效率的相关研究起步较早，1991—2004年为萌芽起步阶段，这一阶段年发文量少于20篇。2004年之后为快速发展阶段，发文量大幅递增，2020年达到862篇。可以看到国外对于碳排放效率研究的关注度很高，该主题为近几年的研究热点。

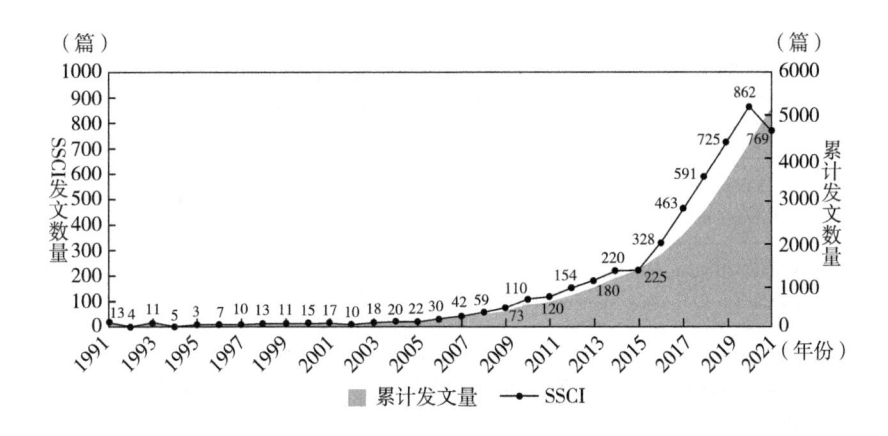

图2-6 SSCI数据库碳排放效率研究发文量分布

资料来源：Web of Science。

2. 文献被引频次

对碳排放效率相关文献被引频次进行统计，汇总在SSCI数据库中具有传播力及影响力排名前10位的文献（见表2-1），通过被引频次统计可以了解到碳排放效率的基础文献以及最受欢迎的选题方向。在SSCI数据库中高引作者Zhou采用DEA方法测算环境效率并对其进行综述研究，采用Malmquist指数衡量考虑碳排放在内的全要素生产率，并基于松弛效率评估环境绩效。此外，各文献针对工业、交通业、旅游业、电力行业等不同领域进行碳排放效率的测算。

表 2-1　　SSCI 数据库碳排放效率研究文献被引频次

序号	文章题目	作者	发表年份（年）	被引频次（次）
1	"A Survey of Data Envelopment Analysis in Energy and Environmental Studies"	Zhou Peng, et al.	2008	755
2	"Environmental and Technology Policies for Climate Mitigation"	Fischer Carolyn, et al.	2008	453
3	"Total Factor Carbon Emission Performance: A Malmquist Index Analysis"	Zhou Peng, et al.	2010	384
4	"Measuring Environmental Performance under Different Environmental DEA Technologies"	Zhou Peng, et al.	2008	336
5	"Modeling and Forecasting the CO_2 Emissions, Energy Consumption, and Economic Growth in Brazil"	Pao Hsiao Tien, et al.	2011	306
6	"Slacks-based Efficiency Measures for Modeling Environmental Performance"	Zhou Peng, et al.	2006	292
7	"China's Regional Industrial Energy Efficiency and Carbon Emissions Abatement Costs"	Wang Ke, et al.	2014	269
8	"Environmental Efficiency Analysis of Transportation System in China: A Non-Radial DEA Approach"	Chang Young Tae, et al.	2013	263
9	"The Eco-Efficiency of Tourism"	Gossling Stefan, et al.	2005	263
10	"Total-factor Carbon Emission Performance of Fossil Fuel Power Plants in China: A Metafrontier Non-Radial Malmquist Index Analysis"	Zhang Ning, et al.	2013	229

资料来源：SSCI 数据库。

3. 关键词共现网络分析

对 SSCI 数据库相关文献的关键词进行共现网络分析，剖析文献中不同研究热点之间的关系，绘制 SSCI 数据库碳排放效率研究关键词共现图谱（见图 2-7）。图中的圆圈代表研究的关键词节点，圆圈越大代表该节点为研究领域内重要的关键点、转折点，节点之间的连线呈现出两个关键词节点的共现关系，线段越粗表示共现关系越强，线段的颜色越浅表示首次出现共现关系的年份越久远。在对 SSCI 数据库碳排放效率相关文献关键词进行共现网络分析后，生成节点数量 469 个，连线数量 3064 个，网络密度 0.0279，说明国外对于碳排放效率的研究已经形成一定规模。

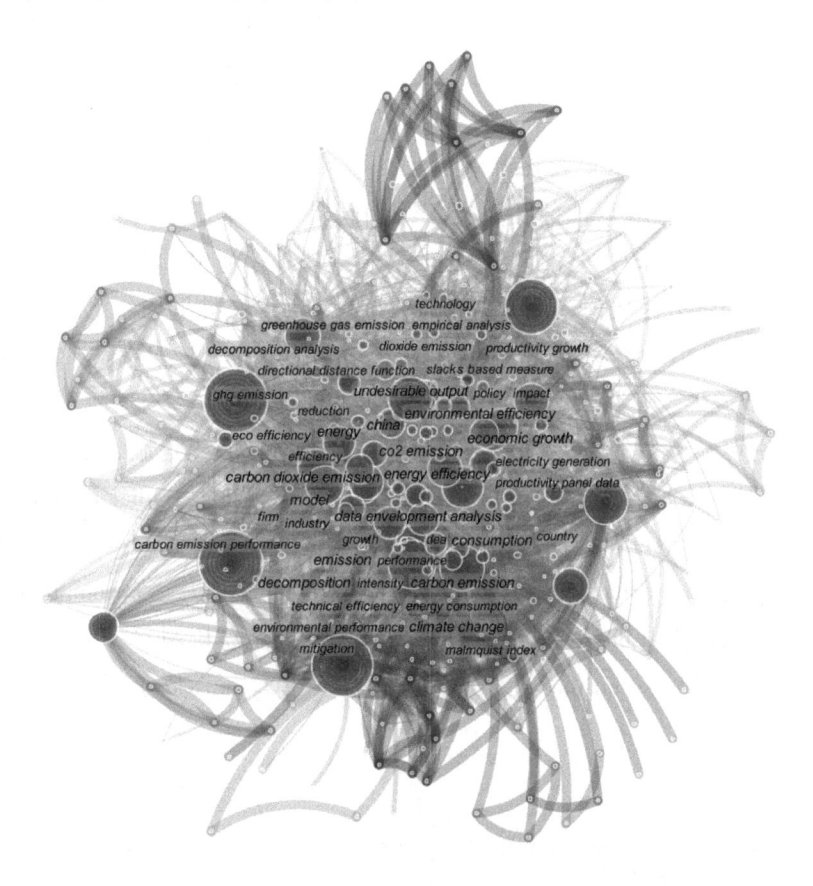

图 2-7　SSCI 数据库碳排放效率研究关键词共现图谱

分别从频数（Count）和中心性（Centrality）两个角度对共现关键词进行排序，可以直观地看出研究基础较好、影响力较大的关键词。通过 SSCI 数据库中前 5 位的高频关键词及高中心性关键词（见表 2-2），可以看到随着环保意识的增强，SSCI 数据库中二氧化碳排放、能源效率、生态效率等关键词呈现高频数与高中心性。

表 2-2　SSCI 数据库碳排放效率研究中高频及高中心性关键词

序号	关键词	频次（次）	关键词	中心性
1	CO_2 emission	167	Climate change	0.13
2	Energy efficiency	141	Carbon emission	0.12
3	Data envelopment analysis	132	Consumption	0.12
4	Performance	114	Carbon dioxide emission	0.10
5	Environmental efficiency	98	Efficiency	0.09

4. 研究热点的阶段性演变分析

针对 SSCI 数据库的相关文献绘制碳排放效率研究演变时间图谱（见图 2-8）。采用对数似然率算法对碳排放效率研究的关键词进行聚类，得到聚类模块值 Modularity Q 值为 0.385，聚类平均轮廓值 Mean Silhouette S 值为 0.741，一般的判断标准为 Q 值>0.3 表明聚类结构显著，S 值>0.5 表明聚类合理，S 值>0.7 表明聚类是令人信服的。通过判别可知本书的聚类划分合理有效、聚类结构令人信服，聚类结果呈现在图 2-8 的右侧，包括非径向距离函数（non-radial directional distance function）、数据包络分析（Data Envelopment Analysis）、城市可持续发展（Urban Sustainability）、能源消耗（energy consumption）、生命周期评价（life cycle assessment）、欧盟碳交易机制（eu ets）、中国航线（Chinese airlines）、二氧化碳排放（CO_2 emission）。

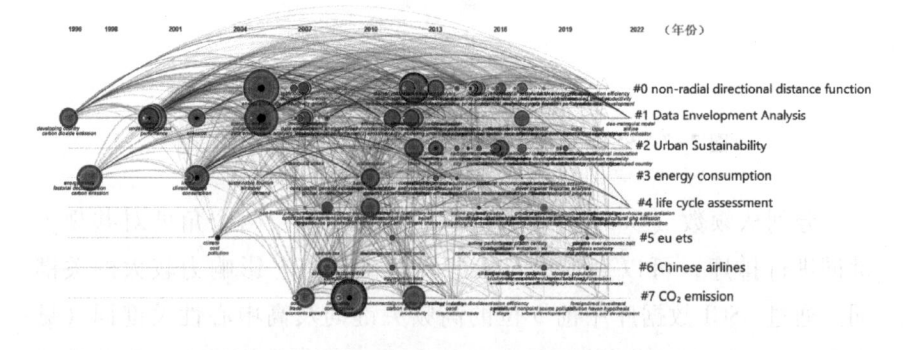

图 2-8　SSCI 数据库碳排放效率研究演变时间图谱

从时间演变趋势上来看，DEA方法的适用贯穿了1996—2022年整个时间轴，Zhou等采用DEA方法测算了世界八个地区的环境绩效①。Oggioni等通过DEA方法对世界水泥行业的碳排放效率进行了测算与分析②。Xie等基于三阶段数据包络分析的方法对中国工业部门的环境效率与减排成本进行分析③。Ricardo等将生命周期评估和数据包络分析（LCA + DEA）联合用于评估智利养蜂系统的碳排放效率④。Branco等利用DEA方法对巴西大豆及玉米的环境绩效进行分析⑤。Aslam等使用数据包络分析模型来衡量中国、印度和巴基斯坦主要粮食作物生产的环境效率⑥。2005年后，有学者开始采用数据包络分析中的非径向距离函数对碳排放效率进行测算。He利用SBM方法评估了20个国家的碳排放效率，结果表明，经济发展水平高的国家，其碳排放效率也高，如欧洲、北美和日本等发达国家⑦。Zhang等以中国鄱阳湖生态经济区为例，使用非径向距离函数检验其碳排放效率和减排成本⑧。

---

① Zhou Peng, et al., "Measuring Environmental Performance under Different Environmental DEA Technologies", *Energy Economics*, Vol. 30, No. 1, 2008, p. 1.

② Oggioni Giorgia, et al., "Eco-Efficiency of the World Cement Industry: A Data Envelopment Analysis", *Energy Policy*, Vol. 39, No. 5, 2011, p. 2842.

③ Xie Bai Chen, et al., "Environmental Efficiency and Abatement Cost of China's Industrial Sectors Based on a Three-Stage Data Envelopment Analysis", *Journal of Cleaner Production*, Vol. 153, No. 1, 2017, p. 626.

④ Ricardo Rebolledo Leiva, et al., "A New Method for Eco-Efficiency Assessment Using Carbon Footprint and Network Data Envelopment Analysis Applied to a Beekeeping Case Study", *Journal of Cleaner Production*, Vol. 329, 2021, p. 7.

⑤ Branco José Eduardo Holler, et al., "Mutual Analyses of Agriculture Land Use and Transportation Networks: The Future Location of Soybean and Corn Production in Brazil", *Agricultural Systems*, Vol. 194, 2021, p. 103264.

⑥ Aslam Muhammad Shoaib, et al., "Assessment of Major Food Crops Production Based Environmental Efficiency in China, India, and Pakistan", *Environmental Science and Pollution Research*, Vol. 29, No. 7, 2022, p. 10091.

⑦ He Ge, "Benchmarking Low-Carbon Management Performance: An Empirical Study of G20 Countries", *Actual Problems of Economics*, Vol. 137, No. 11, 2012, p. 484.

⑧ Zhang Ning, et al., "Does Major Agriculture Production Zone Have Higher Carbon Efficiency and Abatement Cost under Climate Change Mitigation?", *Ecological Indicators*, Vol. 105, 2019, p. 376.

5. 关键词突变分析

在不同时间段内某个关键词词频贡献度发生突然骤增，则将其称为突变词。通过突变词的研究，可以把握碳排放效率相关研究的态势，有助于判断未来的研究热点。SSCI数据库相关研究的基础较好，故而在其关键词共现的基础上绘制关键词突变图谱（见图2-9）。2000—2015年关键词以"firm（企业）"、"pollution（污染）"、"environmental performance（环境绩效）"、"carbon dioxide emission（二氧化碳）"等词为主。2015—2019年以"shadow price（影子价格）"、"directional distance function（方向距离函数）"、"technical efficiency（技术效率）"等词为主。"impact（影响）"是目前研究的突变词，未来在碳排放效率测算等研究方向的基础上，对碳排放效率影响因素的分析将成为研究热点。

关键词	年份	突变强度	起始	截止	1998—2022年
firm	1996	4.73	2000	2012	
pollution	1996	3.75	2003	2015	
environmental performance	1996	3.99	2008	2015	
undesirable output	1996	9.64	2011	2018	
carbon dioxideemission	1996	3.54	2011	2015	
shadow price	1996	3.66	2014	2019	
directional distance function	1996	3.59	2014	2016	
productivity growth	1996	3.37	2015	2016	
technical efficiency	1996	3.60	2016	2017	
impact	1996	5.22	2020	2022	

图2-9 SSCI数据库碳排放效率研究关键词突变图谱

（三）中文文献的可视化分析

1. 发文量统计结果

对CNKI数据库检索结果的发文量进行逐年统计，并绘制折线图（见图2-10）。可以观测出在CNKI数据库中碳排放效率相关研究领域的重要时间节点、发展阶段以及演变趋势。从图2-10可以看出，碳排放效率相关研究的起步较晚，2010—2013年为萌芽起步阶段，这一阶段发文量少，但 CSSCI 期刊的占比在这一阶段达到 85%。2014 年之后为快速发展阶段，发文量波动递增。2014 年生态环境部与 31 省（区、市）签署了《大气污染防治目标责任书》，对温室气体排放的关注度有所增加。2019—2022 年发文量保持在 20 篇/年，在碳达峰、碳中和概念提出后，对碳排放效率的关注将会有所提升。

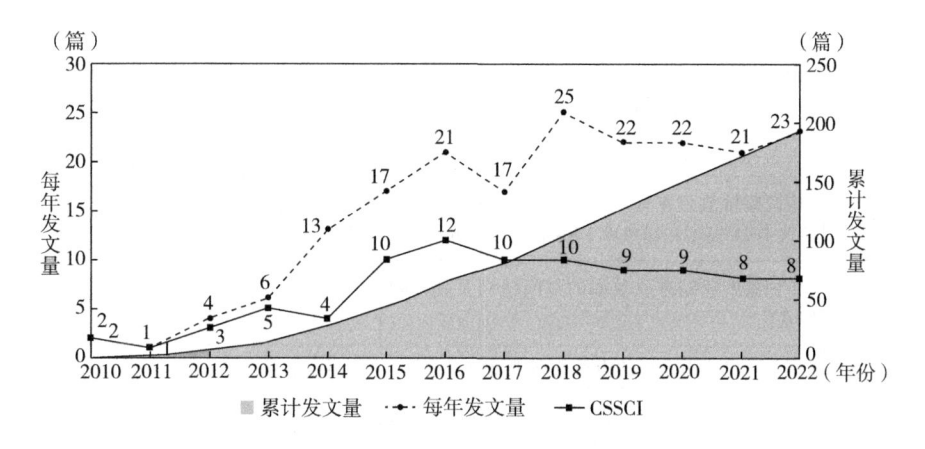

图 2-10　CNKI 数据库碳排放效率研究发文量分布

资料来源：CNKI 数据库。

2. 文献被引频次

对碳排放效率相关文献被引频次进行统计，列示 CNKI 数据库中具有传播力及影响力排名前 10 位的文献（见表 2-3）。通过被引频次统计了解 CNKI 数据库中碳排放效率的基础文献以及最受欢迎的选题方向。在 CNKI 数据库中，排名前两位的文献都在效率测算的基础上，采用了空间计量的方法对碳排放效率的相关性、收敛性进行检验。这两篇文献被引量高的原因在于较早地运用了空间计量的检验方法对碳排放效率进行分析，并且分析过程及研究结论比较合理，受到学者的认可。从研究对象上来看，有 5 篇文献对中国各省际的碳排放效率进行研究，有 2 篇文献分别以山东省、山西省为研究对象展开研究，此外有 3 篇文献以不同行业为研究对象，分别对土地利用、工业、旅游业为切入点对碳排放效率进行测算与分析。

表 2-3　　CNKI 数据库碳排放效率研究文献被引频次

序号	文章题目	作者	发表年份（年）	被引频次（次）
1	《生产中碳排放效率长期决定及其收敛性分析》	魏梅等	2010	187
2	《中国省际碳排放效率的空间计量》	马大来等	2014	175
3	《土地利用的碳排放效率及其低碳优化——基于能源消耗的视角》	游和远、吴次芳	2010	170
4	《中国工业碳排放效率的区域差异研究——基于非参数前沿的实证分析》	周五七、聂鸣	2012	169
5	《中国省际碳排放效率研究》	李涛、傅强	2011	160
6	《中国碳排放效率区域差异性研究——基于三阶段 DEA 模型和超效率 DEA 模型的分析》	刘亦文、胡宗义	2015	98
7	《中国旅游业碳排放效率的空间格局及其影响因素》	王坤等	2015	73
8	《基于随机前沿模型的山西省碳排放效率评价》	赵国浩等	2012	66
9	《基于超效率 SBM 模型的区域碳排放效率研究——以山东省 17 个地级市为例》	孙秀梅等	2016	55
10	《基于三阶段 DEA 模型的我国碳排放效率分析》	董锋等	2014	53

资料来源：CNKI 数据库。

3. 文献所属学科分布

汇总 CNKI 数据库中碳排放效率相关文献的所属学科分布情况（见图 2-11），其中占比最高的为环境科学与资源利用，共 149 篇，占比为 34.81%，其次为宏观经济管理与可持续发展，共 54 篇，占比 12.62%。与本书研究相关的学科包括：农业经济 22 篇以及畜牧与动物医学 1 篇，农业经济学科文献的研究集中在对农业碳排放效率的测算与分析，畜牧与动物医学学科下的 1 篇文献则对黑龙江省畜牧业碳排放效率及其影响因素进行了研究。

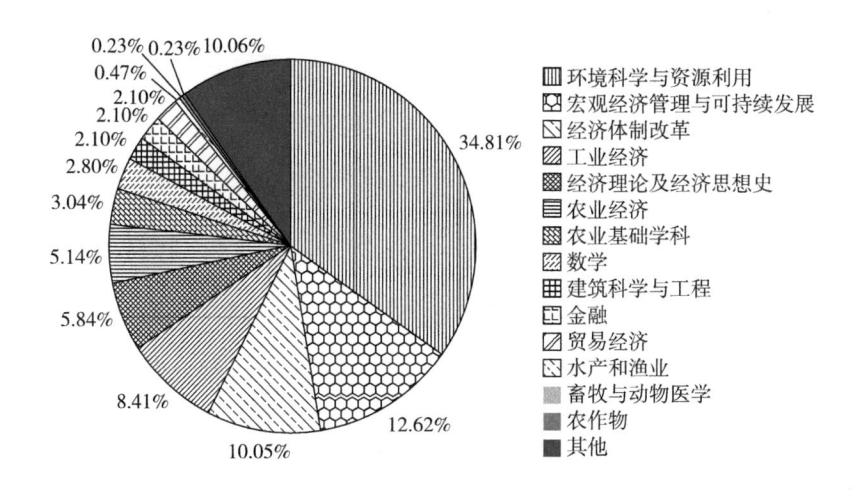

图 2-11 碳排放效率研究所属学科分布

资料来源：CNKI 数据库。

4. 共现网络分析

对 CNKI 数据库的相关文献的关键词进行共现网络分析，剖析文献中不同研究热点之间的关系，绘制 CNKI 数据库碳排放效率研究关键词共现图谱（见图 2-12）。在对 CNKI 数据库碳排放效率相关文献关键词进行共现网络分析后，生成节点数量 167 个，连线数量 180 个，网络密度 0.013，关键词出现频次不少于 5 次的个数为 15 个。说明该研究领域的研究热点初步形成一定规模，研究基础较好、影响力较大的关键词包括碳减排、碳达峰、碳排放、影响因素、生命周期、低碳农业、替代减排、DEA 等。

分别从频数（Count）和中心性（Centrality）两个角度对 CNKI 数据库相关文献的共现关键词进行排序，观测研究基础较好、影响力较大的关键词。通过 CNKI 数据库中前 5 位的高频关键词及高中心性关键词（见表 2-4），可以看到 CNKI 数据库中碳排放、碳减排等关键词呈现高频数与高中心性。在碳排放效率的测算方法上，Data envelopment analysis（DEA）这一关键词呈现出较强的中心性。

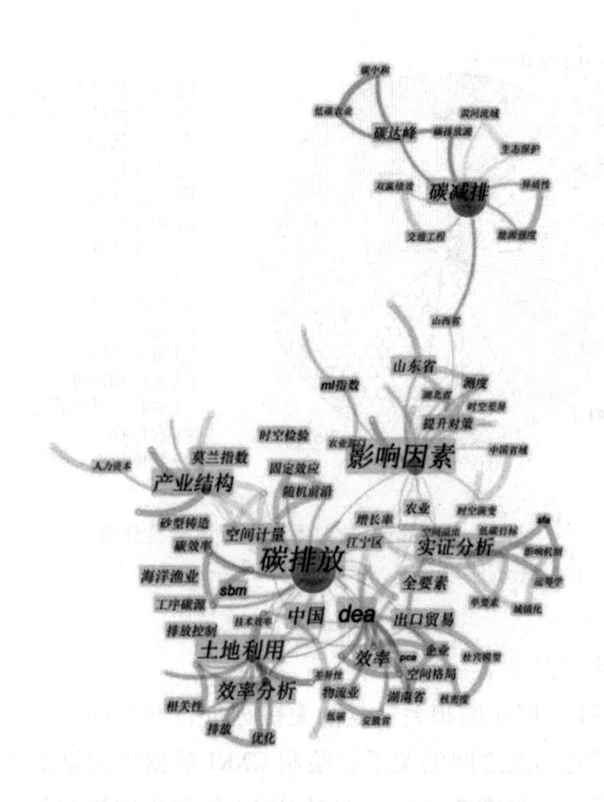

图 2-12　碳排放效率研究关键词共现图谱

表 2-4　CNKI 数据库碳排放效率研究中高频及高中心性关键词

序号	关键词	频次（次）	关键词	中心性
1	碳减排	32	碳排放	0.32
2	碳达峰	28	影响因素	0.27
3	碳排放	15	碳减排	0.11
4	影响因素	14	DEA	0.09
5	生命周期	14	产业结构	0.07

5. 研究热点的阶段性演变分析

将 CNKI 数据库相关文献的关键词按照其演进路径及交互关系绘制于图内，可以得到关键词前沿时区视图，便于观测到碳排放效率研究的发展趋势和演变情况（见图 2-13）。可以看到，随着研究的不断深化，研究对象覆盖的行业、区域更加丰富，涵盖了工业、物流业、制造业、交通业、农业、海洋渔业等。研究方法上也更加多样化，从2010年的DEA，扩展到PCA、SFA、SBM、ML指数等，并在2015年开始运用空间计量的分析方法探讨空间溢出性，并逐渐开始采用杜宾模型、莫兰指数等方法，探讨碳排放效率区域的时空差异。

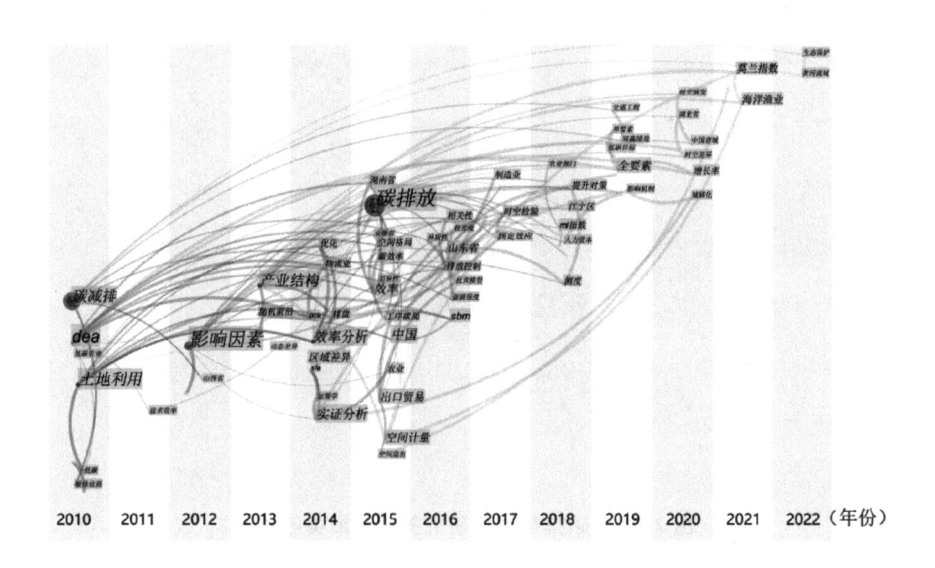

图2-13 碳排放效率研究关键词前沿时区视图

6. 关键词聚类分析

进一步绘制关键词聚类图谱，用以反映碳排放效率研究的核心议题。本书采用对数似然率算法对碳排放效率研究的关键词进行聚类（见图2-14）。得到聚类模块值 Modularity Q 值为0.766，聚类平均轮廓值 Mean Silhouette S 值为0.923，通过判别可知本书的聚类划分合理有效、聚类结构令人信服。碳排放效率研究的热门研究议题包括影响因素、DEA、碳达峰、碳排放、效率分析、产业结构、区域差异、SFA、出口贸易、敛散性。聚类序号靠前表示该聚类的规模较大，包含的文献较多，选取关键词为研究内容、研究方法，且与本书关系紧密的聚类展开进行综述。

图 2-14　碳排放效率研究关键词聚类图谱

（1）影响因素。影响因素的研究成果较为丰硕，郭文慧等对山东省碳排放效率的影响因素进行分析，认为碳排放效率的提高源于城市化水平的提高与产业结构优化[①]。陈黎明和黄伟对中国 1995—2010 年各省份的碳排放效率进行了测算，并对其影响因素进行研究，结果表明政府干预、R&D 投入与碳排放效率正相关，开放度、城市化、煤炭消耗占比、第二产业产值占比与碳排放效率负相关[②]。马海良和张格琳以长江经济带为例，考察了偏向性技术进步对碳排放效率的影

---

① 郭文慧等：《山东省碳排放效率与影响因素分析——基于非期望产出的 SBM 模型的实证研究》，《东岳论丛》2013 年第 5 期。
② 陈黎明、黄伟：《基于随机前沿的我国省域碳排放效率研究》，《统计与决策》2013 年第 9 期。

响①。邵海琴和王兆峰通过对中国交通运输碳排放效率的影响因素分析，得出结论：省区距离、经济发展水平、交通运输强度及结构会对其碳排放效率空间关联网络产生负向影响，节能技术水平则产生正向影响②。

（2）DEA。在碳排放效率的测算方法上，数据包络分析法（DEA）这一关键词呈现出较强的聚类性。DEA作为非参数方法，避免了生产函数形式误设所造成的测量误差。魏梅等最早采用DEA方法对中国各地区1986—2008年的碳排放效率进行测算③。游和远和吴次芳采用DEA方法对土地利用的碳排放效率进行评估④。随着DEA方法的不断优化，郭际等采用二阶段DEA模型对雾霾排放效率进行评估⑤。江洪和赵宝福、刘亦文和胡宗义、胡剑波等基于三阶段DEA模型对碳排放效率进行分析⑥⑦⑧，陈晓红等、郗永勤和吉星、王兆峰和杜瑶瑶等学者则采用了SBM-DEA模型对碳排放效率进行测算⑨⑩⑪。

---

① 马海良、张格琳：《偏向性技术进步对碳排放效率的影响研究——以长江经济带为例》，《软科学》2021年第10期。

② 邵海琴、王兆峰：《中国交通碳排放效率的空间关联网络结构及其影响因素》，《中国人口·资源与环境》2021年第4期。

③ 魏梅：《生产中碳排放效率长期决定及其收敛性分析》，《数量经济技术经济研究》2010年第9期。

④ 游和远、吴次芳：《土地利用的碳排放效率及其低碳优化——基于能源消耗的视角》，《自然资源学报》2010年第11期。

⑤ 郭际等：《雾霾排放效率评估的二阶段DEA模型的构建及实证》，《中国软科学》2020年第10期。

⑥ 江洪、赵宝福：《碳排放约束下中国区域能源效率测度与解构——基于三阶段DEA方法》，《价格理论与实践》2015年第1期。

⑦ 刘亦文、胡宗义：《中国碳排放效率区域差异性研究——基于三阶段DEA模型和超效率DEA模型的分析》，《山西财经大学学报》2015年第2期。

⑧ 胡剑波等：《中国产业部门隐含碳排放效率研究——基于三阶段DEA模型与非竞争型I-O模型的实证分析》，《统计研究》2021年第6期。

⑨ 陈晓红等：《基于三阶段SBM-DEA模型的中国区域碳排放效率研究》，《运筹与管理》2017年第3期。

⑩ 郗永勤、吉星：《我国工业行业碳排放效率实证研究——考虑非期望产出SBM超效率模型与DEA视窗方法的应用》，《科技管理研究》2019年第17期。

⑪ 王兆峰、杜瑶瑶：《基于SBM-DEA模型湖南省碳排放效率时空差异及影响因素分析》，《地理科学》2019年第5期。

（3）SFA。随机前沿分析法（SFA）作为参数方法，引入了随机扰动项和技术无效率项，考虑了随机因素对结果的影响。雷玉桃和杨娟基于SFA方法对碳排放效率的区域差异进行了研究①。杜克锐和邹楚沅采用随机前沿分析法对中国碳排放效率的地区差异、影响因素及收敛性进行了分析②。李广明和张维洁在探讨中国碳交易下的工业碳排放时，采用了SFA方法进行效率测算③。朱磊等基于SFA方法研究了经济增长与环境治理约束之间的相互关系④。

（4）碳达峰。在"双碳"目标提出后，学者开始探讨提高碳排放效率与"碳达峰""碳中和"的关系。钟茂初认为，碳效率的提升是实现"双碳"目标的有效路径⑤。岳立和苗菊英对黄河流域城市能源利用效率进行了研究，认为黄河流域城市能源利用效率的提高有助于实现"双碳"目标⑥。张宁和赵玉基于效率与减排成本的视角，对中国能否实现碳达峰、碳中和进行了判别⑦。

（5）区域差异。随着空间计量方法的应用，从省域与区域层面探讨碳排放效率的差异成为研究热点。周五七和聂鸣，曲晨瑶等，卢新海等等分别对中国工业碳排放效率⑧、中国制造业碳排放效率⑨、耕

---

① 雷玉桃、杨娟：《基于SFA方法的碳排放效率区域差异化与协调机制研究》，《经济理论与经济管理》2014年第7期。

② 杜克锐、邹楚沅：《我国碳排放效率地区差异、影响因素及收敛性分析——基于随机前沿模型和面板单位根的实证研究》，《浙江社会科学》2011年第11期。

③ 李广明、张维洁：《中国碳交易下的工业碳排放与减排机制研究》，《中国人口·资源与环境》2017年第10期。

④ 朱磊等：《环境治理约束与中国经济增长——以控制碳排放为例的实证分析》，《中国软科学》2018年第6期。

⑤ 钟茂初：《"双碳"目标有效路径及误区的理论分析》，《中国地质大学学报》（社会科学版）2022年第1期。

⑥ 岳立、苗菊英：《碳减排视角下黄河流域城市能源高效利用的提升机制研究》，《兰州大学学报》（社会科学版）2022年第1期。

⑦ 张宁、赵玉：《中国能顺利实现碳达峰和碳中和吗？——基于效率与减排成本视角的城市层面分析》，《兰州大学学报》（社会科学版）2021年第4期。

⑧ 周五七、聂鸣：《中国工业碳排放效率的区域差异研究——基于非参数前沿的实证分析》，《数量经济技术经济研究》2012年第9期。

⑨ 曲晨瑶等：《产业聚集对中国制造业碳排放效率的影响及其区域差异》，《软科学》2017年第1期。

地利用碳排放效率①的区域差异进行分析。解春艳等将农业碳排放、农业面源污染纳入分析框架，从省域、区域层面探讨中国农业技术效率的区域差异②。

（6）敛散性。中国幅员辽阔，碳排放效率存在显著的省域差异，差异的敛散性受到学者的关注。席建国对中国碳排放效率区域差异的敛散性进行分析，认为碳排放效率在全国和东部地区存在绝对 β 收敛，中部、西部地区则有发散的趋势③。曾大林等对中国省际低碳农业发展绩效及其效率的收敛性进行分析，认为效率值存在收敛性④。于伟咏等在碳排放约束下，对农业全要素生产率进行分解和收敛性检验⑤。杨莉莎等探讨了中国各区域各大产业二氧化碳排放变动的驱动因素及其变动效应，认为该差异有逐渐收敛的趋势⑥。

（7）出口贸易。进出口贸易之间存在隐含的碳排放量，孙爱军等厘清了中国出口贸易对碳排放效率的影响及其空间效应，并分析了2000—2012年中国出口贸易的碳排放效率时空演变特征⑦。王惠等考察了出口贸易对工业碳排放效率的影响⑧。胡剑波等测度了26个产品部门出口贸易隐含的碳排放效率，并进一步剖析了其影响因素及收

---

① 卢新海等：《碳排放约束下耕地利用效率的区域差异及其影响因素》，《自然资源学报》2018年第4期。
② 解春艳等：《环境规制下中国农业技术效率的区域差异与影响因素——基于农业碳排放与农业面源污染双重约束的视角》，《科技管理研究》2021年第15期。
③ 席建国：《我国碳排放效率的区域动态差异、敛散性及时变因素分析》，《地域研究与开发》2013年第5期。
④ 曾大林等：《中国省际低碳农业发展的实证分析》，《中国人口·资源与环境》2013年第11期。
⑤ 于伟咏等：《碳排放约束下中国农业能源效率及其全要素生产率研究》，《农村经济》2015年第8期。
⑥ 杨莉莎等：《中国碳减排实现的影响因素和当前挑战——基于技术进步的视角》，《经济研究》2019年第11期。
⑦ 孙爱军等：《2000—2012年中国出口贸易的碳排放效率时空演变》，《资源科学》2015年第6期。
⑧ 王惠等：《出口贸易、工业碳排放效率动态演进与空间溢出》，《数量经济技术经济研究》2016年第1期。

敛性①。

二 肉牛产业碳减排的相关研究

国外学者在肉牛产业碳减排的研究上成果颇丰,在碳排放量的测算方面,Ominski 等运用 IPCC 系数法估算出 2001 年加拿大每头奶牛的温室气体排放量为 90 千克,肉牛的甲烷排放量为 16.0 吨二氧化碳当量,奶牛的甲烷排放量为 3.6 吨二氧化碳当量②。Edwards-Jones 等通过生命周期评价方法估算出英国农场牛肉碳足迹为 9.7—38.1 千克二氧化碳当量③。也有学者将 LCA 法用于评估常规饲养及有机饲养下肉牛产生的温室气体差异④⑤,或用于评估不同饲养阶段下产生的排放差异⑥。在肉牛产业碳排放量的影响因素上,Ogino 等评估了肉牛饲养系统的环境影响,并探讨饲养时长对环境的影响,文章的研究系统边界包括肉牛生命周期相关的各个阶段,如饲料生产、饲料运输、动物管理和粪便处理⑦。Newton 等研究了公共政策对肉牛养殖碳排放的影响,并认为在恰当的牧场管理、恢复牧场种植、降低动物屠宰年龄等方面的政府投资具有减缓温室气体的潜力⑧。Boer 等估计了为生产

---

① 胡剑波等:《中国出口贸易隐含碳排放效率及其收敛性》,《中国人口·资源与环境》2020 年第 12 期。

② Ominski Kimberly, et al., "Estimates of Enteric Methane Emissions from Cattle in Canada Using the IPCC Tier-2 Methodology", *Canadian Journal of Animal Science*, Vol. 87, No. 3, 2007, p. 459.

③ Edwards-Jones Gareth, et al., "Carbon Foot Printing of Lamb and Beef Production Systems: Insights from an Empirical Analysis of Farms in Wales, UK", *Journal of Agriculture Science*, Vol. 147, 2009, p. 707.

④ Cederberg Christel, Stadig Magnus, "System Expansion and Allocation in Life Cycle Assessment of Milk and Beef Production", *The International Journal of Life Cycle Assessment*, Vol. 8, No. 6, 2003, p. 350.

⑤ Casey John, Holden Nicholas, "Quantification of GHG Emissions from Suckler-Beef Production in Ireland", *Agricultural Systems*, Vol. 90, 2006, p. 79.

⑥ Ogino Akifumi, et al., "Evaluating Environmental Impacts of the Japanese Beef Cow-Calf System by the Life Cycle Assessment Method", *Journal of Animal Science*, Vol. 78, 2007, p. 424.

⑦ Ogino Akifumi, et al., "Environmental Impacts of the Japanese Beef-Fattening System with Different Feeding Lengths as Evaluated by a Life-Cycle Assessment Method", *Journal of Animal Science*, Vol. 82, No. 7, 2004, p. 2115.

⑧ Newton, et al., "Public Policies for Low Carbon Emission Agriculture Foster Beef Cattle Production in Southern Brazil", *Land Use Policy*, Vol. 80, 2019, p. 269.

牛肉而将森林转化为牧场所产生的碳排放，在新砍伐的土地上生产的牛肉碳足迹约每公斤胴体重700百万吨二氧化碳当量①。Harrison等对肉牛饲料进行调整，探寻能够减少肠道发酵碳排放同时又增加毛利润的饲料添加剂②。在肉牛产业减排措施的研究方面，Renand等研究了粗饲料占比量对减少肉牛肠道发酵甲烷排放量和提高肉牛饲料转化率的影响，认为改良饲料是可持续牛肉生产的重要减排措施③。Chaves等、Manafiazar等学者认为，提高饲料转换率、改善饲料结构和喂养方式是实现肉牛减排的关键④⑤。Albert等结合了区域特定的养殖、经济和环境因素，通过碳补偿设计实现肉牛产业的减排⑥。Singh等通过云计算技术实现牛肉供应链各利益相关者在合理的费用和基础设施范围内实现末端碳排放最小化和测量的集成系统⑦。

国内学者对于肉牛产业碳减排的关注相对较少，龚飞飞等研究了不同日粮组成对冬季密闭青年母牛舍碳排放的影响⑧。马宗虎等运用LCA法评估了规模化养牛育肥场的温室气体排放情况，评价边界涵盖作物种植系统、肥料生产系统、肉牛生产系统、粪便管理系统、农业机械

---

① Boer IJM De, et al., "Greenhouse Gas Mitigation in Animal Production: Towards an Integrated Life Cycle Sustainability Assessment", *Current Opinion in Environmental Sustainability*, Vol. 3, No. 5, 2011, p. 423.

② Harrison Matthew, et al., "Improving Greenhouse Gas Emissions Intensities of Subtropical and Tropical Beef Farming Systems Using Leucaena Leucocephala", *Agricultural Systems*, Vol. 136, 2015, p. 138.

③ Renand Gilles, et al., "Methane and Carbon Dioxide Emission of Beef Heifers in Relation with Growth and Feed Efficiency", *Animals*, Vol. 9, No. 12, 2019, p. 1136.

④ Chaves Alexandre Vieira, et al., "Effect of Pasture Type (Alfalfa vs. Grass) on Methane and Carbon Dioxide Production by Yearling Beef Heifers", *Canadian Journal of Animal Science*, Vol. 86, No. 3, 2006, p. 409.

⑤ Manafiazar Ghader, et al., "Methane and Carbon Dioxide Emissions from Yearling Beef Heifers and Mature Cows Classified for Residual Feed Intake under Drylot Conditions", *Canadian Journal of Animal science*, Vol. 100, No. 3, 2020, p. 522.

⑥ Albert Boaitey, et al., "Environmentally Friendly Breeding, Spatial Heterogeneity and Effective Carbon Offset Design in Beef Cattle", *Food Policy*, Vol. 84, 2019, p. 40.

⑦ Singh Akshit, et al., "Cloud Computing Technology: Reducing Carbon Footprint in Beef Supply Chain", *International Journal of Production Economics*, Vol. 164, 2015, p. 462.

⑧ 龚飞飞等：《不同日粮组成对冬季密闭青年母牛舍碳排放影响的研究》，《中国畜牧杂志》2010年第14期。

制造及供应系统、灌溉排水系统①。张晓彤等以牛肉供应链为研究对象，在考虑温室气体排放成本的前提下，建立了常用减排策略下肉牛饲喂及屠宰环节的决策优化模型②。张龙从二氧化碳排放和粪便污染两个方面对牛羊养殖的污染问题进行了分析③。部分学者对于奶牛碳排放进行了研究，王效琴等运用 LCA 法对西安规模化奶牛养殖系统的温室气体排放量进行了评估，结果显示高于欧洲国家排放水平，减排潜力很大④。刘翌晨等对山西省某奶牛养殖场的温室气体排放情况进行研究，研究认为不同种类牛个体的碳排放量不同⑤。杜欣怡等探讨了奶牛养殖系统技术选择对经济和环境效益的影响程度⑥。

将检索范围扩大，在畜牧业碳减排问题上，国内从 2009 年开始有针对性地研究，初期的研究主要集中于低碳畜牧业发展的必要性，以及发展过程中存在的问题等。范敏等介绍了江西省正在积极开展的畜禽养殖业清洁生产行动，提出了对江西省畜禽养殖业实现可持续发展的建议⑦。黄秀声等对中国畜牧业发展面临的环境污染进行了深入剖析，认为中国畜牧养殖业必须走低碳经济之路⑧。李水霞认为，低碳畜牧业是以低排放、低污染、低耗能为基础，以可持续发展为指导理念的畜牧业模式，同时也提出了目前畜牧业污染治理存在的问题，包括资金缺乏、治污面广、缺乏有效监管、畜禽粪便还田积极性低

---

① 马宗虎等：《规模化肉牛育肥场温室气体排放的生命周期评估》，《农业环境科学学报》2010 年第 11 期。
② 张晓彤等：《常用减排政策在肉牛养殖业中的有效性分析》，《安徽农业科学》2016 年第 4 期。
③ 张龙：《牛羊养殖环境污染问题与防控措施》，《今日畜牧兽医》2022 年第 1 期。
④ 王效琴等：《运用生命周期评价方法评估奶牛养殖系统温室气体排放量》，《农业工程学报》2012 年第 13 期。
⑤ 刘翌晨等：《规模化奶牛养殖场温室气体排放研究——以山西省某奶牛养殖场为例》，《环境保护与循环经济》2020 年第 6 期。
⑥ 杜欣怡：《奶牛场技术选择对综合效益和碳排放的影响》，《中国乳业》2021 年第 11 期。
⑦ 范敏等：《低碳经济与江西省畜禽养殖业可持续发展》，《能源研究与管理》2009 年第 4 期。
⑧ 黄秀声等：《畜牧业发展与低碳经济》，《中国农学通报》2010 年第 24 期。

等①。潘树峰认为，低碳畜牧业秉持着可持续发展的理念，目的在于减少温室气体的排放量，在发展中可以通过制度创新和方法创新的手段优化畜牧业从生产到消费链条中的能源结构，打造一条符合中国经济政策的低消耗高产出的产业模式②。

在畜牧业碳排放量估算的问题上，张耀民等采用IPCC系数法对中国农业排放源的甲烷排放量进行了估算，得出了中国稻田甲烷排放量、家养动物甲烷排放量和农业残留物甲烷排放量③。董红敏、杨其长将OECD和IPCC国家温室气体排放清单编制指南的研究方法结合，估算了中国动物甲烷排放率，结果表明1990年中国反刍动物甲烷排放占全球的7.2%，畜禽粪便甲烷排放占全球的5%④。胡向东和王济民在IPCC公布的排放系数和计算方法的基础上，估算了全国2000—2007年畜禽温室气体的排放量，结果显示反刍动物的胃肠发酵甲烷排放系数大，产出的甲烷气体也最多，各省份碳排放量差异明显，排放重点省区呈现连片性⑤。陈瑶和尚杰也运用该方法对中国畜牧业碳排放量进行了估算，结果显示不同畜禽种类对不同温室气体排放量的贡献度不同，对于肠道发酵及粪便管理产生的温室气体，牛的排放是最多的⑥。郭娇等对2005—2015年中国畜牧业的碳排放进行了测算，发现碳排放量存在两次先降后升的变化，2008年和2009年为拐点年份⑦。此后，二氧化碳排放趋于稳定，从碳排放量贡献上来看，养牛业的排放贡献最大，各省份的温室气体排放结构存在差异，应根据具体情况制定相应的减排措施。姜明红等则采用LCA法评价畜牧生产过程中

---

① 李水霞：《低碳经济背景下畜牧业发展中强化养殖污染治理的重要性分析》，《中国畜牧兽医文摘》2018年第4期。
② 潘树峰：《发展低碳畜牧业的必要性及应对措施研究》，《新农业》2019年第5期。
③ 张耀民等：《中国农业排放源甲烷排放量的估算》，《农村生态环境》1993年第S1期。
④ 董红敏、杨其长：《反刍动物甲烷排放研究进展》，《农村生态环境》1993年第S1期。
⑤ 胡向东、王济民：《中国畜禽温室气体排放量估算》，《农业工程学报》2010年第10期。
⑥ 陈瑶、尚杰：《四大牧区畜禽业温室气体排放估算及影响因素分解》，《中国人口·资源与环境》2014年第12期。
⑦ 郭娇等：《中国畜牧业温室气体排放现状及峰值预测》，《农业环境科学学报》2017年第10期。

的环境影响和生产效率，研究认为 LCA 法的采用对于优化畜牧资源配置，促进畜牧生产加工标准化，实现草原畜牧业可持续发展具有重要意义①。

国内大量学者对中国畜牧业的减排措施以及面临的困难从不同的研究视角进行了研究，提出了相应的对策建议。王占红和张世伟提出，应合理地进行地区养殖规划、加强畜禽粪便管理、调整饲料配方，提高饲料转化效率等减排措施②。杨飞和汪少波认为，畜牧业产业要从以存栏数为导向的经营理念，向以质量优先的经营理念进行转变，通过固定草牧场使用权，推广退耕还林还草，舍饲养畜并规范圈舍建设的方式减缓环境污染③。詹晶等提出，必须重点控制猪、牛、羊等畜牧产品生产过程中的温室气体排放，并从提高饲料品质、加强粪尿管理等方面加强政府管控④。赵俊伟等认为，养殖规模、粪污消纳地面积、养殖净收益、周边群众舆论、粪污处理技术、粪污处理经济条件、粪污处理相关培训、政府补贴和政府监管等方面都是提高农户减排意愿，从而实现减排的有效措施⑤。李玉波等提出要加快培育适应低碳环境的优良畜种，优化饲料结构、合理使用添加剂，并对畜牧养殖业废弃物采用资源化利用技术⑥。

三 国内外研究现状评述

面对经济发展与环境保护兼顾的严峻挑战，碳排放效率的相关问题受到关注，学界对于碳排放效率研究的关注度很高，该主题为近几年的研究热点。从总体来看，目前国内外碳排放效率相关文献的研究

---

① 姜明红等：《生命周期评价在畜牧生产中的应用研究现状及展望》，《中国农业科学》2019 年第 9 期。
② 王占红、张世伟：《发展低碳畜牧业之拙议》，《现代畜牧兽医》2011 年第 2 期。
③ 杨飞、汪少波：《畜牧产业的发展与环境——兼论我市畜牧产业的低碳经济》，《情报杂志》2011 年第 S1 期。
④ 詹晶等：《我国畜牧业低碳化发展的路径选择——基于畜牧业排放源对甲烷增长的回归分析》，《广西社会科学》2012 年第 9 期。
⑤ 赵俊伟等：《生猪规模养殖粪污治理演化博弈及影响因素分析》，《科技管理研究》2019 年第 23 期。
⑥ 李玉波等：《畜牧养殖业碳排放与经济增长关系——基于吉林省的统计数据》，《内江师范学院学报》2021 年第 6 期。

视角、研究思路、计量分析方法等内容为中国肉牛产业碳排放效率的研究提供了一定的借鉴与启示作用。低碳畜牧业的相关研究也为肉牛产业的低碳减排提供了坚实的理论基础和实践经验，但现有研究仍有一些问题值得进一步深入探讨分析，主要体现在以下几方面。

第一，在碳排放效率的研究上，研究对象大多聚焦在工业、物流业、制造业、交通业等领域，而肉牛产业作为最大的畜牧业温室气体排放源，其碳排放的排放方式与燃烧化石燃料不同，是由肉牛独特的生物特性造成的，不同产业的经济规律存在较大差异，需要依据产业具体情况进行针对性研究，但目前鲜有文章对肉牛产业碳排放效率进行研究。

第二，目前对于肉牛及畜牧业碳排放问题的研究大多从国家宏观层面展开，缺乏对主产区、多空间的研究，以及将空间地理因素纳入回归模型并运用空间计量经济模型的研究。

第三，已有对碳排放效率的研究中，效率测算大多采用传统 DEA 或 SFA 方法，对环境因素、随机误差及多个有效单元的情况考虑较少，采用三阶段超效率 SBM-DEA 模型等前沿方法的研究相对较少，有待于进一步应用。

综上所述，本书聚焦肉牛产业，对中国肉牛主产区碳排放效率进行深入探讨，采用三阶段超效率 SBM-DEA 模型对中国肉牛主产区碳排放效率进行评价，检验主产区碳排放效率的相关空间格局及集聚特征，并在充分考虑空间效应的基础上识别对中国肉牛主产区碳排放效率产生关键作用的影响因素，判断区域差异的收敛性及动态演进趋势，并对各主产区的减排潜力进行分析。在此基础上提出适用于中国肉牛主产区的减排对策，为肉牛产业低碳可持续发展的决策行为提供理论支持与决策参考，为各肉牛主产区在宏观环境调控政策下如何实现经济效益和生态效益的"双赢"带来启发。

第四节　本章小结

本章首先对肉牛产业及肉牛主产区、碳排放及碳排放效率、低碳畜牧业等与中国肉牛产业碳排放效率相关的概念进行了界定和梳理。其次，在理论基础方面，对低碳经济理论、效率理论、空间相关性理论以及可持续发展理论等相关理论进行了介绍，为后续的研究提供了理论基础并构建了本书的理论分析框架。最后，采用 CiteSpace 软件对碳排放效率的相关研究开展了可视化分析，并对肉牛产业碳减排的相关研究进行了系统的梳理，明确相关研究的研究进展、研究方向及其存在的问题，并掌握了最新的研究视角、研究方向与计量模型，为后续的研究奠定了坚实的基础。

第三章

中国肉牛产业碳排放的测度及特征分析

  肉牛作为大型多胃反刍动物,是畜牧业温室气体排放中最大的排放源,肉牛产业的低碳发展对于绿色畜牧业的建设而言至关重要。那么,中国肉牛产业目前的发展概况如何?碳排放量是多少?如何科学地进行测算?这些问题的答案是对中国肉牛产业碳排放相关问题进行深入研究的基础。同时,从宏观上把握肉牛产业的发展概况及碳排放现状,能够为后续碳排放效率的深入研究提供必要的总体认知及数据支撑。基于此,本章对中国肉牛产业及各主产区发展现状进行分析,并构建了肉牛产业碳排放测算体系,对碳排放量进行测算,探讨肉牛产业碳排放现状,并对其特征予以描述与分析,本章主要包括以下研究内容:①描述中国肉牛产业及各主产区的发展概况及演变趋势。②对肉牛主产区碳排放测算体系的边界及温室气体排放的类型进行界定,选择适用于中国肉牛产业的碳排放测算方法,构建肉牛产业碳排放量测算体系。③从饲料阶段、肠道发酵阶段、粪肥管理阶段以及运输、加工与包装四个阶段测算中国肉牛产业的碳排放量,并采用VECM模型对中国肉牛产业碳排放EKC曲线形态进行判别。④测算中国肉牛主产区的碳排放量,并对四大肉牛主产区碳排放量的时空特征进行深入的分析与探讨。

第一节 中国肉牛产业演变趋势及主产区发展概况

一 中国肉牛产业发展演变趋势

中国有很长的畜牧业历史，从农耕时起，牛就被用作役用工具。中国作为农业大国，耕地面积辽阔，对役用牛的需求量极大，因此政府采取了一系列措施确保役用牛的数量，如禁止屠宰、品种改良等。1978年，中国实施家庭联产承包责任制后，中国的畜牧业发展速度加快，牛的数量也在不断增加。1979年《关于保护耕牛和调整屠宰标准的通知》颁布后，能繁母牛和种牛得到保护，肉用牛经过育肥后可以进行屠宰，促进了肉牛产业的发展，役用牛饲养开始向肉用牛饲养转变。1985年，中央政府对畜产品价格进行了调整，此时牛肉产量仅46.7万吨，出现供不应求的情况，刺激了肉牛饲养的积极性。到1990年，牛肉产量达到125.6万吨，与1980年相比较，牛肉产量增加了4倍，全国牛的存栏量突破1亿头，肉牛产业的发展取得了很大的进步。1992年以来，"秸秆养畜"项目的推广使肉牛产业快速发展。到了2000年，牛肉产量达到513.1万吨，全国牛出栏量与1990年相比增加了2000多万头。此时，肉牛产业正快速稳步发展。2006年，牛出栏数达到5602.9万头，牛肉产量达到576.7万吨。此时，中国成为仅次于美国和巴西的第三大肉牛生产国。到了2010年，肉牛产业发展总体上较为平稳，牛肉产量达到653.1万吨，肉牛产业快速发展的同时，也带动了屠宰业、加工业的发展。2010年后，散户加速退出，规模场户增速动力不足，牛肉减产，规模场户数及母牛存栏量的增加，难以弥补散户退出造成的母牛存栏量下降，母牛牛源紧缺，牛存栏量整体出现下滑态势。2017年肉牛产业进入了转型攻坚期，肉牛养殖成本不断增加，散户退出导致的肉牛出栏量降幅远高于规模化养殖带来的增幅，发展速度趋缓。2020年，肉牛存栏量稳步增长，规模化、集约化、标准化程度不断提升（见表3-1）。

表 3-1　　中国牛存栏量、出栏量及牛肉产量变化情况

年份	牛肉产量（万吨）	出栏量（万头）	存栏量（万头）
1980	26.9	332.2	7167.6
1985	46.7	456.5	8682.0
1990	125.6	1088.3	10288.4
1995	415.4	3049.0	13206.0
2000	513.1	3964.8	12353.2
2001	508.6	4118.5	11809.2
2002	521.9	4401.1	11567.8
2003	542.5	1703.0	11434.4
2004	560.4	5018.9	11235.5
2005	568.1	5287.6	10990.8
2006	576.7	5602.9	10465.1
2007	613.4	4359.5	10594.8
2008	613.2	4446.1	10576.0
2009	635.5	4602.2	10726.5
2010	653.1	4150.0	10626.4
2011	647.5	4670.7	10360.5
2012	662.3	4760.9	10343.4
2013	673.2	4828.2	10385.1
2014	689.2	4929.2	10578.0
2015	700.1	5003.4	10817.3
2016	716.8	5110.0	10667.9
2017	634.6	4340.3	9038.7
2018	644.1	4397.5	6618.4
2019	667.3	4533.9	6998.0
2020	672.4	4565.5	7685.1

资料来源：《中国统计年鉴》《中国畜牧兽医年鉴》《中国畜牧业年鉴》。

随着中国城乡居民生活水平的显著提高，牛肉受到消费者的青睐，牛肉需求的不断加大，使中国牛肉市场对外开放程度加大，中国牛肉进出口量变动趋势如图 3-1 所示。1995 年后，中国牛肉进出口

量都保持在较低的水平,到2003年,进口量有所上升。2004—2006年,进口量出现下降趋势,出口量小幅上升。2013年后牛肉进口量呈波动下降趋势。而进口量在2006年后,保持上升趋势,且在2013年后涨幅较快,2013年牛肉进口量达到92.876万吨,与2012年相比,增长了77.84%,是1995年的三倍。近年来,中国肉牛的刚性需求和市场供不应求的矛盾日益突出,肉牛来源短缺的问题日益严重,加大进口牛肉量是解决中国肉牛短缺的主要途径,使近年来进口量显著增加,2020年牛肉进口量已达到296.932万吨。

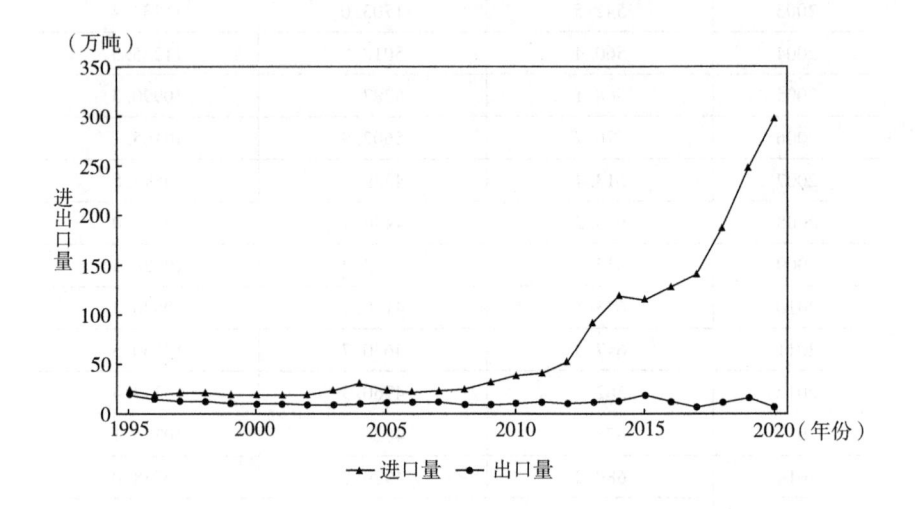

图3-1 中国的牛肉进出口量变动趋势

资料来源:FAO数据库。

二 中国肉牛主产区发展概况

(一)中国肉牛主产区简介

随着改革开放、经济发展和人民生活水平的不断提高,中国的肉牛产业迅速发展。长期以来,内蒙古、新疆以及青海是中国主要的肉牛主产区。中国肉牛主产区在社会、经济、科技等方面不断发展的过程中,逐步由牧区转向粮食主产区、油料及棉花等高产地区。中国肉牛产业逐渐形成了中原、东北、西北、西南四大优势地区协同发展的模式。

形成主产区的原因主要有四个：①牛源充足，为主产区提供了资源优势，能繁母牛存栏量较多，肉牛存栏增长较快，给予主产区一定的发展空间。②具有区位优势，临近大都市经济圈，具有良好的产销链条，有明确的市场定位。③具有产业优势，肉牛种群结构较为合理，具有较好的产业基础，进入优势区域的肉牛平均存栏数量普遍超过7万（头）。④养殖技术服务体系健全，具备一定规模的屠宰和加工能力。县市连接成片，从而具有规模优势，主产区的可持续发展能够保障中国牛肉的稳定供给。

(二) 中国肉牛主产区肉牛品种

1. 夏南牛

夏南牛原产于河南省南阳市，成年公牛体重850千克，成年母牛体重600千克。耐粗饲，采食速度快，易育肥。在农户饲养条件下，公、母犊牛6月龄平均体重分别为197.35千克和196.5千克，平均日增重为0.88千克；公、母牛周岁平均体重分别为299.01千克和292.4千克；体重350千克的架子公牛经强化育肥90天，平均体重达559.53千克，平均日增重可达1.85千克。据屠宰试验，17—19月龄的未育肥公牛屠宰率为60.13%，净肉率为48.84%。由于夏南牛生长发育快、肉用性能好，广大农户、育肥场所均有引用。

2. 延黄牛

延黄牛原产于吉林省延边朝鲜族自治州。在生产性能上，延黄牛具有耐寒、耐粗饲、抗病力强、适应性强、生长速度快等特点，遗传性稳定。成年公、母牛体重分别为1056.6千克和625.5千克。公、母犊牛平均初生体重分别为30.9千克和28.9千克。延黄牛为30月龄公牛经舍饲短期育肥，宰前活重578.1千克，胴体重345.7千克，屠宰率为59.8%，净肉率为49.3%，日增重为1.22千克，主要饲养于东北主产区。

3. 云岭牛

云岭牛原产于云南省。在生产性能上，成年公牛体重813.08千克，成年母牛体重517.4千克。屠宰率为59.56%，净肉率为49.62%。云岭牛为热带牛品种，饲养于西南主产区，耐粗饲，具有早期增重快、脂肪沉积好的特点。

4. 中国西门塔尔牛

自 20 世纪 40 年代中国从苏联、德国、法国、奥地利、瑞士等国引进西门塔尔牛，历经多年繁殖，改良当地牛，组建核心群进行长期选育而成。中国西门塔尔牛因培育地点的生态条件不同，分为平原、草原和山区 3 个类群。成年公牛平均活重 800—1200 千克，母牛 600 千克左右。根据 50 头育肥牛试验结果，18—22 月龄宰前活重 575.4 千克，屠宰率为 60.9%，净肉率为 49.5%。

5. 秦川牛

秦川牛原产于陕西省关中地区，体格较高大，骨骼粗壮，肌肉丰满，是较大型的役肉兼用品种。在生产性能上，经育肥的 18 月龄牛的平均屠宰率为 58.3%，净肉率为 50.5%。

6. 鲁西黄牛

鲁西黄牛主要产于山东省西南部的菏泽市和济宁市两地区，山东的东北部也有分布。鲁西牛是中国中原四大牛种之一。以优质育肥性能著称于世。在生产性能上，18 月龄阉牛平均屠宰率为 57.2%，净肉率为 49.0%，骨肉比 1∶6，脂肉比 1∶4.23。成年牛平均屠宰率为 58.1%，净肉率为 50.7%，骨肉比 1∶6.9，脂肉比 1∶37。

7. 南阳牛

南阳牛原产于河南省南阳市白河和唐河流域的平原地区，经强度育肥的阉牛体重达 510 千克，屠宰率为 64.5%，净肉率为 56.8%。

8. 晋南牛

晋南牛原产于山西省晋南地区，是经过长期不断地人工选育而形成的地方良种。成年牛在育肥条件下，平均日增重为 851 克（最高日增重可达 1.13 千克）。屠宰率为 55%—60%，净肉率为 45%—50%。晋南牛具有适应性强、耐粗饲、抗病力强、耐热等优点。

9. 延边牛

延边牛原产于东北三省东部的狭长地区。延边牛是寒温带的优良品种，是东北地区优良地方牛种之一。在生产性能上，延边牛自 18 月龄育肥 6 个月，日增重为 813 克，胴体重 265.8 千克，屠宰率为

57.7%，净肉率47.23%。延边牛体质结实，抗寒性能良好，适宜于林间放牧。

（三）中国肉牛主产区存栏量变动情况

中国肉牛主产区存栏量变动情况如表3-2所示，2020年肉牛主产区存栏量占全国肉牛存栏头数的70.07%。其中，西南主产区作为中国传统的肉牛主产区，近年来发展迅速，但主产区内各省份在养殖规模、资源禀赋、综合比较优势等方面差异较大，仍具有较大的发展潜力。东北肉牛主产区则由于其饲料资源的优势，从2005年迅速崛起，成为近年来增长较快的区域，存栏量仅次于西南产区。西北地区因其具有天然草原的优势，一直是中国肉牛主产区。其牛肉消费量大，且草料资源与土地资源丰富，气候干燥少雨，具有丰富的母牛与育肥原料牛源，但其组织化程度较低，产业化程度低，技术及加工力量薄弱，导致近年来肉牛存栏头数呈下降趋势。中原肉牛主产区因其丰富的良种资源和区位优势使该区域成为中国肉牛养殖的优势区域。1992年"秸秆养牛"项目的推广，使中原主产区发展迅速，存栏量比重持续增加。但中原主产区育肥依靠其他产区架子牛的养殖特征，以及受养殖用土地和水资源短缺、土地流转速度缓慢、人口密度大、比较收益低等因素的影响，在2010年后，肉牛存栏量动力不足，存栏比重有所下降。

表3-2 肉牛主产区存栏量及其所占比重

年份	中原主产区		东北主产区		西北主产区		西南主产区		主产区所占全国比重（%）
	存栏量（万头）	所占比重（%）	存栏量（万头）	所占比重（%）	存栏量（万头）	所占比重（%）	存栏量（万头）	所占比重（%）	
1980	919.0	12.82	700.1	9.77	602.0	8.40	2278.2	31.78	62.77
1985	1421.3	16.37	873.8	10.06	746.3	8.60	2717.8	31.30	66.33
1990	2113.4	20.54	961.2	9.34	883.3	8.59	3069.5	29.83	68.3
1995	3773.5	28.57	1586.7	12.01	1017.4	7.70	3348.4	25.36	73.64
2000	3599.7	29.14	1498.9	12.13	1013.9	8.21	3455.1	27.97	77.45
2005	3615.8	32.90	1998.2	18.18	1297.9	11.81	3648.5	33.20	96.09

续表

年份	中原主产区		东北主产区		西北主产区		西南主产区		主产区所占全国比重（%）
	存栏量（万头）	所占比重（%）	存栏量（万头）	所占比重（%）	存栏量（万头）	所占比重（%）	存栏量（万头）	所占比重（%）	
2010	1229.42	18.24	1434.06	21.28	671.46	9.96	1588.88	23.58	73.06
2015	1288.1	17.47	1501.2	20.36	716.2	9.71	1806.6	24.50	72.04
2016	1260.8	16.94	1518.7	20.41	736.1	9.89	1844.2	24.78	72.02
2017	760.4	11.49	1405.5	21.24	812.9	12.28	1793	27.09	72.1
2018	747.7	11.30	1361.7	20.57	853.1	12.89	1781.2	26.91	71.67
2019	777.9	11.12	1412.7	20.19	971.1	13.88	1893.3	27.05	72.24
2020	761.4	9.91	1457.3	18.96	1106	14.39	2060	26.81	70.07

资料来源：《中国畜牧兽医年鉴》。

第二节　肉牛产业碳排放测算体系构建

通过上述内容，可以看到中国肉牛产业发展迅速，产业链日臻完善，肉牛产业对保障牛肉供应、促进农村经济发展、增加农民收入等起到了积极的作用。那么，在规模庞大的产业体量背后，会排放多少温室气体？目前，尚无法通过可靠机构直接获取中国肉牛产业碳排放量的数据，故而本节构建肉牛产业碳排放量测算体系，量化中国肉牛产业碳排放情况，这有助于探讨目前产业发展与碳排放之间的均衡关系，也是对肉牛产业碳排放效率进行深入研究的基础。下面将从构建原则、系统边界、核算方法、温室气体排放类型四个方面对肉牛产业碳排放测算体系进行构建。

一　肉牛产业碳排放测算体系的构建原则

肉牛产业碳排放测算体系的构建需要遵循以下五个原则。

（一）透明性

构建肉牛产业碳排放测算体系时，需要确保有充足且清晰的计算过程和计算方法，采用的数据透明且来源可靠。

（二）一致性

测算不同年份、气体和类别的估计值时，应尽可能地采用同一种方法，并使用同来源的数据，用以反映气体排放量的真实年度波动情况及排放量的真实差别。

（三）准确性

在当前判断的能力范围之内，温室气体排放量的估计既不过高也不过低地反映实际情况，应尽力将估计值的偏差降到最低，贴近现实情况，具有准确性。

（四）完整性

所有相关类别的碳排放源和所有相关气体的数据来源、处理、计算等环节都要表述完整、清楚，可采用缺省值进行计算。如果某些要素缺失，则要阐述剔除的理由。

（五）可比性

构建的测算体系要能对不同的饲养方式、不同的饲养地区进行对比分析，并要与国际主流方法体系保持一致，使其可以与其他国家气体排放情况进行比对。

二 肉牛产业碳排放测算体系的系统边界

肉牛产业与其他畜牧业相比，具有生命周期长与产业链条长的特点，产业链条包括与牛肉产品生产密切相关的产业群所组成的网络结构，涵盖饲料原料、饲料加工、饲养繁殖、活牛屠宰加工、活牛及牛肉的流通和消费等环节[1]。在对产品或服务带来的环境影响进行评估时，需要涵盖整个生命周期。因此，本书在全生命周期视角下将全产业链纳入测算体系，这样能够对肉牛产业全过程的碳排放进行跟踪与定量分析，对于准确判别肉牛产业碳排放的现状具有重要意义。故而，本书将肉牛产业碳排放测算体系的系统边界定义为"从饲养摇篮到零售"，涵盖了饲料生产、动物生产、加工运输及零售分销全产业链上的主要排放源，测算体系系统边界如图3-2所示。

---

[1] 王桂霞：《中国牛肉产业链研究》，博士学位论文，中国农业大学，2005年。

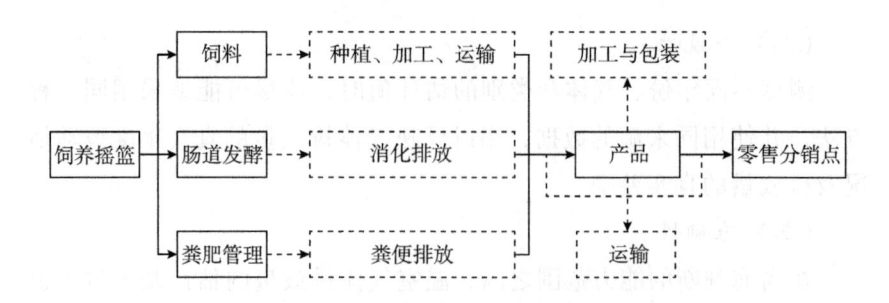

图 3-2　肉牛产业碳排放量测算体系系统边界

三　肉牛产业碳排放测算体系的核算方法

（一）排放因子法

排放因子法（Emission-Factor Approach）是由 IPCC 提出的，旨在把有关人类活动发生程度的信息与单位活动的排放量或清除量的量化系数结合起来，从而估算国家温室气体人为的源排放以及汇清除清单，最终得到国家的碳活动数据。排放量或清除量的系数就是排放因子（EF），在计算时，排放因子既可以采用 IPCC 报告中的缺省因子，也可以根据国家统计、普查或检测数据，结合测算区域实际情况，自行修正、改进及计算。排放因子法因其便于操作和计算，实用性强，有成熟的计算方法且实操案例较多，得以广泛应用。但采用缺省因子进行计算，不确定因素较多会产生测量误差，精度较差，故而更适用于排放源相对稳定、不复杂的区域。目前该方法的认可度较高，具有权威性。

（二）实测法

实测法是通过实地采集、测算排放源排放气体的流速、流量及浓度等，再将样值平均处理后得到气体排放总量。该方法与其他核算方法相比中间环节少，结果较为精准，但适用范围较小，一般用于生产环节简单、测算区域狭小的情况。另外，实测法会受到样品采集与流程处理等诸多因素的影响，对技术设备及采集人员的要求较高，测量成本较大。因此，目前可参考的采用该方法进行实测的案例应用比较少。

（三）物料衡算法

物料衡算法是基于质量守恒定律，即系统的物料投入与产出质量相等，将生产过程中使用的物料变化情况进行定量分析的方法。采用该方法核算温室气体排放，需要对生产管理工艺流程、物料投入及消耗情况、物料状态参数及物理特性、物料化学反应、环境管理等情况充分了解，围绕整个生产过程，从物料平衡分析入手，测算出能够真实地反映实际情况的排放量。该方法能够较好地区分不同生产系统及自然源的排放差异，适用于环境及排放源相对复杂的测算情况。但因该方法中间过程较多，与其他方法相比较容易出现误差，并且尚在起步完善阶段，结论具有不确定性。

以上三种碳排放测算方法的优缺点及适用范围各有不同，需要根据测算对象具体情况进行选择（见图3-3）。本书的研究尺度为宏观尺度与中观尺度，并且从计算可靠性、数据可获得性及系数权威性的角度，选择与联合国气候变化委员会采用的方法较为相近的排放因子法来测算中国肉牛产业的碳排放量。

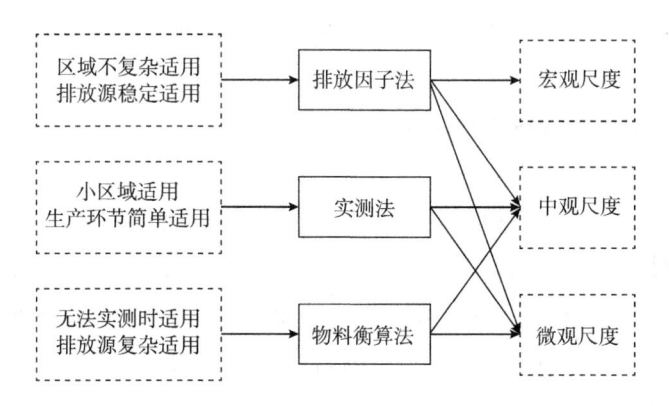

图3-3 肉牛产业碳排放量测算体系的核算方法

四 肉牛产业排放温室气体类型

在《联合国气候变化框架公约》中，温室气体包括二氧化碳（CO_2）、甲烷（CH_4）、氧化亚氮（N_2O）、氢氟碳化物（HFC_S）、全氟碳化物（PFC_S）以及六氟化硫（SF_6）六种。其中二氧化碳、甲烷及氧化亚氮无论从增温效应份额还是体积比例上，都是最重要的三种温室气体。对于肉牛产业而言，产生的温室气体主要包括二氧化碳、甲烷及氧化亚氮三种，即肠道发酵与粪肥管理阶段带来的甲烷、来自粪肥管理阶段的直接或间接产生的氧化亚氮以及直接能源消耗所产生的二氧化碳。故而本书在测算肉牛产业碳排放量时，对二氧化碳、甲烷及氧化亚氮三种温室气体进行核算。另外，为避免单个污染物可能导致的估计偏差，将氧化亚氮、甲烷转化为二氧化碳当量（CO_{2-eq}）加总进行计算，转换公式如下：

$$CO_{2-eq} = N_2O \times 298 ① \tag{3.1}$$

$$CO_{2-eq} = CH_4 \times 25 ② \tag{3.2}$$

第三节 肉牛产业碳排放量的测算

在全生命周期视角下，中国肉牛产业碳排放量的测算主要包括饲料阶段碳排放量的测算，肠道发酵阶段碳排放量的测算，粪肥管理阶段碳排放量的测算，运输、加工与包装阶段碳排放量的测算，下文将进行具体阐述。

一 饲料阶段碳排放量测算

饲料作为肉牛产业的前端，用以满足肉牛所需要的能量、蛋白质及干物质采食量，将植物能转变为动物能。肉牛的饲料成分主要包括青贮饲料、精饲料及非常规饲料（牧草、秸秆、糟渣、林业副产品等），不同的饲料配比会影响碳排放量的大小。肉牛产业因饲料阶段引起的碳排放包括三个部分：由饲料作物种植而产生的排放、饲料加工排放及运输排放，计算公式如下：

$$CF_{forage, i} = \sum CF_{C, k, i} + \sum CF_{P, k, i} + \sum CF_{T, k, i} \tag{3.3}$$

式（3.3）中，$CF_{forage, i}$ 为饲料引起的碳排放；$CF_{C, k, i}$ 为 k 种类作物种植引起的碳排放；$CF_{P, k, i}$ 为 k 种类饲料加工引起的碳排放；$CF_{T, k, i}$ 为 k 种类饲料运输引起的碳排放；i 为年份。

二 肠道发酵阶段碳排放量测算

动物的消化系统类型对甲烷排放的速率有显著影响，反刍牲畜的

---

① 298 为氧化亚氮转换为碳当量的 GWP 值，GWP 值来源于 IPCC 第四次评估报告。
② 25 为甲烷转换为碳当量的 GWP 值，GWP 值来源于 IPCC 第四次评估报告。

消化系统有一个膨胀室,即瘤胃,其位于消化道的前部,能够支持日粮的密集微生物发酵。在消化过程中,通过微生物发酵,将碳水化合物分解成可以被消化的简单分子,使其可以消化日粮中的纤维素。同时在这个过程中,也会产生甲烷气体（CH_4）。甲烷排放量的多少会受到日粮组成成分的影响,不易消化的饲料成分会使摄入的每单位能量排放更多的甲烷,采食量也与家畜大小、生长率和产量正相关。肉牛作为大型反刍动物,产生的甲烷气体不容小觑。肉牛消化过程中产生的甲烷排放量测算公式如下:

$$CF_{EF,i} = \frac{GE_i \times \left(\dfrac{Y_m}{100}\right) \times 365}{55.65} \times \left(\dfrac{N_i}{10^6}\right)① \quad (3.4)$$

式（3.4）中,$CF_{EF,i}$为肉牛肠道发酵中的甲烷排放;GE_i为总能量摄取;N_i为肉牛数量;Y_m为甲烷转化因子,表示饲料中总能转化为甲烷的百分比。精饲料占比≥90%,Y_m取值3.0%±1.0%,精饲料占比<90%,Y_m取值6.5%±1.0%;i为年份。

三 粪肥管理阶段碳排放量测算

（一）粪肥管理阶段的甲烷排放

肉牛的粪便在储存、管理以及堆肥过程中会产生甲烷。不同的粪便管理系统及堆肥方式会造成气体排放的差异,具体情况如表3-3所示。不同气候温度也会影响气体排放量,产生的差异体现在甲烷排放因子中,粪肥管理过程CH_4排放量测算公式如下:

$$CH_{4manure,i} = \sum \frac{\left[(VS_{(BC)} \times 365) \times \left(\dfrac{B_{o(BC)} \times 0.67 kg/m^3 \times}{\sum\limits_{s,k} \dfrac{MCF_{(S,K)}}{100} \times MS_{(BC,S,K)}}\right) \times N_i\right]}{10^6} ② \quad (3.5)$$

式（3.5）中,$CH_{4manure,i}$为肉牛粪肥管理中的甲烷排放;$VS_{(BC)}$

---

① 55.65为甲烷的能量含量。
② $VS_{(BC)}$的亚洲参考值为2.3±25%;$B_{o(BC)}$的亚洲参考值为0.1±15%;$MS_{(BC,S,k)}$的亚洲参考值为1。

为肉牛日挥发固体排泄物；$B_{o(BC)}$ 为肉牛所产粪肥的最大甲烷生产能力；$MCF_{(S,K)}$ 为气候区 k 每种粪肥管理系统 S 的甲烷转化因子，具体数值见附表 1；$MS_{(BC,S,K)}$ 为气候区 k 粪肥管理系统 S 管理肉牛粪肥的比例（无量纲），具体数值见附表 2；N_i 为肉牛数量；i 为年份。

表 3-3　　　　　　　　　不同类型的粪肥管理系统

管理系统	管理过程
草场/牧场/围场	对于在牧场及草场放牧的肉牛粪肥进行原地堆积，不进行管理
每天散施	在排泄后的 24 小时内，将肉牛粪便从圈养设施中清除并施于农田或草场
固体存储	将肉牛粪便自由堆积或进行堆放，储存数月。因存在大量的铺垫材料，并且蒸发会带来水分损失，故而粪肥能够被堆放
干燥育肥场	不包含大量植被覆盖的铺砌或未铺砌自由圈养地区，其中累积的粪便可能会被定期清除
液体/泥肥	将粪肥作为排泄物存储或加入少量水储存在牛舍牛圈外的化粪池或储粪罐中，通常储存时间少于一年
无盖厌氧塘	可以稳定储存废弃物的液体储存系统。厌氧塘可设计为多种储存时间（一年或更久），取决于所处的气候区、挥发性固体载入率以及其他操作因素。厌氧塘中的水可以循环利用冲洗粪肥或用于田地灌溉和施肥
牲畜圈养蓄粪池	一般在封闭圈养设施中进行粪肥的收集和储存，通常储存期不足一年
无氧发酵池	收集家畜排泄物（含或不含稻草）并在大型容器或有盖储粪池中进行无氧发酵。通过微生物将复杂有机化合物还原成甲烷和二氧化碳后可用作燃料
作为燃料燃烧	对于直接排放到地面的粪便和尿液，在晒干后成为粪饼后用作燃料燃烧
家牛的厚铺垫	随着粪肥累积，在整个生产循环过程中持续添加铺垫以吸收水分，时间可能长达 6—12 个月。该系统也称为层状粪便管理系统，可以与干燥育肥场或牧场结合使用
堆肥—容器中	一般在密封的槽道中进行堆肥，强制通风并连续搅拌
堆肥—静态堆置	堆肥中进行强制通风但不进行搅拌
堆肥—集约化条垛式	在条形堆中进行堆肥，进行搅拌（至少每天）并定期通风
堆肥—被动条垛式	条形堆中进行堆肥，很少进行搅拌但定期通风

续表

管理系统	管理过程
耗氧管理	以液体形式收集粪肥的生物氧化过程，进行强制通风或自然通风。自然通风仅局限于耗氧和兼性塘以及湿地系统，并且主要由光合作用引起。因而，在没有阳光的时期，这些系统通常变为缺氧环境

资料来源：IPCC 国家温室气体清单指南。

（二）粪肥管理阶段的氧化亚氮排放

1. 粪肥管理阶段氧化亚氮直接排放

除甲烷外，在粪肥储存和管理阶段会产生氧化亚氮（N_2O），包括直接排放与间接排放两部分。直接排放是指硝化和反硝化作用发生而产生的氧化亚氮，氧化亚氮的直接排放通过粪肥中所含氮素共同的硝化和反硝化作用发生。粪便储存和管理中产生的氧化亚氮排放取决于粪便中的氮含量和碳含量，以及储存的持续时间和管理方法的类型，测算公式如下：

$$N_2O_{D(mm),i} = \left\{ \sum_S \left[\sum_{BC} (N_{(BC,i)} \times Nex_{(BC)} \times MS_{(BC,S,i)}) \right] \times EF_{3(S)} \right\} \times \frac{44}{28} ① \quad (3.6)$$

式（3.6）中，$N_2O_{D(mm),i}$ 为粪肥管理的氧化亚氮直接排放；$N_{(BC,i)}$ 为肉牛数量；$Nex_{(BC)}$ 为每头肉牛的年均 N 排泄量；$MS_{(BC,S,i)}$ 为粪肥管理系统 S 所管理肉牛的总年氮排泄的比例（无量纲），具体数值见附表2；$EF_{3(S)}$ 为管理系统 S 中的氧化亚氮直接排放的排放因子，具体数值见附表3；i 为年份。年均 N 排泄量 $Nex_{(BC)}$ 计算公式如下：

$$Nex_{(BC)} = N_{rate(BC)} \times \frac{TAM_{(BC)}}{1000} \times 365 \quad (3.7)$$

式（3.7）中，$N_{rate(BC)}$ 为缺省 N 排泄率，亚洲缺省值为 0.34 千克氮/（1000 千克动物质量）/日；$TAM_{(BC)}$ 为肉牛的一般家畜质量，参考值为 319 千克。

---

① 44/28 为 $(N_2O\text{-}N)_{(mm)}$ 排放转化为 $N_2O_{(mm)}$ 排放。

2. 粪肥管理阶段氧化亚氮间接排放

粪便的现场管理可能会引起其他形式的氮损失，如氨气（NH_3）和氮氧化物（NO_x）。挥发性氨气中的氮可能沉积在粪便处理地区下方场地，并促成氧化亚氮间接排放。

（1）氮挥发引起的氧化亚氮间接排放。氧化亚氮的间接排放包含两部分，一是因氮挥发引起的排放，测算公式如下：

$$N_2O_{G(mm),i} = \left\{ \sum_S \left[\begin{array}{c} \sum_{BC}(N_{(BC,i)} \times Nex_{(BC,i)} \times MS_{(BC,S,i)}) \times \\ \left(\dfrac{Frac_{GasMS}}{100} \right)_{(BC,S,i)} \end{array} \right] \right\} \times \\ EF_4 \times \dfrac{44}{28} \text{①} \tag{3.8}$$

式（3.8）中，$N_2O_{G(mm),i}$ 为 N 挥发引起的氧化亚氮间接排放；$N_{(BC,i)}$ 为肉牛数量；$Nex_{(BC,i)}$ 为每头肉牛的年均 N 排泄量；$MS_{(BC,S,i)}$ 为粪肥管理系统 S 所管理肉牛的总年氮排泄的比例（无量纲）；$Frac_{GasMS}$ 为粪肥管理系统 S 中，肉牛的管理粪肥氮通过氨气和氮氧化物挥发的比例，具体数值见附表4；EF_4 为土壤和水面大气氮沉积中产生的氧化亚氮排放的排放因子；i 为年份。

（2）淋溶和径流引起的氧化亚氮间接排放。氧化亚氮间接排放的另一部分，是由淋溶和径流引起的氧化亚氮间接排放：

$$N_2O_{L(mm),i} = \left\{ \sum_S \left[\begin{array}{c} \sum_{BC}(N_{(BC,i)} \times Nex_{(BC,i)} \times MS_{(BC,S,i)}) \times \\ \left(\dfrac{Frac_{淋溶MS}}{100} \right)_{(BC,S,i)} \end{array} \right] \right\} \times \\ EF_5 \times \dfrac{44}{28} \text{②} \tag{3.9}$$

式（3.9）中，$N_2O_{L(mm),i}$ 为淋溶和径流引起的氧化亚氮间接排放；$N_{(BC,i)}$ 为肉牛头数；$Nex_{(BC,i)}$ 为每头肉牛的年均 N 排泄量；

---

① EF_4 缺省值为 0.01kg N_2O-N/（kg NH_3-N+NO_X-N 挥发）。
② EF_5 缺省值为 0.0075kg N_2O-N/kg N 淋溶/径流。

$MS_{(BC,S,i)}$ 为粪肥管理系统 S 所管理肉牛的总年氮排泄的比例（无量纲）；$Frac_{淋溶MS}$ 为粪肥固体和液体储存期间，粪肥管理中径流和淋溶引起的粪肥氮损失百分比，计算参考值为 3%[1]；EF_5 为氮淋溶和径流引起的氧化亚氮排放的排放因子；i 为年份。

四 运输、加工与包装阶段碳排放量测算

（一）运输阶段的碳排放

肉牛产业中与运输相关的排放包含两个阶段，即农场与屠宰场之间的运输以及从加工厂到零售点之间的运输，排放测算如下：

$$CF_{TRANS} = D_{FP} \times EF_{mode} \quad (3.10)$$

式（3.10）中，CF_{TRANS} 为肉牛产品运输带来的碳排放；D_{FP} 为农场与屠宰场之间或从加工厂到零售点的平均距离；EF_{mode} 为运输方式的排放因子，农场到屠宰场的参考值为 0.38 千克二氧化碳当量。加工厂到零售点的运输考虑两种方式，即公路运输和海上运输，冷藏、冷冻公路运输的排放强度分别为 0.18、0.20 千克二氧化碳当量/$tCW^{-1} \cdot km^{-1}$，大型、小型集装箱的海上运输排放强度分别为 0.025、0.05 千克二氧化碳当量/$tCW^{-1} \cdot km^{-1}$。

（二）加工与包装阶段的碳排放

能源消耗是肉牛产业链后端中温室气体排放的重要来源，煤炭、水电、核能、石油的消耗产生的温室气体参考值来自国际能源机构（IEA），肉牛产品加工和包装有关的能源消耗参考值来自 Ecoinvent 数据库，肉牛产品加工与包装的排放测算如下：

$$CF_{PP} = EC_{PROC} \times EF_{energy} + EC_{PACK} \times EF_{energy} \quad (3.11)[2]$$

式（3.11）中，CF_{PP} 为肉牛加工与包装的排放；EC_{PROC} 为加工能耗；EF_{energy} 为能源消耗排放因子；EC_{PACK} 为包装能耗。

五 中国肉牛产业碳排放量的测算结果

根据上述测算体系，结合 FAO 数据库，得到 1961—2017 年中国

---

[1] Eghball Bahman and Power J. F., "Beef Cattle Feedlot Manure Management", *Journal of Soil and Water Conservation*, Vol. 49, No. 2, 1994, p. 113.

[2] EC_{PROC} 缺省值为 1.4MJ·kg CW^{-1}；EC_{PACK} 缺省值为 0.05MJ·kg CW^{-1}；EF_{energy} 中国参考值为 0.214kg $CO_2 \cdot MJ^{-1}$。

肉牛产业二氧化碳当量排放量（见表3-4）。

表3-4　中国肉牛产业二氧化碳当量排放量（1961—2017年）

年份	CO_{2-eq}排放量（吨）	年份	CO_{2-eq}排放量（吨）	年份	CO_{2-eq}排放量（吨）	年份	CO_{2-eq}排放量（吨）
1961	75073.89	1976	84215.81	1991	119886.28	2006	115221.05
1962	71000.82	1977	81575.27	1992	121573.23	2007	106350.47
1963	71903.18	1978	79850.35	1993	126175.44	2008	107886.34
1964	74309.02	1979	79847.61	1994	133792.83	2009	107817.29
1965	79619.13	1980	79386.81	1995	148062.82	2010	109358.19
1966	81390.03	1981	79458.41	1996	160349.67	2011	108344.82
1967	85059.86	1982	81288.32	1997	132205.52	2012	104468.12
1968	86498.74	1983	85822.95	1998	145184.34	2013	104428.10
1969	87850.47	1984	88307.33	1999	148849.91	2014	104309.87
1970	87478.99	1985	93497.02	2000	152709.52	2015	107854.89
1971	87411.03	1986	99703.08	2001	147024.58	2016	109997.77
1972	87345.44	1987	105281.50	2002	137606.69	2017	109285.57
1973	86568.39	1988	108642.71	2003	131990.38		
1974	86008.36	1989	112814.16	2004	127477.29		
1975	85793.42	1990	115086.05	2005	121018.46		

第四节　中国肉牛产业碳排放量特征解析

一　中国肉牛产业碳排放量时空特征分析

（一）中国肉牛产业碳排放结构

通过上文测算，对肉牛产业碳排放的来源进行分类（见图3-4）。可以观测出肉牛产业碳排放主要来自五个方面：饲料阶段的碳排放、肠道发酵阶段的碳排放、粪肥管理阶段的碳排放、直接和间接能源排放以及农场外排放。从结构上来看，肠道发酵阶段造成的甲烷排放占比最高，达到72%。饲料阶段的二氧化碳排放是排放的第二大类别，约占总排放的17%。其次为粪肥管理阶段的氧化亚氮排放与甲烷排放，占比约为8%。直接和间接能源排放与农场外排放的占比较小。结果展现了肠道发酵阶段、饲料阶段以及粪肥管理阶段是整个肉牛产业链碳排放的主要来源。在这三个阶段中，肉牛喂养的饲料消化率低，会导致更高的肠道和粪肥排放；屠宰重量低，较慢的生长速度会导致每千克肉类产生的排放量增加；高龄屠宰肉牛，会导致更多的饲料、肠道及粪肥排放；畜牧管理不善，会导致饲料及粪肥管理阶段的碳排放量增加。

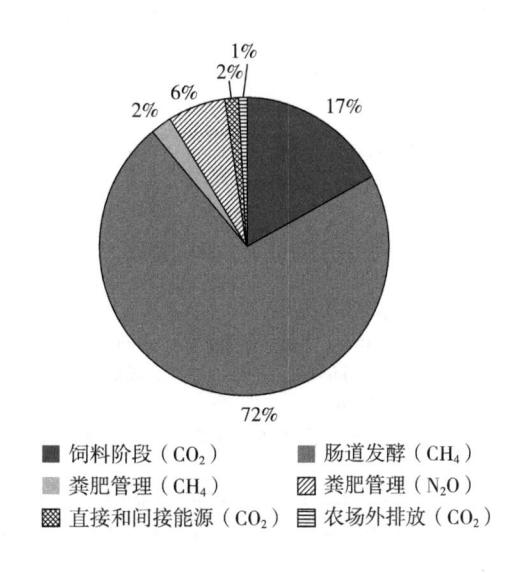

图 3-4 肉牛产业碳排放结构

（二）中国肉牛产业碳排放 EKC 曲线

环境库兹涅茨曲线理论是由经济学家 Grossman 和 Krueger 首次提出的，该理论认为环境质量与经济发展之间存在倒"U"形关系，即经济发展初期，环境污染程度较低，随着人均收入的增加，环境污染也会不断增加，直到到达拐点，当国民经济发展到一定水平，环境污染逐渐减缓，两者实现协同发展。国内外众多学者验证了倒"U"形关系的存在①②③④，也有研究得出了不同的结论，对于不同经济体，EKC 的形状有显著差异⑤⑥，不同面源污染的结果也有所差异⑦⑧。那么随着经济发展水平的提高，中国肉牛产业碳排放量呈现出何种特征态势？基于测算得到的中国肉牛产业碳排放量，进一步判断中国肉牛产业碳排放 EKC 曲线是否存在；若存在，判断其呈现何种形态。

1. 模型设定

在模型设定上，传统的库兹涅茨曲线模型采用二次函数，1995 年 Grossman 和 Krueger 对传统 EKC 模型进行了拓展，引入三次多项式。大量研究显示三次多项式拟合效果优于二次多项式⑨⑩。Shafik 和 Bandyopadhyay 认为，EKC 检验模型应该首先设定为三次曲线形式，如果三次曲线形式不显著，则剔除三次项，再检验二次函数⑪。故而本书在传统的 EKC 模型中加入三次项。为克服异方差现象，对各变量取对

---

① Selden Thomas, Song Daqing, "Environmental Quality and Development: Is There a Kuznets Curve for Air Pollution Emission", *Journal of Environmental Economics and Management*, Vol. 35, 1994, p. 126.

② Gavrilova Olga, et al., "International Trade and Austria's Livestock System: Direct and Hidden Carbon Emission Flows Associated with Production and Consumption of Products", *Ecological Economics*, Vol. 69, No. 4, 2010, p. 920.

③ Aslan Alper, et al., "Bootstrap Rolling Window Estimation Approach to Analysis of the Environment Kuznets Curve Hypothesis: Evidence from the USA", *Environmental Science and Pollution Research*, Vol. 25, No. 3, 2018, p. 2406.

④ 吴献金、邓杰：《贸易自由化、经济增长对碳排放的影响》，《中国人口·资源与环境》2011 年第 1 期。

⑤ Sohag Kazi, et al., "Re-Visiting Environmental Kuznets Curve: Role of Scale, Composite, and Technology Factors in OECD Countries", *Environmental Science and Pollution Research*, Vol. 6, 2019, p. 27726.

⑥ Dogan Eyup, Inglesi-Lotz Roula, "The Impact of Economic Structure to the Environmental Kuznets Curve (EKC) Hypothesis: Evidence from European Countries", *Environmental Science and Pollution Research*, Vol. 27, No. 3, 2020, p. 12717.

⑦ 何小钢、张耀辉：《中国工业碳排放影响因素与 CKC 重组效应——基于 STIRPAT 模型的分行业动态面板数据实证研究》，《中国工业经济》2012 年第 1 期。

⑧ 苏为华、张崇辉：《关于异质性假说的中国 EKC 再检验》，《统计研究》2016 年第 12 期。

⑨ 周亚莉等：《陕西省经济增长与环境污染关系研究》，《统计与信息论坛》2009 年第 3 期。

⑩ 张月等：《基于库兹涅茨曲线的中国工业用水与经济增长关系研究》，《资源科学》2017 年第 6 期。

⑪ Shafik Nemat, Bandyopadhyay Sushenjit, "Economic Growth and Environmental Quality: Time Series and Cross-country Evidence", *Policy Research Working Paper Series*, Vol. 6, 1992, p. 1.

数处理，计量模型设定如下：

$$\ln\_co_{2-eq_t} = \beta_0 + \beta_1 \ln\_lgdp_t + \beta_2(\ln\_lgdp_t)^2 + \varepsilon_t \quad (3.12)$$

$$\ln\_co_{2-eq_t} = \beta_0 + \beta_1 \ln\_lgdp_t + \beta_2(\ln\_lgdp_t)^2 + \beta_3(\ln\_lgdp_t)^3 + \varepsilon_t \quad (3.13)$$

式（3.12）和式（3.13）中，co_{2-eq} 为肉牛产业二氧化碳当量排放量；$lgdp$ 为畜牧业人均 GDP；t 为年份；ε 为随机误差干扰项；β_i（$i=1$，2，3）为待估参数，决定了 EKC 曲线的形态。

EKC 模型对数据特性及统计方法十分敏感，在库兹涅茨曲线的实证研究中容易忽视数据的统计特性从而导致结果有偏[①]。因此，本书首先对各变量进行平稳性检验及协整检验，然后根据数据的特性建立带有协整约束的 VAR 模型，即向量误差修正模型（VECM）。向量误差修正模型既可以考察长期效应，也可以考察短期效应[②]。模型包括两部分，一是误差修正方程，用以反映变量间短期波动情况；二是协整方程（ecm），用以反映变量间长期均衡关系，一般形式为：

$$\Delta y_t = \alpha \cdot ecm_{t-1} + \sum_{j=1}^{p}(\Delta y_{t-j} + \Delta x_{t-j}) \quad (3.14)$$

$$ecm_{t-1} = c + y_{t-1} + \beta \cdot x_{t-1} \quad (3.15)$$

本书关注的关键系数为 α 与 β：α 为误差修正系数，反映通过误差修正机制调整变量关系至均衡水平状态的力度；β 为长期乘数，度量了变量间的长期均衡关系。

2. 数据来源

本书使用畜牧业人均 GDP 来衡量产业经济发展水平，由畜牧业总产值与乡村人口数之比计算得到，并通过畜牧业总产值指数将其平减至 1961 年不变价，以消除价格变动的影响，数据来源为历年《中国统计年鉴》《中国畜牧业年鉴》《中国农村统计年鉴》，并采用上文测算的肉牛产业碳排放量数据衡量环境污染。

3. 平稳性检验

首先，对数据进行平稳性检验，本书采用 ADF 检验及 Phillips-Per-

---

① David I. Stern, "The Rise and Fall of the Environmental Kuznets Curve", *World Development*, Vol. 32, No. 8, 2004, p.1419.

② 刘颖、任燕燕：《基于 VEC 模型的中国 CO_2 库兹涅茨曲线分析》，《安徽师范大学学报》（人文社会科学版）2012 年第 1 期。

ron 检验两种检验方法①②③，以确保检验的稳健性，结果如表 3-5 所示。

在 ADF 检验及 P-P 检验下所有变量在零阶时都存在单位根，在一阶时都拒绝了存在单位根的原假设，原始序列均为非平稳的 I（1）过程，差分后平稳，可以进一步进行协整关系的检验。

4. Johansen 协整检验

I（1）序列的统计规律会随着时间发生变化，但如果多个 I（1）序列有共同的随机趋势，那它们的线性组合就可以消除随机趋势，这种序列关系被称为协整。协整检验用以描述非平稳序列之间的长期稳定关系④，进一步采用 Johansen 极大似然估计法进行协整检验，验证变量间是否存在长期稳定的联动趋势，结果如表 3-6 所示。

结果显示在 5% 的显著性水平上拒绝了"最大秩为 0"的原假设，迹统计量表明在 5% 的显著水平上，I（1）序列之间具有协整关系且只存在一个协整关系，可以进一步建立 VECM 向量误差修正模型探讨变量间的长期均衡关系。

5. VECM 向量误差修正模型

本书主要探讨 ecm 协整方程与误差修正系数，结果如表 3-7 所示。

得到 VECM 模型如下：

$$\Delta \ln\_co_{2-eq_t} = -0.0457 ecm_t + 0.1368 \Delta \ln\_co_{2-eq_{t-1}} - 0.4804 \Delta \ln\_lgdp_{t-1} +$$
$$0.1237 \Delta \ln\_lgdp_{t-1}^2 - 0.0076 \Delta \ln\_lgdp_{t-1}^3 - 0.0535 \quad (3.16)$$
$$ecm_t = -18.1434 + \ln\_co_{2-eq_t} + 3.3061 \ln\_lgdp_t - 0.5807 \ln\_lgdp_t^2 +$$
$$0.0311 \ln\_lgdp_t^3 \quad (3.17)$$

---

① Dickey David, Fuller Wayne, "Likelihood Ratio Statistics for Auto Regressive Time Series with a Unit Root", *Econometrica*, Vol. 49, No. 4, 1981, p. 1057.

② Phillips Peter, "Time Series Regression with a Unit Root", *Cowles Foundation Discussion Papers*, Vol. 55, No. 2, 1987, p. 301.

③ Perron Pierre, "Trends and Random Walks in Macroeconomic Time Series: Further Evidence From a New Approach", *Journal of Economic Dynamics & Control*, Vol. 12, No. 2, 1988, p. 332.

④ Engle Robert, Granger Clive, "Co-Integration and Error Correction: Representation, Estimation, and Testing", *Econometrica*, Vol. 55, No. 2, 1987, p. 251.

表 3-5　单位根检验

变量	(C, T, P)	ADF 检验					Phillips-Perron 检验					结论
		t 检验值	1%临界值	5%临界值	10%临界值	P 值	Z(t)检验值	1%临界值	5%临界值	10%临界值	P 值	
$\ln\_co_{2\text{-}eq}$	(1, 0, 1)	-1.389	-3.572	-2.925	-2.598	0.5876	-1.449	-3.572	-2.925	-2.598	0.5587	非平稳
$D.\ln\_co_{2\text{-}eq}$	(1, 0, 0)	-6.266	-3.573	-2.926	-2.598	0.0000	-6.358	-3.573	-2.926	-2.598	0.0000	平稳
$\ln\_lgdp$	(1, 0, 1)	-1.357	-3.572	-2.925	-2.598	0.6026	-1.323	-3.572	-2.925	-2.598	0.6187	非平稳
$D.\ln\_lgdp$	(1, 0, 0)	-6.654	-3.573	-2.926	-2.598	0.0000	-6.651	-3.573	-2.926	-2.598	0.0000	平稳
$\ln\_lgdp^2$	(1, 0, 1)	0.812	-3.572	-2.925	-2.598	0.9918	0.843	-3.572	-2.925	-2.598	0.9923	非平稳
$D.\ln\_lgdp^2$	(1, 0, 0)	-6.446	-3.573	-2.926	-2.598	0.0000	-6.395	-3.573	-2.926	-2.598	0.0000	平稳
$\ln\_lgdp^3$	(1, 0, 3)	2.045	-3.572	-2.925	-2.598	0.9987	2.164	-3.572	-2.925	-2.598	0.9989	非平稳
$D.\ln\_lgdp^3$	(1, 0, 0)	-6.079	-3.573	-2.926	-2.598	0.0000	-6.029	-3.573	-2.926	-2.598	0.0000	平稳

注：C、T、P 分别表示截距、时间趋势、滞后阶数；D. 为一阶差分。

表 3-6　　　　　　　　　Johansen 协整检验结果

最大秩	迹统计量	5%临界值
0	59.138	47.21
1	26.077	29.68
2	10.447	15.41
3	1.377	3.76

表 3-7　　　　VECM 模型中协整方程与误差修正系数估计结果

VECM 模型	系数
常数项	-18.1434
$\ln\_lgdp$	3.3061***
$\ln\_lgdp^2$	-0.5807***
$\ln\_lgdp^3$	0.0311***
误差修正系数 α（ecm）	-0.0457**

注：＊＊＊、＊＊分别表示1%、5%的显著性水平。

对式（3.17）ecm 协整方程变形后得到 EKC 曲线方程如下：

$$\ln\_co_{2\text{-}eq_t} = 18.1434 - 3.3061\ln\_lgdp_t + 0.5807\ln\_lgdp_t^2 - 0.0311\ln\_lgdp_t^3 \tag{3.18}$$

可以看到 $\ln\_lgdp$、$\ln\_lgdp^2$ 及 $\ln\_lgdp^3$ 的系数符号为 $\beta_1<0$、$\beta_2>0$、$\beta_3<0$，EKC 曲线呈现倒"N"形（见图 3-5）。

6. 脉冲响应分析

根据上文实证分析的结果，可以发现中国肉牛产业碳排放 EKC 曲线的形态为倒"N"形，目前已经越过了拐点，这是否能表示中国肉牛产业已经实现了产业经济增长与环境改善并行的阶段？针对此问题，本书使用脉冲响应函数（impulse response functions）进行检验，该函数可以得到系统中某个内生变量受到一个标准差的外生冲击后对系统内其他内生变量未来一段时期产生的动态影响轨迹。通过脉冲响

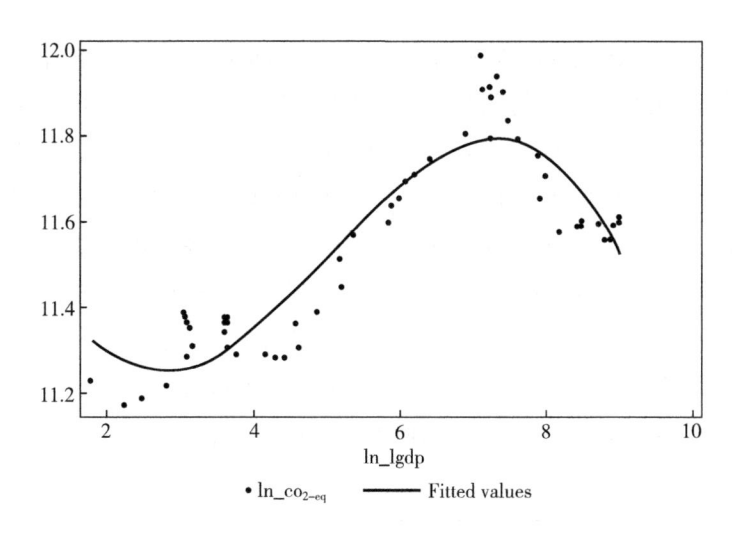

图 3-5 中国肉牛产业碳排放 EKC 曲线

应函数进行检验,可以模拟随着时间的推移,中国肉牛产业碳排放与经济发展之间的动态影响关系。

在进行脉冲响应分析前,先对 VECM 模型进行稳定性检验(见图 3-6)。经过检验,除 VECM 模型本身所假设的单位根之外,伴随矩阵的所有特征值均落在单位圆之内,这说明建立的 VECM 模型满足稳定性条件。

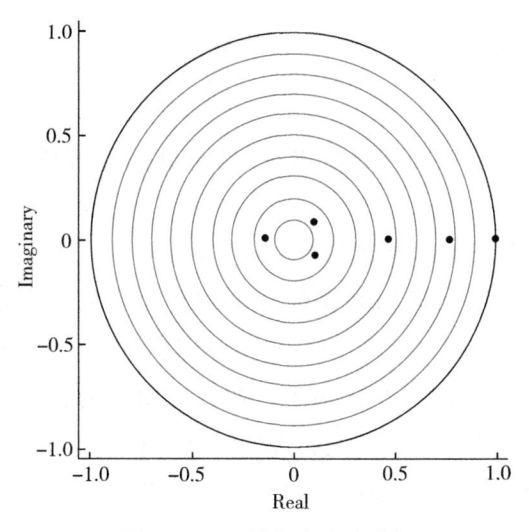

图 3-6 AR 特征多项式逆根

基于已构建的 VECM 模型，使用 Stata18.0 软件进行脉冲响应分析。考虑到经济增长与碳排放之间的时滞性，滞后期选择为 10 期，实证结果显示：$\ln\_lgdp$ 对 $\ln\_co_{2-eq}$ 的冲击从第 1 期开始便呈现正向影响，这一正向影响在第 1 期至第 2 期呈快速增长趋势，第 3 期增长趋势放缓，在第 4 期至第 10 期逐渐趋于平稳，经济发展水平的提高对肉牛产业碳排放的正向影响持续至整个观察区结束（见图 3-7）。分析结果表明产业经济发展水平的提高会使肉牛产业碳排放增加，并且具有长期效应。通过脉冲响应分析的结果，可以知道中国肉牛产业的发展水平并未达到经济增长与环境改善并行的阶段。

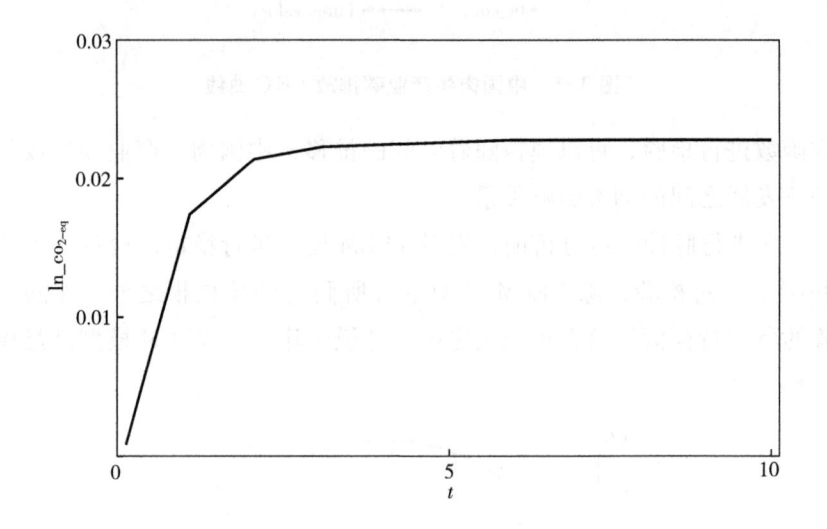

图 3-7　$\ln\_co_{2-eq}$ 对 $\ln\_lgdp$ 的脉冲响应轨迹

脉冲响应分析的结果证实了中国肉牛产业并未达到经济增长与环境改善并行的阶段，但 EKC 曲线却已越过曲线拐点，那么曲线为什么会呈现倒"N"形？此拐点的现实意义是什么？为解答此问题，本书通过对 1961—2017 年中国肉牛产业历史发展的客观事实进行查证与梳理，将中国肉牛产业的发展状况分为三个阶段予以分析解答。

第一阶段：动荡发展阶段。20 世纪 60 年代，背离经济发展规律和非经济因素的影响是这一时期经济发展的主要特征，农民家庭经营畜牧业受限，牲畜集贸市场关闭，肉牛生产连年下降。此时，碳排放呈现短暂的下降趋势，在达到曲线的最低点后开始进入第二阶段。

第二阶段：产业快速发展阶段。20世纪70年代，中国开始引入新的肉牛品种改良本地品种，役用牛饲养开始向肉牛饲养转变。1978年实施家庭联产承包责任制后，肉牛的数量开始上升，肉牛饲养逐渐成为农民副业。1988年，"菜篮子"工程使肉牛产业向商品化、专业化转型，产业发展加速。20世纪90年代中期，肉牛产业实现了供求基本平衡，1995年出口量达到历史最高。中国成为世界第三大肉牛生产国，与此同时，规模效应使肉牛产业碳排放持续上升，曲线达到最高点，即EKC曲线拐点。

第三阶段：产业调整阶段。2007年以来，犊牛和育肥牛价格倒挂，肉牛养殖成本不断增加，多数养殖户处于压缩或停止进一步扩大养殖规模的状态，小规模养殖户持续退出，供给危机突出，为了弥补供需缺口，肉牛进口呈现较大幅度的增长。2012年中国从鲜冻牛肉净出口国转变为净进口国，在全生命周期视角下，进口肉牛在饲养阶段产生的碳排放没有在中国发生，加之本国供给量减少，导致EKC曲线越过拐点，处于下降阶段。

目前，中国肉牛产业仍处于产业调整阶段，在牛肉供需尚存在较大缺口的情况下，未来可能会迎来产业增长与高碳排放并行的阶段。

二 中国肉牛主产区碳排放量时空特征分析

采用已构建的肉牛产业碳排放量测算体系对中国各肉牛主产区的碳排放量进行测算。限于数据可获得性，选取主要排放阶段进行计算，包括肠道发酵阶段甲烷排放、粪肥管理阶段甲烷排放、粪肥管理阶段氧化亚氮直接排放、淋溶和径流引起的氧化亚氮间接排放。2007—2019年肉牛主产区碳排放量变动趋势如图3-8所示，其中西南主产区碳排放量居于首位，东北主产区次之，西北主产区碳排放量最低。四大主产区碳排放量在2008年有所下降，增长率皆为负数，2007年下半年至2008年上半年中国牛肉供给量下降，牛肉价格上涨幅度较大，价格上涨使养殖户出售母牛，出现"杀青弑母"的现象，能繁母牛数量急剧减少，此时各主产区肉牛养殖碳排放量也随之下降。2009年四大主产区碳排放量皆有所上升。2010年后，四大主产区碳排放量保持稳步上升的趋势，直至2016年，中原主产区母牛存栏量减少，但规模场户有所增加，碳排放量呈现显著的下降趋势，东北主产区中除吉林省之外的地区稳中略降，而西部和南部两产区稳中有升，且引进了进口母牛①，碳排放量呈现持续上升的趋势。

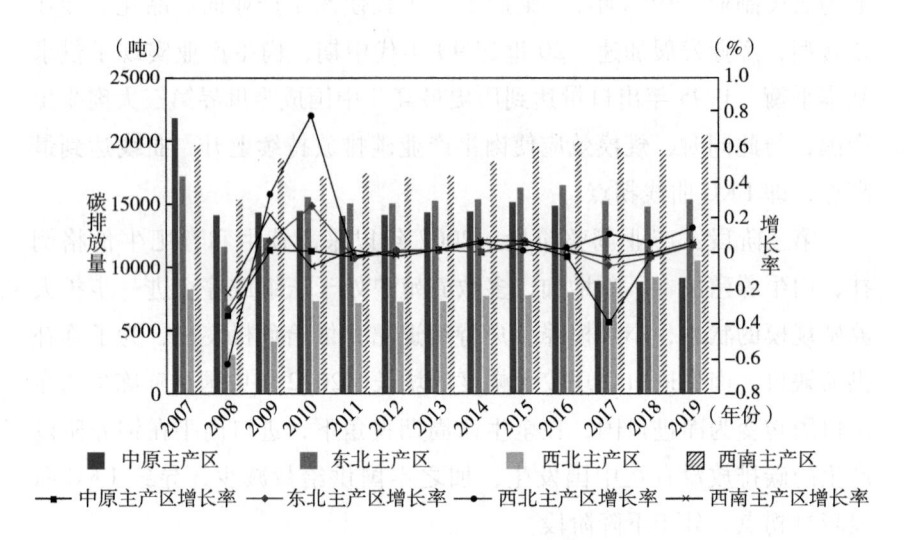

图3-8 中国肉牛主产区碳排放量变动趋势

中国肉牛主产区不同饲养阶段的碳排放贡献如图3-9所示。肠道发酵阶段排放的甲烷量贡献程度最高，其中西南主产区各省份肠道发酵阶段的甲烷排放占比最高，西北主产区及东北主产区的占比相对较低。贡献程度次之的是粪肥管理阶段中氮挥发引起的氧化亚氮间接排放、粪肥管理的甲烷排放、粪肥管理的氧化亚氮直接排放，占比最低的为淋溶和径流引起的氧化亚氮间接排放。

---

① 曹兵海：《2017年肉牛牦牛产业发展趋势与政策建议》，《中国畜牧业》2017年第6期。

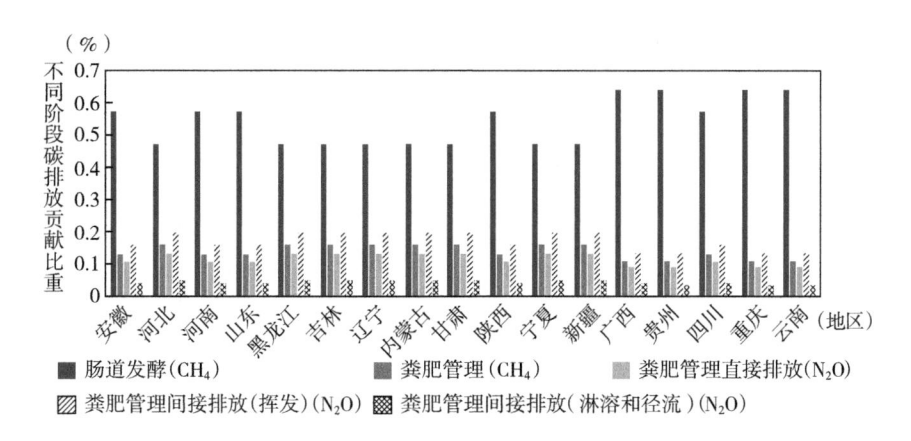

图 3-9 中国肉牛主产区不同阶段碳排放贡献直方图

2007—2019 年各肉牛主产区碳排放情况如图 3-10 所示，从中可以看出中国肉牛主产区各省市间的碳排放量差异明显，在中原主产区内，2016 年以前河南的碳排放量位居首位，2016 年后降幅明显。河北位居第二，2007 年后一直处于波动下降的趋势，安徽的碳排放量最低，中原主产区内部各省份差异较大，但在 2016 年后差异逐渐缩小。东北主产区内，各省份差异较小，2016 年之前，吉林的碳排放量最大，16 年后内蒙古超过吉林，位于首位。辽宁居于末尾，2010—2016 年较为平稳，16 年后显著下降。黑龙江的波动则较为平缓。在西北主产区中，甘肃的碳排放量远超其他地区，2018 年后有增长趋势。新疆居于次位，2017—2019 年有较大幅度的增长。陕西及宁夏的碳排放量较少且波动较小，相较于各主产区的其他省份而言也居于末位。西南主产区内部差异较大，2008—2010 年，云南涨幅较大，超过四川，并具有持续上升的态势。四川在研究期内呈波动下降态势，贵州则呈现波动上升态势，两者的差距在 2019 年缩小。广西的碳排放量在 2008 年、2009 年两年较高，此后呈现波动下降趋势，重庆则一直保持较低水平，两者的碳排放量较低。2019 年碳排放量排在前 4 位的地区依次为云南、四川、内蒙古及甘肃，高碳排放区域多集中在西南主产区，排名后 4 位的地区依次为安徽、重庆、宁夏及广西，低碳排放区域多集中在西北主产区。

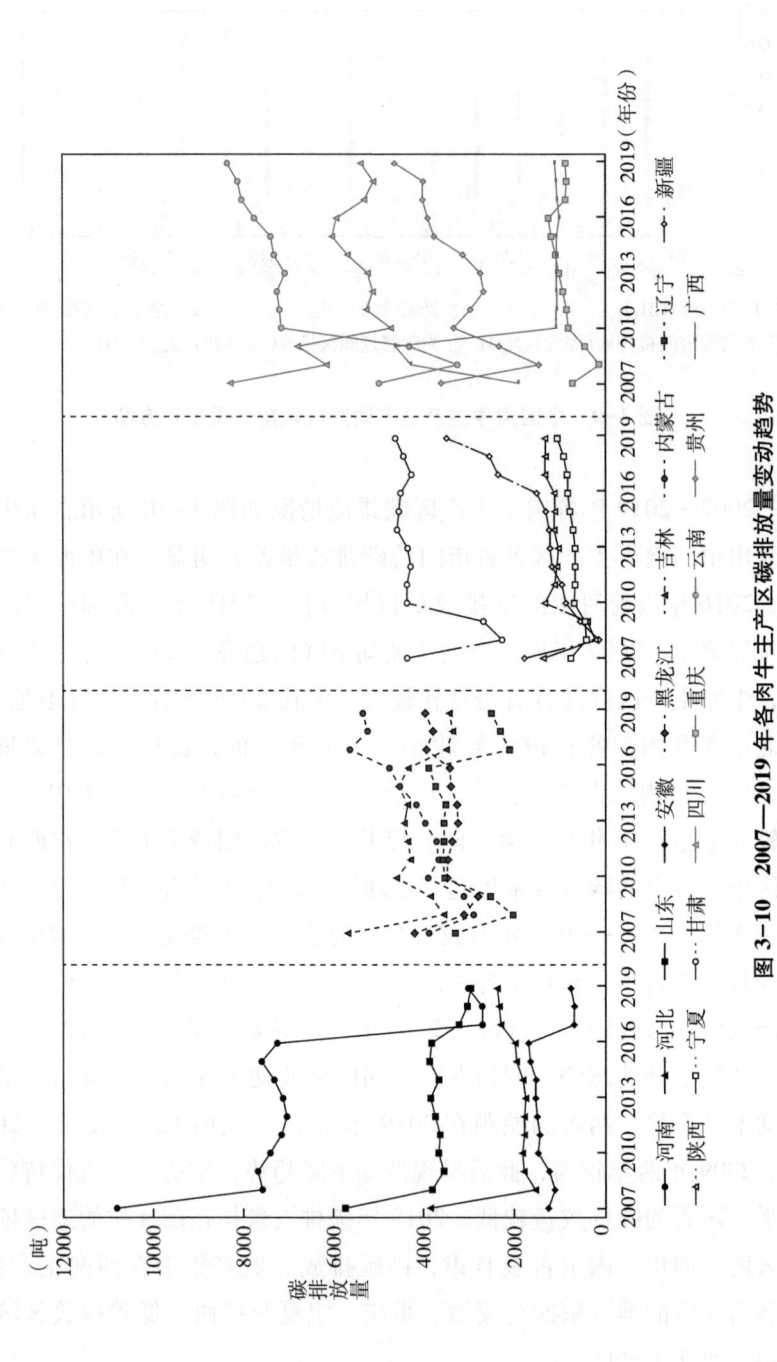

图 3-10 2007—2019 年各肉牛主产区碳排放量变动趋势

第五节 本章小结

本章首先对中国肉牛产业及各主产区发展现状进行分析，并构建了肉牛产业碳排放量的测算体系，对中国肉牛产业的碳排放量及肉牛主产区的碳排放量进行测算，为后续研究提供了基础数据。基于此，进一步对中国肉牛产业碳排放量的特征进行深入分析，构建了 VECM 模型判别中国肉牛产业碳排放 EKC 曲线形态，探讨产业经济增长与碳排放之间的内在关系及中国肉牛主产区碳排放量的时空特征。得到的研究结论如下：

第一，1961—2017 年中国肉牛产业碳排放 EKC 曲线形态为倒"N"形，但通过脉冲响应分析发现中国肉牛产业并未达到产业经济增长与环境改善的并行阶段，倒"N"形曲线形态可以划分为动荡发展阶段、产业快速发展阶段、产业调整阶段。目前中国肉牛产业仍处于产业调整阶段，牛肉供需存在较大缺口，未来可能会迎来产业增长与高碳排放并行的阶段。

第二，肉牛产业碳排放与经济发展水平之间具有误差修正机制，同时由于肉牛产业的饲养方式、饲养资料等因素存在一定黏性，使短期的环境政策及规制可能不会立刻体现出减排效果，需要在长期视角下考察政策的可行性。对于肉牛产业，环境政策的制定应考虑转变产业传统的生产方式，如通过种养兼业将种植业废弃物加工成肉牛饲料、对肉牛排泄物进行发酵生成沼气再利用等方式，形成以肉牛饲养为纽带的立体循环生产模式，构建良性的肉牛产业生态系统，以保障制定的政策能够在长期视角下行之有效。

第三，从各主产区的角度来看，西南主产区碳排放量居于首位，东北主产区次之，西北主产区碳排放量最低。2019 年高碳排放区域多集中在西南主产区，低碳排放区域多集中在西北主产区。此外，中国肉牛主产区碳排放量的内部区域差异较为明显，东北主产区的内部差异最小，中原与西南主产区的内部差异较大。因此，进一步探讨肉牛主产区碳排放的区域差异及特征是十分必要的。

第四章

中国肉牛主产区碳排放效率评价及特征分析

随着中国国民经济的持续发展，家庭收入不断增加，牛肉作为城乡居民重要的"菜篮子"产品，其消费需求日益增长。2020年中国牛肉消费量达到951.5万吨，与2019年相比消费量增加了118.57万吨，增幅达到14.24%。在中国牛肉消费量快速增长的情况下，如何在保障牛肉供给的同时，推动肉牛产业的低碳发展逐渐成为中国肉牛产业关注的重大议题。在这种情况下，要处理好发展和减排的关系，并非一味地追求最低的碳排放量，提高碳排放效率是行之有效的方法。

碳排放效率作为关键的低碳经济发展指标，能够准确地揭示全要素投入及经济增长和碳排放之间的关系（陈晓红等，2017）。因此，准确地对中国肉牛产业碳排放效率进行评价至关重要。本章首先梳理碳排放效率的相关测算方法，然后采用三阶段超效率SBM-DEA模型，将第三章测算的碳排放量纳入到效率测算框架，在剔除各省域环境因素后测算肉牛主产区碳排放效率，并从静态及动态两个方面探讨肉牛主产区的区域差异。本章主要包括以下研究内容：①梳理碳排放效率的测算方法，选择适合中国肉牛主产区碳排放效率的测算模型。②选择合适的投入变量、产出变量与环境变量，并阐述相关数据的来源。③根据选择的测算模型，测算出剔除各省域环境因素与随机误差后的中国各肉牛主产区碳排放效率。④从时序与空间两个维度分析各主产区区域差异的静态特征，并采用Global Malmquist-Luenberger（GML）指数对其动态特征进行探讨。

第一节　中国肉牛主产区碳排放效率测算方法与模型构建

目前，学界对碳排放效率的研究主要分为两类，一类是从单要素的角度来考虑，以碳排放总量与某一要素的比值作为碳排放效率的评价标准[①][②]。可将碳排放效率表示为：

$$\eta = \frac{CD_i}{GDP_i} \tag{4.1}$$

式（4.1）中，η 为碳排放效率；CD_i 为地区碳排放量；GDP_i 为地区国内生产总值。

在单要素视角下，仅将碳排放量与碳排放产出进行比较，不考虑其他生产要素。这种方法简单易懂，便于使用和分析，但因其仅从单要素的角度进行研究，会忽略经济系统的复杂性。另一类研究方法则是基于全要素视角，将碳排放视为非期望产出，考虑如何在单位投入要素一定的情况下，用最低程度的碳排放获取最高程度的期望产出，通过确定生产前沿边界衡量实际产出的效率。本书采用全要素视角的研究方法，对中国四大肉牛主产区的碳排放效率进行测算，全要素视角下的效率模型可以分为以下四种类型。

一　传统 DEA 模型

在全要素视角下，数据包络分析（Data Envelopment Analysis，DEA）是最为常见的方法[③][④]。1978 年，Charnes 等提出了 DEA 分析方法，用于评价相同部门间的相对有效性，同时可以对投入、产出指

---

① Miehnik Otavio, Goldemberg José, "Communication the Evolution of the 'Carbonlization Index' in Developing Countries", *Energy Policy*, Vol. 5, 1999, p. 307.
② 史丹：《中国能源效率的地区差异与节能潜力分析》，《中国工业经济》2006 年第 10 期。
③ Taskin Fatma, Zaim Osman, "Searching for a Kuznets Curve in Environmental Efficiency Using Kernel Estimations", *Economics Letters*, Vol. 68, No. 2, 2000, p. 217.
④ 仲云云、仲伟周：《中国区域全要素碳排放绩效及影响因素研究》，《商业经济与管理》2012 年第 1 期。

标进行适宜的选择①。该方法的基本原理是基于线性规划的方法生成一个非参数的生产系统前沿面,并以此前沿面为标准,从而对各决策单元(Decision Making Unit,DMU)的相对效率值进行比较与测算。有学者采用 DEA 模型对中国及各区域畜牧业温室气体排放的效率进行了评价,结果显示畜牧业温室气体排放与区域经济发展水平以及自然条件具有相关性②。传统 DEA 模型可分为规模报酬不变模型和规模报酬可变模型,即 CCR 模型和 BCC 模型。

(一) CCR 模型

1978 年,Charnes、Cooper 及 Rhodes 提出的基础模型是 CCR 模型,该模型假定所处的生产环境中技术水平是既定的且规模报酬不变(Constant Returns to Scale,CRS),该模型生产前沿面是由相对最有效的决策单元构成的。如图 4-1 所示,X 轴、Y 轴分别代表各 DMU 的投入与产出,相对无效的决策单元均不在生产前沿面上③,斜线 CRS 代表效率前沿面。

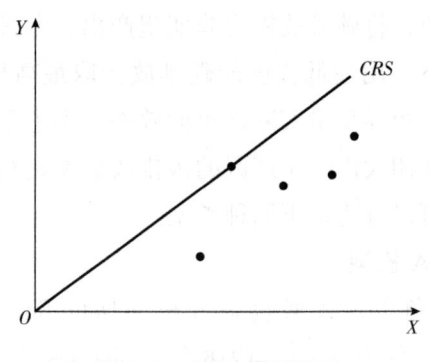

图 4-1 CCR 模型图示

---

① Charnes Abraham, et al., "Measuring the Efficiency of Decision Making Units", *European Journal of Operational Research*, Vol. 2, No. 6, 1978, p. 429.

② 陈瑶:《中国畜牧业碳排放测度及增汇减排路径研究》,博士学位论文,东北林业大学,2015 年。

③ Charnes Abraham, et al., "Measuring the Efficiency of Decision Making Units", *European Journal of Operational Research*, Vol. 2, No. 6, 1978, p. 429.

CCR 模型可以测出每个决策单元的效率值,其数学表达式如下:

$\min \theta$

$$\text{s.t.} \begin{cases} \sum_{j=1}^{n} \lambda_j X_j + S^+ = \theta X_0 \\ \sum_{j=1}^{n} \lambda_j Y_j - S^- = Y_0 \\ \lambda_j \geq 0, S^- \geq 0, S^+ \geq 0 \end{cases} \quad (4.2)$$

式(4.2)中,j 表示决策单元个数($j=1, 2, \cdots, n$);θ 表示决策单元有效值;X、Y 分别表示投入、产出向量。若 $\theta=1$,$S^+ = S^- = 0$,则决策单元 DEA 有效;若 $\theta=1$,$S^+ \neq 0$ 或 $S^- \neq 0$,则决策单元弱 DEA 有效;若 $\theta<1$,则决策单元 DEA 无效,投入和产出尚存改进空间。

(二)BCC 模型

通过 CCR 模型可以得到决策单元的效率值,但其缺陷在于无法判断效率值低的原因。在 CCR 模型的基础上,BCC 模型可以判断出各 DMU 无效的原因,用来评价纯技术效率、综合效率和规模效率。在 BCC 模型下,规模报酬可变(Variable Returns to Scale,VRS),效率有效的决策单元点构成的数据包络线即 BCC 模型前沿面。如图 4-2 所示,斜线代表 CRS 的效率前沿面,曲线代表 VRS 的效率前沿面,决策单元 E 与 A 之间为规模报酬递增,决策单元 F 与 A 之间为规模报酬递减。

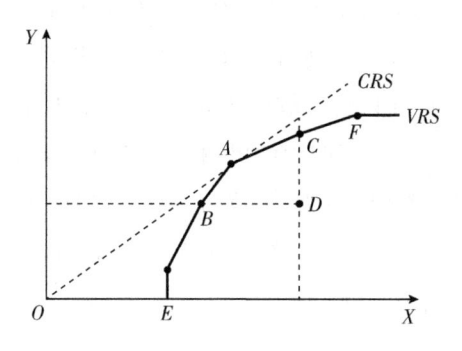

图 4-2 BCC 模型

BCC 模型的数学表达式如下：

$$\min \theta$$

$$\text{s. t.} \begin{cases} \sum_{j=1}^{n} \lambda_j X_j + S^- = \theta X_0 \\ \sum_{j=1}^{n} \lambda_j Y_j - S^+ = Y_0 \\ \sum_{j=1}^{n} \lambda_j = 1 \\ \lambda_j \geq 0, S^- \geq 0, S^+ \geq 0 \end{cases} \quad (4.3)$$

式（4.3）中，j 表示决策单元个数（$j=1, 2, \cdots, n$）；θ 表示决策单元有效值；X、Y 分别表示投入、产出向量。若 $\theta=1$，$S^+ = S^- = 0$，则决策单元 DEA 有效；若 $\theta=1$，$S^+ \neq 0$ 或 $S^- \neq 0$，则决策单元弱 DEA 有效；若 $\theta<1$，则决策单元非 DEA 有效。

二 非期望产出的 SBM-DEA 模型

传统 DEA 模型采用径向方式对数据进行处理，即投入要素与产出要素同比例调整，但这种方式没有考虑投入产出的松弛性问题，对各 DMU 评价的最优值是效益比例的最大化，而非实际生产中的利益最大化。因此，针对传统 DEA 模型存在的局限性，Tone 提出了基于松弛变量测度的非径向（Slack-Based Measure，SBM）DEA 模型[①]。

但在实际生产过程中，产出并不一定都是期望产出，对于肉牛产业，会存在温室气体及粪污等非期望产出，但 SBM 模型无法处理包含非期望产出的决策单元评价，故而 Tone 提出了非期望产出的 SBM 模型（SBM—Undesirable），将非期望产出纳入生产可能集中进行计算。假定第 k 个决策单元的投入向量为 $x \in R^M$，期望产出向量为 $y^g \in R^{s_1}$，非期望产出向量为 $y^b \in R^{s_2}$。并定义矩阵 $X = [x_1, x_2, \cdots, x_n] \in R^m \times n$，$Y^g = [y_1^g, y_2^g, \cdots, y_n^g] \in R^{s_1} \times n$，$Y^b = [y_1^b, y_2^b, \cdots, y_n^b] \in R^{s_2} \times n$。假设 $X>0$，$Y^g>0$，$Y^b>0$，则生产可能性集定义为：

---

① Tone Kaoru, "A Slacks-Based Measure of Efficiency in Data Envelopment Analysis", *European Journal of Operational Research*, Vol. 130, No. 3, 2001, p. 498.

$$P = \{(x, y^g, y^b) \mid x \geq X\theta, y^g \geq Y^g\theta, y^b \geq Y^b\theta, \theta \geq 0\} \quad (4.4)$$

则非期望产出的 SBM 模型的数学表达式如式（4.5）所示：

$$\rho = \min \frac{1 - \frac{1}{m}\sum_{i=1}^{m}\frac{S_i^-}{x_{i0}}}{1 + \frac{1}{S_1 + S_2}\left(\sum_{r=1}^{s_1}\frac{S_r^g}{y_{r_0}^g} + \sum_{r=1}^{s_2}\frac{S_t^b}{y_{t_0}^b}\right)}$$

$$\text{s.t.} \begin{cases} x_0 = X\lambda + S^- \\ y_0^g = Y^g\lambda - S^g \\ y_0^b = Y^b\lambda + S^b \\ S^- \geq 0, S^g \geq 0, S^b \geq 0, \lambda \geq 0 \end{cases} \quad (4.5)$$

式（4.5）中，ρ 表示被评价决策单元的效率；X 表示投入；Y^g 表示期望产出；Y^b 表示非期望产出；S^- 表示投入的松弛变量；S^g 表示期望产出的松弛变量；S^b 表示非期望产出的松弛变量；λ 为权重向量。当 $S^- = S^g = S^b = 0$ 时，即 $\rho = 1$，此时决策单元有效。当 S^-、S^g 及 S^b 其中一个不为 0 时，即 $\rho < 1$，此时决策单元无效。

三 非期望产出的超效率 SBM-DEA 模型

传统 DEA 模型可以对决策单元的效率值进行评价，但面对多个有效单元时则无法给出排序。Andersen 和 Petersen 在传统 DEA 模型的基础上提出了径向超效率 DEA 模型（Super-Efficiency DEA）[1]，Tone 则提出了非径向超效率 SBM 模型[2]。超效率模型的效率值可以超过 1，实现了能够对有效决策单元的排序。假定第 k 个决策单元的投入向量为 $x \in R^M$，期望产出向量为 $y^g \in R^{s_1}$，非期望产出向量为 $y^b \in R^{s_2}$。并定义矩阵 $X = [x_1, x_2, \cdots, x_n] \in R^{m \times n}$，$Y^g = [y_1^g, y_2^g, \cdots, y_n^g] \in R^{s_1 \times n}$，$Y^b = [y_1^b, y_2^b, \cdots, y_n^b] \in R^{s_2 \times n}$，则非期望产出的超效率 SBM 模型的数学表达式如下：

---

[1] Andersen Per, Petersen Niels Christian, "A Procedure for Ranking Efficient Units in Data Envelopment Analysis", *Management Science*, Vol. 39, No. 10, 1993, p. 1261.

[2] Tone Kaoru, "A Slacks-Based Measure of Super-Efficiency in Data Envelopment Analysis", *European Journal of Operational Research*, Vol. 143, No. 1, 2002, p. 32.

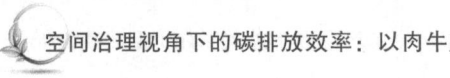

$$\rho = \min \frac{1 + \frac{1}{m}\sum_{i=1}^{m}\frac{s_i^-}{x_{ik}}}{1 - \frac{1}{s_1+s_2} \times \left(\sum_{r=1}^{s_1}\frac{s_r^g}{y_{rk}^g} + \sum_{t=1}^{s_2}\frac{s_t^b}{y_{tk}^b}\right)}$$

$$\text{s.t.} \begin{cases} x_{ik} \geq \sum_{j=1,j\neq k}^{n} x_{ij}\lambda_j - s_i^- \\ y_{rk}^g \leq \sum_{j=1,j\neq k}^{n} y_{rj}\lambda_j + s_r^g \\ y_{tk}^b \leq \sum_{j=1,j\neq k}^{n} y_{tj}\lambda_j - s_t^b \\ \lambda_j \geq 0, \ s^g \geq 0, \ s^b \geq 0, \ s^- \geq 0 \end{cases} \quad (4.6)$$

式（4.6）中，ρ 表示被评价决策单元的效率；X 表示投入；Y^g 表示期望产出；Y^b 表示非期望产出；S^- 表示投入的松弛变量；S^g 表示期望产出的松弛变量；S^b 表示非期望产出的松弛变量；λ 为权重向量。ρ 可以大于 1，从而对有效决策单元进行评价。

四 三阶段超效率 SBM-DEA 模型

Fried 等指出，传统的 DEA 模型没有考虑环境因素与随机噪声对决策单元效率评价的影响，进而提出了三阶段数据包络模型，将传统 DEA 模型与随机前沿分析（Stochastic Frontier Analysis，SFA）相结合[1][2]。三阶段数据包络模型的优势在于可以剔除非经营因素对效率的影响，从而可以更加客观地测度决策单元的效率。陈晓红等采用三阶段 DEA 模型对中国各区域二氧化碳排放效率进行评价与分析[3]。唐建荣和卢玲珠、赵霞等、宋金昭等学者则立足于产业角度，运用三阶段 DEA 模型对物流业、流通业、建筑业等不同行业的碳排

---

[1] Fried Harold, et al., "Incorporating the Operating Environment into a Non-Parametric Measure of Technical Efficiency", *Journal of Productivity Analysis*, Vol. 12, No. 3, 1999, p. 249.

[2] Fried Harold, et al., "Accounting for Environmental Effects and Statistical Noise in Data Envelopment Analysis", *Journal of Productivity Analysis*, Vol. 17, No. 1, 2002, p. 157.

[3] 陈晓红等：《基于三阶段 SBM-DEA 模型的中国区域碳排放效率研究》，《运筹与管理》2017 年第 3 期。

放效率进行了衡量和评价①②③。三阶段 DEA 模型的构建已成为研究碳排放效率问题的重要方法，但该模型不能直接用于处理超效率问题，故而李瑛和崔宇威、王谦等、温婷和罗良清等学者将超效率 SBM-DEA 模型与三阶段 DEA 模型相结合，构建三阶段超效率 SBM-DEA 模型④⑤⑥。

三阶段超效率 SBM-DEA 模型能够剔除非经营因素对效率的影响，更加客观地测度决策单元的效率，并且能够对有效决策单元进行排序。故而，本书采用三阶段超效率 SBM-DEA 模型，模型原理如图 4-3 所示，在剔除外部环境和随机干扰的基础上，对中国肉牛主产区的碳排放效率进行测度，具体分为以下三个阶段。

第一阶段：超效率 SBM-DEA 模型。采用超效率 SBM-DEA 模型得出各决策单元的第一阶段的效率值和投入变量的松弛变量，数学表达式如式（4.6）所示。

第二阶段：SFA 随机前沿模型。在对碳排放效率进行测度时，环境变量与随机误差的存在会导致产出无法达到最大水平。通过 SFA 随机前沿模型，能够剥离环境变量与随机误差带来的影响，从而得到仅由管理无效率造成的决策单元投入冗余。函数构造如式（4.7）所示：

$$S_{ni}=f(Z_i;\beta_n)+v_{ni}+\mu_{ni} \tag{4.7}$$

---

① 唐建荣、卢玲珠：《低碳约束下的物流效率分析——以东部十省市为例》，《中国流通经济》2013 年第 1 期。
② 赵霞等：《低碳约束下中国流通业效率的区域差异——基于三阶段 DEA 模型的测算》，《北京工商大学学报》（社会科学版）2018 年第 5 期。
③ 宋金昭等：《基于超效率三阶段 DEA 模型的建筑业碳排放研究》，《环境科学与技术》2019 年第 1 期。
④ 李瑛、崔宇威：《地方高校科技创新效率评价研究——基于超效率的三阶段 DEA 分析》，《东北师大学报》（哲学社会科学版）2011 年第 2 期。
⑤ 王谦等：《创新驱动发展战略下中国财政科技支出效率评价——基于三阶段超效率 SBM-DEA 模型》，《科技管理研究》2020 年第 5 期。
⑥ 温婷、罗良清：《中国乡村环境污染治理效率及其区域差异——基于三阶段超效率 SBM-DEA 模型的实证检验》，《江西财经大学学报》2021 年第 3 期。

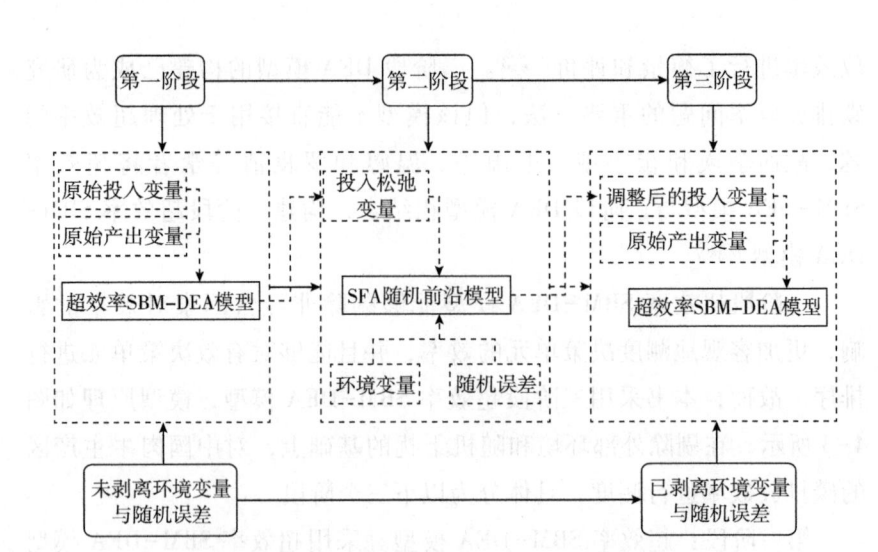

图 4-3　三阶段超效率 SBM-DEA 模型原理

式（4.7）中，S_{ni} 是第 i 个决策单元第 n 项投入的松弛变量；Z_i 是环境变量；β_n 是环境变量的系数；$\nu_{ni}+\mu_{ni}$ 是混合误差项，ν_{ni} 与 μ_{ni} 相互独立；μ_{ni} 是管理无效率项，假设其服从在零点截断的正态分布，即 $\mu_{ni} \sim N^+(0, \sigma_\mu^2)$；$\nu_{ni} \sim N(0, \sigma_\nu^2)$ 是随机误差项，表达式如式（4.8）所示：

$$E[\nu_{ni}|\nu_{ni}+|\mu_{ni}|] = S_{ni} - f(Z_i; \beta_n) - E[\mu_{ni}|\nu_{ni}+\mu_{ni}] \quad (4.8)$$

根据 SFA 回归结果，采用 Jondrow 等提出的思路，对管理无效率项与随机误差项进行分离①，分离公式如式（4.9）所示：

$$E(\mu|\varepsilon) = \sigma_* \left[\frac{\varphi\left(\lambda\frac{\varepsilon}{\sigma}\right)}{\Phi\left(\lambda\frac{\varepsilon}{\sigma}\right)} + \frac{\lambda\varepsilon}{\sigma} \right] \quad (4.9)$$

式（4.9）中：$\sigma_* = \frac{\sigma_\mu \sigma_\nu}{\sigma}$，$\sigma = \sqrt{\sigma_\mu^2 + \sigma_\nu^2}$，$\lambda = \frac{\sigma_\mu}{\sigma_\nu}$。

以最有效率的决策单元相应投入量为参照，将其他决策单元调整于相同的外部环境中，调整公式如式（4.10）所示：

$$X_{ni}^A = X_{ni} + [\max f(Z_i; \hat{\beta}_n) - f(Z_i; \hat{\beta}_n)] + [\max(\nu_{ni}) - \nu_{ni}] \quad (4.10)$$

---

① Jondrow James, et al., "On the Estimation of Technical Efficiency in the Stochastic Frontier Production Function Model", *Econometrics*, Vol. 19, 1982, p. 259.

式（4.10）中，X_{ni}^A是调整后的投入；X_{ni}是调整前的投入；$\max f(Z_i;\hat{\beta}_n)-f(Z_i;\hat{\beta}_n)$是对外部环境因素进行的调整；$\max(\nu_{ni})-\nu_{ni}$是对随机误差因素进行的调整。经过上述调整后，各DMU将面临相同的外部环境，并受到相同程度的随机误差的干扰。

第三阶段：调整后的超效率SBM-DEA模型。采用第二阶段调整后得到的投入数据与原始产出数据，再次对肉牛主产区碳排放效率进行测度，得到剔除环境因素与随机噪声影响的效率值。

第二节 变量选取与数据来源

一 变量选取

碳排放效率的概念立足于可持续发展理论，该理论强调了经济效益、生态效益与社会效益的协同发展，寻求以较少的环境污染代价实现较大的经济效益和环境效益。故而，在变量选取上，需涵盖投入指标、以经济收益为主的期望产出指标、以环境污染物为主的非期望产出指标，此外还应包含环境因素用以剔除外部影响，具体变量选取情况如表4-1所示。

表4-1　　碳排放效率投入产出变量定义及说明

分类	指标	变量定义	单位
投入指标	资本	固定资产投资额	亿元
	劳动力	肉牛产业工资总额	亿元
	中间消耗	物质与服务费用	亿元
期望产出指标	产量	牛肉产量	万吨
	产值	饲养产值	亿元
非期望产出指标	碳排放	二氧化碳当量	亿吨
环境变量	经济发展水平	各地GDP	亿元
	政府扶持力度	各地财政农林水事务支出与财政总支出之比	%
	环保投入	财政节能环保支出与财政总支出之比	%

（一）投入变量

参考 Matthew 等、华坚等、王勇和赵晗的做法，将资本、劳动力、中间消耗作为投入变量①②③。本书以肉牛产业工资总额（亿元）作为劳动力指标的投入量，中间消耗指标的投入量则使用各省（区、市）肉牛产业中间消耗值（物质与服务费用）（亿元）。资本没有直接可用数据，故而采用永续盘存法估算资本存量，来衡量各地区资本投入量，计算公式如式（4.11）所示：

$$K_{it} = K_{it-1}(1-\delta) + I_{it} \tag{4.11}$$

式（4.11）中，K_{it} 为 i 地区第 t 年的资本存量；I_{it} 为 i 地区第 t 年的固定资产投资额；δ 为折旧率。本书参考国家统计局国民经济核算司资产与资源环境核算处王益煊和吴优给出的役畜、产品畜固定资产分类折旧率，将 δ 参考值设定为 11%④，并以 2000 年为基期，用固定资产投资价格指数对名义固定资产投资进行平减。

（二）产出变量

1. 期望产出

以中国四大肉牛主产区各省（区、市）的牛肉产量（万吨）及肉牛饲养产值（亿元）来衡量产出。肉牛饲养产值以 2000 年为基期，按消费价格分类指数（畜肉类）进行平减，以消除价格变动的影响。

2. 非期望产出

将碳排放量作为非期望产出，碳排放量的测算参考第三章，依据《2006 年 IPCC 国家温室气体清单指南》，测算包括肠道发酵的甲烷排放、粪肥管理的甲烷排放、粪肥管理的氧化亚氮排放，并根据 IPCC 第四次评估报告中的 GWP 值将甲烷与氧化亚氮转换为二氧化碳当量

---

① Matthew Andersen, et al., "Capital Services in U. S. Agriculture: Concepts, Comparisons, and the Treatment of Interest Rates: An Error and a Correction", *American Journal of Agricultural Economics*, Vol. 94, No. 5, 2012, p. 1247.
② 华坚等：《基于三阶段 DEA 的中国区域二氧化碳排放绩效评价研究》，《资源科学》2013 年第 7 期。
③ 王勇、赵晗：《中国碳交易市场启动对地区碳排放效率的影响》，《中国人口·资源与环境》2019 年第 1 期。
④ 王益煊、吴优：《中国国有经济固定资本存量初步测算》，《统计研究》2003 年第 5 期。

加总计算。

(三) 环境变量

环境变量选取的原则是对肉牛饲养碳排放效率造成影响，但同时不在主观可控范围之内的因素。本书参考华坚等、赵霞等、宋金昭等的做法[1][2][3]，并且考虑到数据可得性后，选取以下三个环境变量：地方经济发展水平、政府的支持力度及环保投入。以各地 GDP 表示地方经济发展水平，反映外部经济环境。用各地财政农林水事务支出与财政总支出之比表示政府的支持力度，用各地财政节能环保支出与财政总支出之比表示环保投入，来反映环境规制带来的影响。其中，各地 GDP 数据以 2000 年为基期，按生产总值平减指数进行可比价格处理。

二　数据来源

本章使用的碳排放量数据来自上一章的测算结果，其他产出变量、投入变量及环境变量的基础数据来源于《中国统计年鉴》（2008—2020年）、《中国农村统计年鉴》（2008—2020 年）、《中国畜牧业年鉴》（2008—2014 年）、《中国畜牧兽医年鉴》（2015—2020 年）。

第三节　中国肉牛主产区碳排放效率测算与分析

采用三阶段超效率 SBM-DEA 模型对中国肉牛主产区的碳排放效率进行测度，具体分为以下三个阶段。

一　第一阶段超效率 SBM-DEA 模型测算结果与分析

第一阶段采用超效率 SBM-DEA 模型，在不考虑环境影响和随机误差的情况下，使用 MaxDEA 6.8pro 软件计算得到碳排放效率值，并

---

[1] 华坚等：《基于三阶段 DEA 的中国区域二氧化碳排放绩效评价研究》，《资源科学》2013 年第 7 期。
[2] 赵霞等：《低碳约束下中国流通业效率的区域差异——基于三阶段 DEA 模型的测算》，《北京工商大学学报》（社会科学版）2018 年第 5 期。
[3] 宋金昭等：《基于超效率三阶段 DEA 模型的建筑业碳排放研究》，《环境科学与技术》2019 年第 1 期。

得到投入变量的松弛变量。各肉牛主产区 2007—2019 年碳排放效率平均值结果如表 4-2 所示。2007—2019 年中国四大肉牛主产区碳排放效率整体水平较低，碳排放效率平均值为 0.726。碳排放效率平均值最高的是河北（0.999），平均值最低的为陕西（0.481）。

表 4-2　　　　第一阶段肉牛主产区各地碳排放效率均值

省（区、市）	碳排放效率
河北	0.999
内蒙古	0.571
辽宁	0.915
吉林	0.784
黑龙江	0.496
安徽	0.812
山东	0.967
河南	0.924
广西	0.558
四川	0.702
重庆	0.554
云南	0.633
贵州	0.921
陕西	0.481
甘肃	0.885
宁夏	0.649
新疆	0.848
中原主产区平均值	0.923
东北主产区平均值	0.671
西北主产区平均值	0.695
西南主产区平均值	0.661
四大主产区平均值	0.726

注：限于篇幅，仅汇报各省份碳排放效率平均值；中国肉牛主产区各地碳排放效率指标是各省份 2007—2019 年的几何平均数。

为更加直观、清晰地体现结果，对碳排放效率值进行自然间断点处理，将各 DMU 按照低效率值 [0.481, 0.649]、中效率值 (0.649, 0.848]、高效率值 (0.848, 1.000] 进行区域划分。碳排放高效率地区包括辽宁、河北、河南、山东、贵州、甘肃，中效率地区包括吉林、安徽、新疆、四川，低效率地区包括内蒙古、黑龙江、陕西、宁夏、云南、广西、重庆。碳排放高效率地区集中在中原一带，碳排放效率值呈现"中原>西北>东北>西南"的格局。

但各肉牛主产区碳排放效率值不仅会受到各地区肉牛产业自身发展状况的影响，还会受到外部环境的影响，故而第一阶段得到的效率结果不能真实地反映实际情况。因此，在第二阶段通过 SFA 随机前沿模型来剥离环境变量与随机误差带来的影响。

二 第二阶段 SFA 随机前沿模型测算结果与分析

在第二阶段中，将投入变量的松弛变量作为因变量，省域经济水平、政府扶持力度、环保投入作为自变量，构建 SFA 随机前沿模型。运用 Frontier 4.1 软件进行数据分析，结果如表 4-3 所示。其中各模型的 LR 单边误差均显著，模型拟合良好。在具体分析各项环境变量对投入变量松弛值的影响后可知：①省域经济水平对资本存量、中间消耗、劳动力投入松弛变量的影响为正，且在 1%水平上显著，说明省域经济水平的提高会增加资本存量、中间消耗及劳动力的投入。②政府对行业的扶持力度对资本存量、中间消耗、劳动力投入松弛变量的影响为正，且都在 1%水平上显著。说明政府对肉牛产业的扶持及补助政策会促进肉牛产业发展，从而需要更多人、财、物的投入。③环保投入对资本存量、中间消耗、劳动力投入松弛变量的影响为正，且在 1%水平上显著，说明环保投入会增加包含饲料、畜牧用药、燃料等对肠道发酵、粪肥管理产生影响的治污投入等中间消耗，并需要更多的资金与人力投入。

表 4-3　　　　　　　　第二阶段 SFA 回归结果

	资本存量		中间消耗		劳动力	
	系数值	标准差	系数值	标准差	系数值	标准差
常数项	-6.67***	0.85	-6.70***	2.09	-13621.89***	10.99

续表

	资本存量		中间消耗		劳动力	
	系数值	标准差	系数值	标准差	系数值	标准差
省域经济水平	3.39***	0.41	5.57***	0.67	801.15***	40.73
政府扶持力度	10.35***	2.14	16.40***	0.80	72426.25***	6.84
环保投入	71.57***	8.37	25.01***	0.99	17037.84***	2.58
σ^2	133.10***	5.89	60.78***	0.95	73753609.00***	1.00
γ	1.00***	0.00	1.00***	0.00	1.00***	0.00
LR	230.54***		137.57***		121.42***	

注：***、**、*分别表示在1%、5%、10%的水平上显著。

根据上述第二阶段的实证结果，对管理无效率项与随机误差项进行分离，以最有效率的决策单元相应投入量为参照，根据式（4.10）将其他决策单元调整于相同的外部环境中，以便分析相同环境条件下的肉牛主产区碳排放效率情况。

三 第三阶段超效率SBM-DEA模型测算结果与分析

排除外部环境和随机干扰的影响后，得到调整后的投入数据，与原产出数据重新代入超效率SBM-DEA模型，再次使用MaxDEA 6.8pro软件对各肉牛主产区碳排放效率进行测度，结果如表4-4所示。进一步对超效率SBM-DEA模型与三阶段超效率SBM-DEA模型的结果进行配对样本t检验，结果如表4-5所示。由表4-5可知，超效率SBM-DEA模型与三阶段超效率SBM-DEA模型在碳排放效率值上具有显著差异，碳排放效率有所下降。验证了外部环境和随机干扰会对结果产生影响，只有将各DMU置于相同环境下并受到相同程度的随机误差干扰，才能真实地反映各肉牛主产区的碳排放效率。

表4-4　　　　第三阶段肉牛主产区各地碳排放效率均值

省（区、市）	碳排放效率
河北	1.010
内蒙古	0.723

续表

省（区、市）	碳排放效率
辽宁	0.939
吉林	0.840
黑龙江	0.540
安徽	0.736
山东	0.980
河南	0.946
广西	0.454
四川	0.647
重庆	0.428
云南	0.682
贵州	0.723
陕西	0.429
甘肃	0.848
宁夏	0.620
新疆	0.931
中原主产区平均值	0.911
东北主产区平均值	0.745
西北主产区平均值	0.677
西南主产区平均值	0.574
四大主产区平均值	0.707

注：中国肉牛主产区各地碳排放效率指标是各省份2007—2019年的几何平均数。

表 4-5　　　　　　　　配对样本 t 检验结果

	t 值	显著性概率
碳排放效率	2.2482	0.026

在第三阶段中，所考察的十七个肉牛主产地区 2007—2019 年碳排放效率平均值为 0.707，中国肉牛主产区碳排放效率水平还不高，与前沿边界还有一定的差距。为更加直观地体现结果，将各省份按照低效率值［0.428，0.540］、中效率值（0.540，0.736］、高效率值

(0.736, 1.010] 进行区域划分。与阶段一的结果相比，可以看出两个阶段各省区碳排放效率值的变化情况。低效率地区由 7 个减少至 4 个，分别为黑龙江、陕西、重庆及广西。高效率地区由 6 个增加至 7 个，分别为吉林、辽宁、河北、山东、河南、新疆及甘肃。碳排放效率值上升的有河北、内蒙古、辽宁、吉林、黑龙江、山东、河南、云南、新疆，说明这些地区除内部管理水平外，还会受到相对不利的外部环境影响。碳排放效率值下降的有安徽、广西、四川、重庆、贵州、陕西、甘肃、宁夏，说明这些地区会受到相对有利的外部环境。就四大肉牛主产区来看，排除外部环境和随机干扰的影响后，碳排放效率值呈现"中原>东北>西北>西南"的格局。

第四节 中国肉牛主产区碳排放效率值静态特征分析

一 中国肉牛主产区碳排放效率值时序分布特征

通过上文测算得到了剥离环境因素与随机误差的中国肉牛主产区的碳排放效率值，为观察其时间序列特征，在图 4-4 中列示出 2007—2019 年中国肉牛主产区碳排放效率值以及碳排放效率增长率。从图中可以看到，肉牛主产区碳排放效率值随时间变化出现波动情况，波动幅度不大，但整体呈现出下降趋势。其中，2009—2011 年呈现持续下降的趋势，2009 年肉牛饲料价格和各项费用上涨、屠宰税费多，产业链各环节处于微利状态，这一阶段杀青犊母为特征的牛源恶性竞争严峻，注水、违禁用药情况严重，缺乏对粪污处理及碳减排等方面支持。2014—2017 年也呈现出下降态势，究其成因，2014 年肉牛产业进入转型迷茫期，规模场户缺乏增速动力，牛肉减产[①]，牛源不足和土地、用工、环保及饲料的成本上涨等因素导致碳排放效率进入下降阶段。

---

① 曹兵海：《2015 年肉牛牦牛产业发展趋势与政策建议》，《中国牛业科学》2015 年第 1 期。

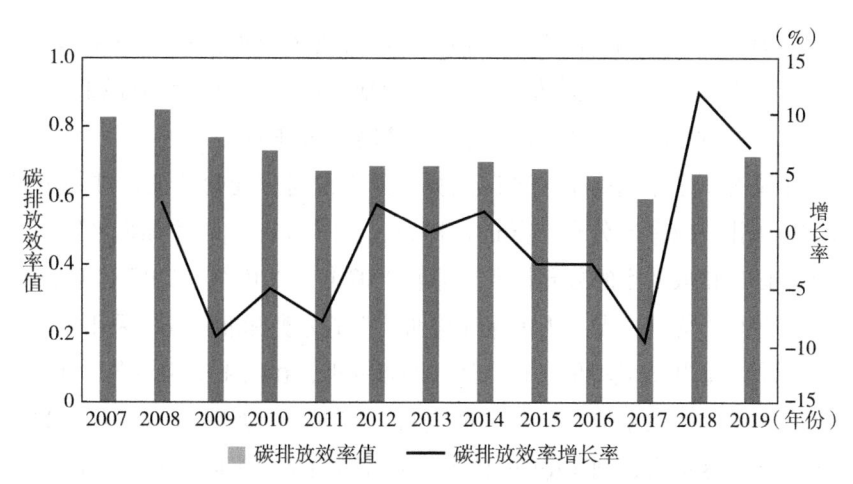

图 4-4 中国肉牛主产区碳排放效率值变化趋势

将样本周期分成三个子样本：2007—2011 年、2012—2016 年、2017—2019 年，分别求出各子样本的碳排放效率值的几何平均数，针对不同主产区绘制折线图，如图 4-5 所示。在 2007—2019 年整个样本周期内，三个子样本的碳排放效率值呈现出整体下移的趋势。在子样本中四大肉牛主产区碳排放效率值的平均值如下：中原主产区为 0.985、0.921、0.786，东北主产区为 0.808、0.711、0.702，西北主产区为 0.755、0.625、0.645，西南主产区为 0.611、0.556、0.544。其中，只有西北地区的碳排放效率值在 2017—2019 年样本段略有上升，其余主产区的碳排放效率值都出现了不同程度的下降，在过去的 13 年中，肉牛主产区碳排放效率值越来越偏离随机前沿面，整体呈现负

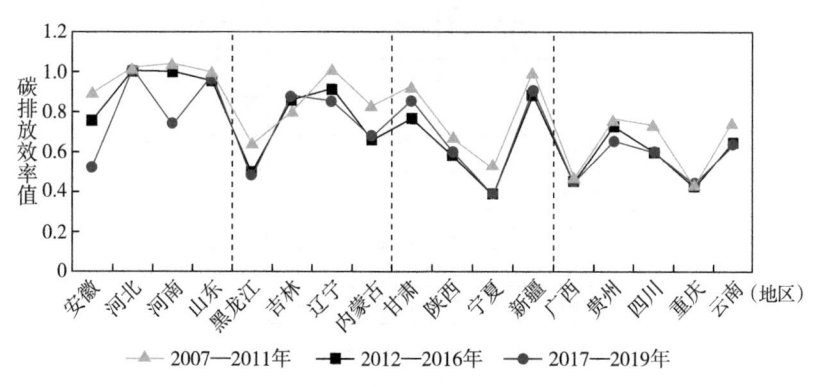

图 4-5 2007—2019 年肉牛主产区碳排放效率值及变化趋势

增长。从区域层面来看，中原地区与东北地区的碳排放效率值较高，而西北地区的碳排放效率值较低，西南地区的碳排放效率值最低。

二 中国肉牛主产区碳排放效率值时空分布特征

上文分析了中国肉牛主产区碳排放效率的时序变化特征，进一步对各省份碳排放效率的分布差异进行探讨，从时间及空间两个维度分析肉牛主产区碳排放效率的分异特征。选取2007年、2010年、2015年及2019年四个年份作为观察点，为了保证跨期效率值分类标准一致，采用Arcgis 10.2软件对碳排放效率值进行自然间断点处理，在图4-6中将各DMU按照低效率值、中效率值、高效率值进行区域划分。如图4-6所示，2007年高效率地区最多，到2019年高效率地区已由9个下降到6个，包括河北、山东、辽宁、吉林、甘肃、新疆。低效率地区则由3个上升至7个，包括广西、四川、重庆、陕西、宁夏、黑龙江、安徽。可以观测到肉牛主产区碳排放效率整体呈现下降趋势，且低效率地区大多位于西南地区。

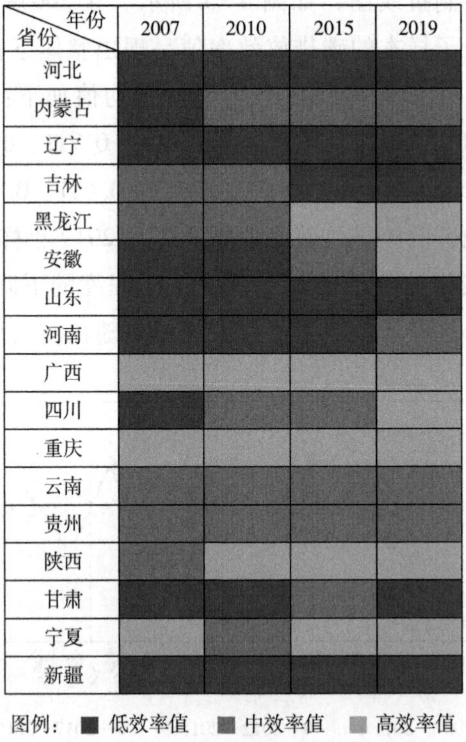

图 4-6 中国肉牛主产区碳排放效率值空间分布

第五节 中国肉牛主产区碳排放效率值动态特征分析

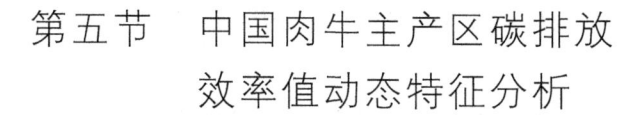

一 GML 指数模型构建

第四节对中国肉牛主产区碳排放效率进行了特征分析，但该分析是一种静态分析，当决策单元包含多个时点观测值时，要分析效率在时间维度上的动态变化趋势，则需要采用 Oh 提出的 Global Malmquist-Luenberger（GML）指数模型[1]。本书基于三阶段超效率 SBM-DEA 模型，参照 Oh、马国群和谭砚文等学者的思路[2][3]，构建 GML 指数模型，并将 GML 指数分解成综合效率指数（GEC）与技术进步指数（GTC），并进一步将综合效率指数分解为纯技术效率变化（GPEC）与规模效率变化（GSEC），从而对肉牛主产区碳排放效率进行比较和分解，模型构建如下：

$$GML^{t,t+1} = \frac{1+\vec{D}_G^T(x^t, y^t, b^t; g^t)}{1+\vec{D}_G^T(x^{t+1}, y^{t+1}, b^{t+1}; g^{t+1})}$$

$$= GEC^{t,t+1} \times GTC^{t,t+1}$$

$$= GPEC^{t,t+1} \times GSEC^{t,t+1} \times GTC^{t,t+1}$$

$$GPEC^{t,t+1} = \frac{1+\vec{D}_G^t(x^t, y^t, b^t; g^t)}{1+\vec{D}_G^{t+1}(x^{t+1}, y^{t+1}, b^{t+1}; g^{t+1})}$$

$$GSEC^{t,t+1} = \frac{1+\vec{D}_C^T(x^t, y^t, b^t; g^t)}{1+\vec{D}_G^T(x^t, y^t, b^t; g^t)} \times \frac{1+\vec{D}_C^T(x^{t+1}, y^{t+1}, b^{t+1}; g^{t+1})}{1+\vec{D}_G^T(x^{t+1}, y^{t+1}, b^{t+1}; g^{t+1})}$$

---

[1] Oh Dong Hyun, "A Global Malmquist-Luenberger Productivity Index", *Journal of Productivity Analysis*, Vol. 34, No. 3, 2010, p. 183.

[2] Oh Dong Hyun, "A Global Malmquist-Luenberger Productivity Index", *Journal of Productivity Analysis*, Vol. 34, No. 3, 2010, p. 183.

[3] 马国群、谭砚文：《环境规制对农业绿色全要素生产率的影响研究——基于面板门槛模型的分析》，《农业技术经济》2021 年第 5 期。

$$GTC^{t,t+1} = \frac{1+\vec{D}_G^T(x^t, y^t, b^t; g^t)}{1+\vec{D}_G^t(x^t, y^t, b^t; g^t)} \times \frac{1+\vec{D}_G^T(x^{t+1}, y^{t+1}, b^{t+1}; g^{t+1})}{1+\vec{D}_G^{t+1}(x^{t+1}, y^{t+1}, b^{t+1}; g^{t+1})}$$

(4.12)

式（4.12）中，$GPEC^{t,t+1}$ 表示纯技术效率变化，$GPEC^{t,t+1}>1$ 表示纯技术效率提高，$GPEC^{t,t+1}<1$ 表示纯技术效率降低，$GPEC^{t,t+1}=1$ 表示纯技术效率保持不变；$GSEC^{t,t+1}$ 表示规模效率变化，$GSEC^{t,t+1}>1$ 表示规模效率提高，$GSEC^{t,t+1}<1$ 表示规模效率降低，$GSEC^{t,t+1}=1$ 表示规模效率保持不变；$GTC^{t,t+1}$ 表示技术进步指数变化，$GTC^{t,t+1}>1$ 表示技术进步指数提高，$GTC^{t,t+1}<1$ 表示技术进步指数降低，$GTC^{t,t+1}=1$ 表示技术进步指数不变。

二　GML 指数分解结果及其变动趋势

基于上文构建的三阶段超效率 SBM-DEA 模型，使用 MaxDEA 6.8pro 软件计算出 2007—2019 年中国肉牛主产区 17 个省（区、市）的碳排放效率 GML 指数，并将 GML 指数分解为纯技术效率变化（GPEC）、规模效率变化（GSEC）、技术进步指数（GTC），具体情况如表 4-6 所示。

表 4-6　2007—2019 年中国肉牛主产区碳排放效率 GML 指数及其分解

时间	GML	GPEC	GSEC	GTC
2007—2008 年	1.025	1.040	1.030	0.923
2008—2009 年	0.907	0.923	1.092	0.922
2009—2010 年	0.949	0.948	1.032	0.973
"十一五"平均值	0.959	0.969	1.051	0.939
2010—2011 年	0.921	1.025	0.999	0.899
2011—2012 年	1.022	0.963	1.039	1.022
2012—2013 年	0.998	1.004	1.004	0.991
2013—2014 年	1.016	0.990	1.008	1.024
2014—2015 年	0.971	1.049	0.952	0.970
"十二五"平均值	0.985	1.006	1.000	0.980
2015—2016 年	0.971	1.057	0.937	0.978

续表

时间	GML	GPEC	GSEC	GTC
2016—2017 年	0.903	0.896	1.092	0.906
2017—2018 年	1.120	0.949	0.983	1.210
2018—2019 年	1.072	1.028	0.987	1.065
"十三五"平均值	1.013	0.980	0.998	1.034
四大主产区平均值	0.988	0.988	1.011	0.987

注：表中平均值为几何平均数。

通过表4-6的测算结果可以观察到，2007—2019年中国肉牛主产区的GML指数平均值小于1，说明主产区碳排放效率整体呈现下降趋势。分阶段来看，"十一五"及"十二五"时期碳排放效率都呈现下降趋势，"十三五"时期以1.3%的速度有所提升。从碳排放效率的增长动力来源看，规模化效率带来的贡献占比更大，2007—2019年，四大肉牛主产区规模化效率贡献了1.1%的增长率，而纯技术效率及技术进步指数都呈现负增长态势。为了更直观地描述不同发展阶段下中国肉牛主产区的碳排放效率GML指数及其分解的动态变化特征，绘制GML指数、GPEC指数、GSEC指数、GTC指数的变化趋势图，如图4-7所示。

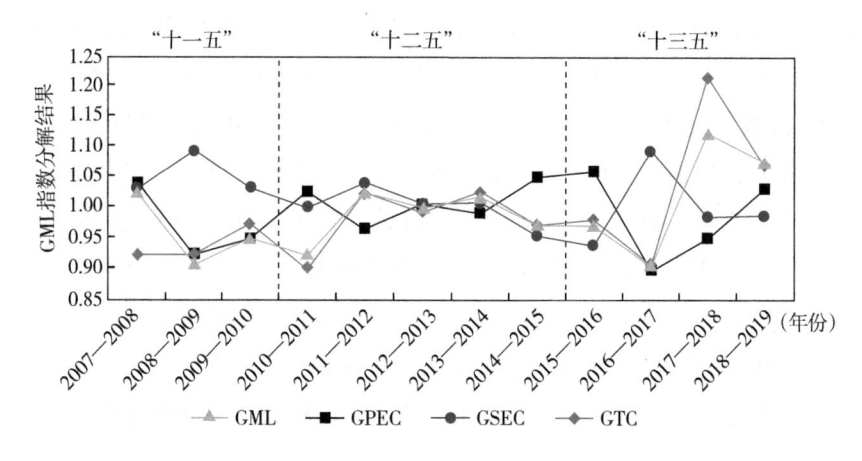

图4-7 2007—2019年中国肉牛主产区碳排放效率
GML、GPEC、GSEC及GTC变动趋势

从时序变化来看，肉牛主产区碳排放效率 GML 指数在研究期间整体呈现波动上升趋势，下降阶段主要出现在"十一五"时期的 2009 年前后、"十二五"时期的 2014 年前后、"十三五"时期的 2016 年前后，GML 指数分别下降 11.5%、4.4%、7.0%。2017 年 GML 指数大幅上涨，增长了 24.0%。"十一五"时期中国肉牛产业进入产业调整发展阶段，能繁母牛数量减少，部分养殖户外出务工，小规模养殖出现下降态势，GPEC 指数降低，并且肉牛养殖技术支撑不足，一定程度上造成碳排放效率的损失。"十二五"时期，散户加速退出，规模场户增速动力不足。牛源不足和土地、用工、环保及饲料的成本上涨等因素导致碳排放效率损失。"十三五"时期，2017 年肉牛产业进入了转型攻坚期，肉牛遗传育种、饲料营养等方面技术水平有所提升①，GTC 指数提升。"粮改饲"和"贫困县"等区域肉牛养殖量小幅增加，规模化养殖趋势愈加明显，GSEC 上升，最终使 GML 指数有明显的提升。2019 年，规模效率指数贡献最小，说明生产要素利用率不高是导致目前中国肉牛主产区碳排放效率 GML 指数偏低的主要原因，未来应在技术与管理的基础上，提高资源配置效率，提高肉牛养殖的规模化水平。

三 中国肉牛主产区碳排放效率值时空演变特征

本书采用 MaxDEA 6.8pro 软件求得各省（区、市）GML 指数及其分解项，通过几何平均值和累计变化值来反映各肉牛主产区碳排放效率的总体变动情况和平均变动程度（见表 4-7）。从各省（区、市）GML 指数的具体测算结果来看，共有 6 个省份的 GML 指数累计变化率有所提升，分别为吉林、新疆、广西、宁夏、贵州及重庆。其中提升率较高的为吉林、新疆与广西，GML 指数累计增长幅度分别为 28.3%、23.1%、11.4%。GEC 指数累计变化率有所提升的省份包括河北、辽宁、吉林、黑龙江、山东、广西、重庆、云南、贵州及宁夏，GTC 指数累计变化率有所提升的省份包括新疆，并且 71%的省份其综合效率指数大于技术进步指数，说明目前肉牛产业制约碳排放效率提升的因素为减

---

① 曹兵海等：《2017 年肉牛产业发展情况、未来发展趋势及建议》，《中国畜牧杂志》2018 年第 3 期。

排技术不足，肉牛减排技术创新水平在碳排放效率变化中起主导性作用，从而造成了中国肉牛产业碳排放效率的总体下降。

表 4-7　2007—2019 年中国肉牛主产区省际碳排放效率 GML 指数及其分解

省（区、市）	几何平均值			累计变化值		
	GML	GEC	GTC	GML	GEC	GTC
河北	0.998	1.003	0.994	0.972	1.041	0.934
内蒙古	0.977	0.979	0.998	0.752	0.773	0.973
辽宁	0.979	1.007	0.972	0.778	1.092	0.712
吉林	1.021	1.024	0.997	1.283	1.323	0.969
黑龙江	0.985	1.014	0.972	0.835	1.176	0.710
安徽	0.953	0.984	0.969	0.561	0.821	0.683
山东	0.998	1.007	0.990	0.971	1.089	0.891
河南	0.958	0.964	0.994	0.596	0.640	0.930
广西	1.009	1.018	0.991	1.114	1.242	0.897
四川	0.942	0.957	0.985	0.491	0.586	0.837
重庆	1.001	1.034	0.968	1.011	1.491	0.678
云南	0.997	1.015	0.983	0.967	1.194	0.810
贵州	1.000	1.015	0.985	1.001	1.197	0.837
陕西	0.963	0.983	0.980	0.639	0.815	0.784
甘肃	0.994	0.994	1.000	0.925	0.930	0.996
宁夏	1.002	1.020	0.982	1.021	1.272	0.803
新疆	1.017	0.996	1.022	1.231	0.948	1.298

选取 2007—2010 年、2010—2015 年、2015—2019 年三个子样本区间，进一步分析中国肉牛主产区碳排放效率 GML 指数、GEC 指数及 GTC 指数的空间分布情况。如表 4-8 所示，中国肉牛主产区"十一五"时期碳排放效率 GML 指数达到"1"的地区仅 4 个，到"十三五"时期，增加到 12 个，包括黑龙江、吉林、辽宁、内蒙古、河北、山东、甘肃、宁夏、陕西、新疆、云南及广西，占产区数量的 71%。对于 GEC 指数，"十二五"时期达到"1"的地区最多，由 9 个增长到 11 个，到"十三五"时期达到"1"的地区减少到 7 个，说明

2010—2015年综合效率水平增长得最快，资源配置合理，规模化养殖水平提高。对于GTC指数，"十一五"时期，达到"1"的地区仅重庆1个，"十二五"时期增加到4个，包括河南、云南、广西、新疆。到"十三五"时期达到"1"的地区最多，达到12个，包括黑龙江、吉林、内蒙古、新疆、甘肃、陕西、宁夏、四川、贵州、广西、河北、河南。说明随着时间增长，肉牛遗传育种、饲料营养等养殖技术水平有所提高，使GEC指数有所提升。

表4-8　2007—2019年中国肉牛主产区省际碳排放效率GML、GEC、GTC指数空间分布情况

时间	GML>1	GML<1
2007—2010年	河北、宁夏、贵州、广西	黑龙江、吉林、内蒙古、辽宁、安徽、山东、河南、四川、重庆、云南、陕西、甘肃、新疆
2010—2015年	贵州、重庆、河南、吉林、新疆	内蒙古、辽宁、黑龙江、安徽、山东、四川、云南、陕西、甘肃、河北、宁夏、广西
2015—2019年	内蒙古、辽宁、吉林、黑龙江、山东、河北、陕西、甘肃、宁夏、新疆、云南、广西	四川、重庆、贵州、安徽、河南
时间	GEC>1	GEC<1
2007—2010年	辽宁、河北、山东、安徽、宁夏、新疆、云南、贵州、广西	黑龙江、吉林、内蒙古、河南、四川、重庆、陕西、甘肃
2010—2015年	内蒙古、吉林、黑龙江、山东、河南、四川、贵州、重庆、陕西、甘肃、新疆	辽宁、河北、安徽、云南、广西、宁夏
2015—2019年	黑龙江、吉林、辽宁、山东、宁夏、云南、重庆	内蒙古、安徽、河南、河北、四川、陕西、甘肃、新疆、贵州、广西
时间	GTC>1	GTC<1
2007—2010年	重庆	黑龙江、吉林、内蒙古、辽宁、安徽、山东、河南、河北、四川、云南、陕西、甘肃、宁夏、贵州、广西、新疆

续表

时间	GML>1	GML<1
2010—2015 年	河南、新疆、云南、广西	黑龙江、吉林、内蒙古、辽宁、安徽、山东、河北、四川、重庆、陕西、甘肃、宁夏、贵州
2015—2019 年	黑龙江、吉林、内蒙古、河南、河北、四川、陕西、甘肃、宁夏、贵州、广西、新疆	辽宁、安徽、山东、重庆、云南

第六节 本章小结

本章首先梳理了碳排放效率测算的相关测算方法，然后采用能够将外部环境影响、随机误差项及存在多个有效单元等情况纳入考虑范围的三阶段超效率 SBM-DEA 模型，将第三章测算的碳排放量纳入效率测算框架，测算出中国肉牛主产区碳排放效率值，并从静态与动态两个方面探讨各主产区的区域差异。研究结论如下。

（1）经过三阶段超效率 SBM-DEA 模型的测算，发现中国肉牛主产区碳排放效率水平还不高，与生产前沿面还有一定差距。在剥离外部环境与随机误差带来的影响后，碳排放效率值产生了显著差异。在环境变量中，省域经济水平、政府对行业的扶持力度及环保投入对资本存量、中间消耗、劳动力投入松弛变量的影响为正且显著，剥离外部环境与随机误差带来的影响是合理且必要的。在第三阶段碳排放效率测算中，碳排放效率值上升的有河北、内蒙古、辽宁、吉林、黑龙江、山东、河南、云南、新疆，说明这些地区除内部管理水平外，还会受到相对不利的外部环境影响。碳排放效率值下降的有安徽、广西、四川、重庆、贵州、陕西、甘肃、宁夏，这些地区会受到相对有利的外部环境影响。

（2）在时序特征分析中，中国肉牛主产区碳排放效率值随时间变化呈现出波动下降趋势，越来越偏离随机前沿面，整体呈现负增长。从空间特征上来看，中国肉牛主产区碳排放效率存在明显的区域空间差异。随着时间的推移，高效率地区逐渐减少，低效率地区逐渐增多，整体出现下降趋势。高效率区域集聚在中原及东北地区，碳排放效率值呈现出"中原>东北>西北>西南"的格局。

（3）在动态特征分析中，通过 GML 指数分解得到 2007—2019 年中国肉牛主产区的 GML 指数平均值小于 1，说明主产区碳排放效率整体呈现下降趋势。"十一五"及"十二五"时期碳排放效率都呈现下降趋势，"十三五"时期以 1.3% 的速度有所提升。中国肉牛主产区"十一五"时期碳排放效率 GML 指数达到"1"的地区仅 4 个，到"十三五"时期，增加到 12 个，包括黑龙江、吉林、辽宁、内蒙古、河北、山东、甘肃、宁夏、陕西、新疆、云南及广西。对于 GEC 指数，"十二五"时期达到"1"的地区最多，说明 2010—2015 年综合效率水平增长得最快，资源配置合理，规模化养殖水平提高。对于 GTC 指数，到"十三五"时期达到"1"的地区最多，共计 12 个，包括黑龙江、吉林、内蒙古、新疆、甘肃、陕西、宁夏、四川、贵州、广西、河北、河南。说明随着时间增长，肉牛遗传育种、饲料营养等养殖技术水平有所提高，使 GEC 指数有所提升。

（4）从肉牛主产区碳排放效率的增长动力来源方面看，规模化效率带来的贡献占比更大，生产要素利用率不高是导致目前中国肉牛主产区碳排放效率 GML 指数偏低的主要原因，而制约肉牛主产区碳排放效率水平提升的因素为减排技术不足。

以上研究结论对进一步提高中国肉牛产业碳排放效率，促进产业低碳发展具有借鉴意义。针对碳排放效率值呈现出的差异化表现，国家应制定与各主产区自身发展阶段与管理水平相匹配的减排目标并实施地区差异的技术推广模式，并着力解决西北地区与西南地区饲养规模过小、组织化程度不高的问题，加强东北地区低碳减排技术的推广，鼓励中原主产区与其他区域之间的人才和技术交流，从而实现各主产区碳排放效率的提升。

第五章

中国肉牛主产区碳排放效率的空间相关性分析

第四章对中国肉牛主产区碳排放效率进行了测算，并对其静态及动态的时空演变特征进行了分析。研究发现，2007—2019年中国肉牛主产区的碳排放效率存在显著差异，区域发展存在不均衡、不充分的情况。由于肉牛养殖过程是一个存在生产要素流动的非封闭性独立活动，不是孤立存在和单独开展的，所以相似的地理环境和资源禀赋会使各主产区之间的养殖模式、养殖技术存在相互影响以及相互交流的依赖关系。

那么中国肉牛主产区碳排放效率的差异是否受空间单元的影响？是否具有空间交互效应？是否具有一定的空间分布规律？解答这些问题不仅可以掌握各肉牛主产区碳排放效率的空间分布状况，还能够为空间经济学纳入环境效率框架提供依据。基于此，本章从空间视角出发，采用Stata、Geoda、ArcGIS等软件，通过探索性空间数据分析方法（ESDA）从全局和局部两个角度对中国肉牛主产区碳排放效率的空间相关性进行分析，以揭示中国肉牛主产区碳排放效率的空间集聚特征。本章主要包括以下研究内容：①阐述空间相关性研究的理论基础，并对溢出效应的影响机理进行分析。②介绍空间相关性研究的统计方法。③通过全局Moran's I指数对中国肉牛主产区碳排放效率是否存在空间相关性进行检验。④通过莫兰散点图及LISA集聚图检验和分析中国肉牛主产区碳排放效率的相关空间格局及集聚特征。

第一节　空间相关性理论分析

一　溢出效应影响机理

生态系统自身具有整体性、系统性及流动性，可以通过不同的媒介发生空间位移，将其类型、质量、结构等属性传递到其他区域的系统当中，加剧了区域之间的交互影响。伴随着区域经济一体化的发展过程，经济发展的外延空间正在不断地扩张，也使区域之间的空间交互影响更加密切，肉牛主产区之间的资本、劳动力等生产要素也会在区域之间进行交换、转移以及回流①，从而使地区之间存在溢出效应。此外，养殖政策的制定会引起邻近主产区的模仿和学习，或产生挤出效应使高碳产业迁移至邻近区域，产生溢出效应。肉牛主产区的碳排放效率会随着生态系统空间流转、区域间经济交互、生产要素流动、养殖政策等方面的交互作用产生溢出效应，从而对邻近地区产生正向溢出效应或负向溢出效应，其影响机理如图 5-1 所示。

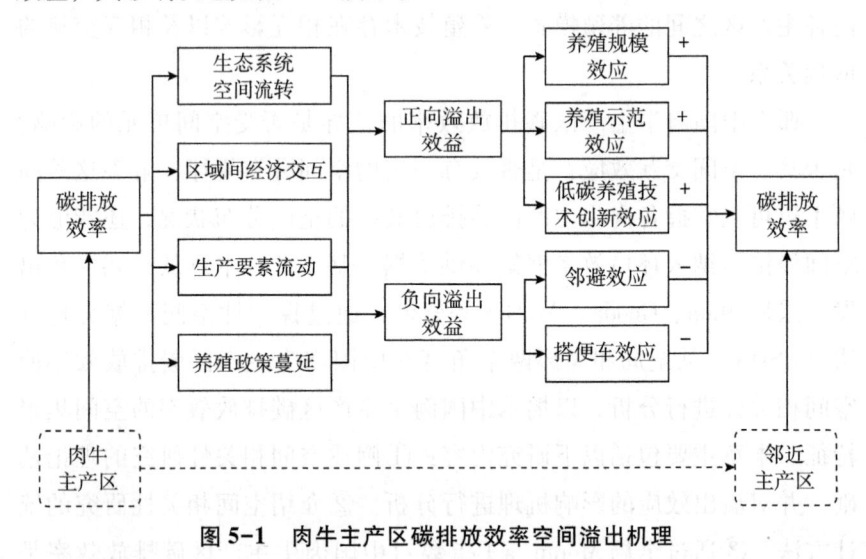

图 5-1　肉牛主产区碳排放效率空间溢出机理

---

① 严立冬等：《农业生态资本投资水平及其空间溢出效应研究》，《中国地质大学学报》（社会科学版）2021 年第 6 期。

二 正向溢出效应

（一）养殖规模效应

诺贝尔经济学奖得主 Paul 提出，规模化地组织生产可以提供充盈的资金、规模化的生产、细致的管理与监督，使规模化成为企业实现经济价值的最强有力的因素。对于肉牛养殖来说，在传统的散养模式下，农户受制于成本及技术的约束，饲养设备和饲养条件有限，无法在饲料选择及粪污处理等环节上有效控制、减少碳排放。在规模化养殖模式下，可以采用能够显著提高肉牛生产性能和饲料转化率技术，如 TMR（全混合日粮）技术、阶段饲养和饲料配制技术等，或者采用清粪及粪污处理等清洁设施，从而提高碳排放效率。肉牛养殖的相关资源在一定区域内集聚，极有可能产生空间集聚效应，采纳减排技术并推动新技术的溢出，产生正向的溢出效应，促进区域内肉牛主产区碳排放效率的提升。

（二）养殖示范效应

经济学家 Duesenberry 提出了示范效应，狭义的示范效应指消费行为的趋向性，广义来说示范效应是指在当下经济建设方面，通过学习和模仿形成思维、行为方式，从而起到试点与推广的作用。在肉牛养殖方面，绿色养殖模式、低碳养殖技术规范都能够起到很强的示范效果，示范点可以对周边主产区起到辐射和带动的作用，从而对邻近地区产生正向的溢出效应。

（三）低碳养殖技术创新效应

低碳养殖技术创新对本产区与邻近周边产区的碳排放效率都能起到正向作用，低碳养殖技术在促进本产区碳排放效率水平提高的同时也对周边产区形成扩散效应，邻近主产区可以吸收低碳养殖的技术及经验，从而获得更高的生态效益。此外，通过技术创新，可以实现提高碳排放效率的同时，使期望产出也能够得到提高，通过提高肉牛生产性能，实现降本增效，通过扩大经济效益及生态效益，带动邻近产区的模仿与学习。

三 负向溢出效应

（一）搭便车效应

碳排放污染存在外溢性与流动性，所以邻近区域对于污染很难做到"谁污染谁治理"①，存在治污的搭便车行为。作为理性经济人，追求的是利润最大化，环境污染治理会增加边际社会成本，产生负外部性，因为这种负外部性的存在，使环保意识越强的区域，外部性内在化的成本越高，加剧了搭便车行为的存在，产生推诿和卸责的倾向，对污染治理、碳排放效率的提升产生消极的影响，从而产生负向的溢出效应。

（二）邻避效应

邻避效应是指因建设项目会对环境质量、资产价值等方面造成负面影响，而引发的抵触行为。邻避项目因存在环境污染的风险，从而减少了项目所在地的发展机会，抑制了生态溢出效应和规模效应，造成负向的溢出效应。

基于此，本书对中国肉牛主产区碳排放效率的空间相关性进行分析与探索，采用 Moran's I 指数检验全局空间相关性，采用 Moran 散点图与 LISA 集聚图解释局部空间相关性，以全面把握各主产区之间的空间相关关系。

第二节 空间相关性统计方法

一 空间权重矩阵

空间权重矩阵（Spatial Weighting Matrix）是进行空间聚类分析和空间计量分析的基础，也是区别于其他计量经济模型的典型特征。空间权重的设定可以分为空间因素准则与非空间因素准则两大类。在空间因素准则下，通过空间区位角度来衡量空间单位之间的相关性，基于一阶邻接概念的 Queen 及 Rook 是常见的两种权重矩阵构建方式，

---

① 赵玉等：《环境污染与治理的空间效应研究》，《干旱区资源与环境》2015 年第 7 期。

Rook 只考虑公共边界，Queen 则将每个矩阵元素指定为共享公共边界或顶点的邻域空间单位。而非空间因素准则则通过经济社会等非空间角度来衡量空间单位之间的相关性。例如经济距离空间权重，根据经济指标计算空间距离等。

本书采用空间因素准则，基于 Queen 空间邻接关系构建空间权重矩阵，当两个省份接壤，即具有共同的边长或者顶点时，空间权重矩阵的元素设定为 1，否则元素设定为 0。假设存在 N 个地理单元，则空间权重矩阵 W 可以表示为一个 N×N 阶的方阵，一般形式表示如下：

$$W = \begin{bmatrix} 0 & w_{1,2} & \cdots & w_{1,n} \\ w_{2,1} & 0 & \cdots & w_{2,n} \\ \vdots & \vdots & \ddots & \vdots \\ w_{n,1} & w_{n,2} & \cdots & 0 \end{bmatrix} \quad (5.1)$$

式（5.1）中，w_{ij} 为地理空间单元 i 对空间单元 j 的影响，为排除自身影响，矩阵对角线元素都为 0。

二 全局 Moran's I 指数

全局 Moran's I 指数可以判定肉牛主产区碳排放效率是否存在空间相关性，用来考察地理分布上邻近区域单元的属性值分布情况，反映观测对象全局的空间相关性，如果存在，则意味着肉牛主产区碳排放效率在不同的空间经济单元上存在相关性，需要建立空间计量经济模型进行进一步的分析[1]，全局 Moran's I 指数的模型设定如下：

$$Moran's\ I = \frac{\sum_{i=1}^{n}\sum_{j=1}^{n}W_{ij}(Y_i - \overline{Y})(Y_j - \overline{Y})}{S^2 \sum_{i=1}^{n}\sum_{j=1}^{n}W_{ij}} \quad (5.2)$$

$$S^2 = \frac{\sum_{i=1}^{n}(Y_i - \overline{Y})^2}{n} \quad (5.3)$$

---

[1] 吴玉鸣、李建霞：《中国区域工业全要素生产率的空间计量经济分析》，《地理科学》2006 年第 4 期。

$$\bar{Y} = \frac{\sum_{i=1}^{n} Y_i}{n} \tag{5.4}$$

式（5.2）至式（5.4）中，Moran's I 为全局莫兰指数，取值范围为 [-1, 1]，当 Moran's I 的取值大于 0 时，表示各肉牛主产区碳排放效率为空间正相关关系，值越大空间依赖性越强，当 Moran's I 的取值小于 0 时，表明存在空间负相关关系，Moran's I 的取值越小空间异质性越突出；当 Moran's I 的取值等于 0 时，表示各肉牛主产区的碳排放效率互不关联，空间分布是独立随机的；Y_i、Y_j 分别为省（区、市）i、j 的碳排放效率观测值；W_{ij} 为空间权重矩阵；n 表示省（区、市）的个数。S^2 表示肉牛主产区碳排放效率的方差；$\bar{Y}$ 表示肉牛主产区碳排放效率的平均值。

三 莫兰散点图

莫兰散点图可以用来解析全局空间的内部结构和局部空间的相关性[①]。莫兰散点图可以将空间关联分解为四个象限，第一象限（H-H，高高集聚区）为高观测值的区域单元被高值区域包围的空间联系模式，相邻区域之间的正向促进作用较强，空间集聚特征明显。第二象限（L-H，低高集聚区）为低观测值的区域单元被高值区域所包围的空间联系模式，相邻区域之间的节能减排效率差异性较大，存在明显的空间分异现象。第三象限（L-L，低低集聚区）为低观测值的区域单元被低值区域所包围的空间联系模式，整个区域的观测值处于较低状态，增长较为缓慢。第四象限（H-L，高低集聚区）为高观测值的区域单元被低值区域所包围的空间联系模式，区域之间存在明显的空间分异特征，高观测值区域对低观测值区域的拉动作用较弱，分化特征明显。当区域位于第一象限和第三象限时，则意味着在空间上呈现正向空间相关性，具有明显的空间集聚分布特征。当区域位于第二象限和第四象限时，则意味着在空间上呈现出负向空间相关性，具有

[①] Moran Patrick Alfred Pierce, "The Interpretation of Statistical Map", *Journal of the Royal Statistical Society*, Vol. 19, No. 2, 1948, p. 243.

离散分布特征。

四 LISA 集聚图

莫兰散点图可以显示出邻近地区之间的相关关系，但对于局部空间关系的显著性则无法显示，LISA（Local Indicators of Spatial Association，局部空间联系指标）集聚图则可以评估每个空间单位周围的局部空间集聚显著性，而且可以反映出对全局空间联系造成显著影响的空间单位及其空间联系形式。LISA 指数的计算公式如下：

$$I_i = \frac{(Y_i - \overline{Y}) \sum_{j=1}^{n} W_{ij}(Y_j - \overline{Y})}{S^2} \tag{5.5}$$

$$S^2 = \frac{\sum_{i=1}^{n}(Y_i - \overline{Y})^2}{n} \tag{5.6}$$

$$\overline{Y} = \frac{\sum_{i=1}^{n} Y_i}{n} \tag{5.7}$$

式（5.5）至式（5.7）中，I_i 为省（区、市）i 的局部 LISA 指数；Y_i、Y_j 分别为省（区、市）i、j 的碳排放效率观测值；W_{ij} 为空间权重矩阵；n 表示省（区、市）的个数；S^2 表示肉牛主产区碳排放效率的方差；$\overline{Y}$ 表示肉牛主产区碳排放效率的平均值。

当 LISA 集聚图中出现 H-H 高高集聚区，意味着该区域与邻近区域呈现正相关关系，该区域碳排放效率较高，并且通过溢出效应辐射到周边地区。当 LISA 集聚图中出现 L-L 低低集聚区，意味着该区域与邻近区域呈现正相关关系，该区域碳排放效率较低，并且会对周边地区碳排放效率的增长起到抑制作用，导致整个区域的碳排放效率呈现低水平态势。当 LISA 集聚图中出现 L-H 低高集聚区或 H-L 高低集聚区，则意味着该区域与邻近区域呈现负相关关系，出现极化效应，即"中间高、四周低"或"中间低、四周高"的情况。

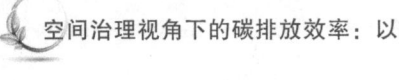

第三节 肉牛主产区碳排放效率空间相关性检验

一 肉牛主产区碳排放效率全局空间相关性分析

利用ESDA空间探索性数据分析法,采用GeoDa 1.16软件计算得到2007—2019年中国肉牛主产区碳排放效率的全局空间相关Moran's I指数值(见表5-1)。选择蒙特卡洛模拟999次检验Moran's I指数,中国肉牛主产区17个省(区、市)2007—2019年的碳排放效率均值的全局Moran's I为0.221,并且通过10%的显著性水平检验,这说明中国肉牛主产区碳排放效率在研究期间内总体上呈现出显著的正向空间相关性,相邻城市之间的碳排放效率呈现"高—高集聚"或"低—低集聚"的空间集聚特征,即碳排放效率较高(或较低)的产区周围至少存在一个或多个碳排放效率较高(或较低)的产区。

表5-1　　中国肉牛主产区碳排放效率全局莫兰指数

年份	Moran's I	sd	P值	Z值
2007	0.122	0.175	0.156	1.044
2008	0.249	0.170	0.046	1.813
2009	0.184	0.174	0.083	1.420
2010	0.279	0.171	0.040	2.005
2011	0.181	0.166	0.081	1.483
2012	0.164	0.170	0.102	1.341
2013	0.177	0.171	0.086	1.416
2014	0.162	0.171	0.099	1.329
2015	0.081	0.174	0.199	0.869
2016	0.085	0.170	0.194	0.906
2017	0.223	0.161	0.044	1.822

续表

年份	Moran's I	sd	P值	Z值
2018	0.269	0.163	0.030	2.082
2019	0.126	0.174	0.140	1.094
2007—2019	0.221	0.169	0.054	1.709

通过表5-1可以知道，2007—2019年中国四大肉牛主产区碳排放效率的全局Moran's I指数均为正值，说明四大主产区各省份存在正相关关系，碳排放效率的空间分布存在聚集效应。但是其显著性水平在各年份存在一定差异，2008—2011年、2013—2014年、2017—2018年通过显著性水平检验，说明肉牛主产区碳排放在这一期间内具有显著的正向空间依赖性，主产区内部高效率城市对低效率城市的空间辐射带动作用较为明显，存在显著的空间溢出效应。而2007年、2012年、2015年、2016年、2019年Moran's I指数未通过显著性检验，表明该时期肉牛主产区内部高效率城市的空间溢出效应不显著。从时序变动来看，肉牛主产区碳排放效率全局Moran's I指数在研究期间内呈现较大变动幅度，空间集聚特征并不稳定，存在较大的波动性，总体上呈现先下降后上升的"U"形趋势。总的来说，中国肉牛主产区碳排放效率存在空间相关性，空间地理因素是研究中国肉牛产业碳排放效率问题时需要考虑的重要因素。

二 肉牛主产区碳排放效率局部空间相关性分析

上文对全局Moran's I指数进行了测算，从整体上了解了中国肉牛主产区碳排放效率的空间相关性。全局Moran's I指数主要探索中国四大肉牛主产区碳排放效率在整个空间区域上的集聚趋势，但该指数将各主产区之间的差异进行了平均，难以体现各主产区之间的空间依赖关系，故而需要进一步对中国肉牛主产区碳排放效率的局部空间相关性进行探索。进一步采用莫兰散点图、LISA集聚图分析肉牛主产区碳排放效率的空间异质性分布特征，探讨肉牛主产区碳排放效率的空间集聚水平。

（一）莫兰散点图

局部的 Moran's I 指数是建立在局部莫兰空间统计量基础上的相关性分析，描述了局域的空间相关性[①]。本书选取 2007 年、2010 年、2015 年及 2019 年作为时间节点，通过测算莫兰值绘制中国肉牛主产区碳排放效率莫兰散点图，从不同年份呈现了各省（区、市）的局部空间相关性的演变状态（见图5-2）。

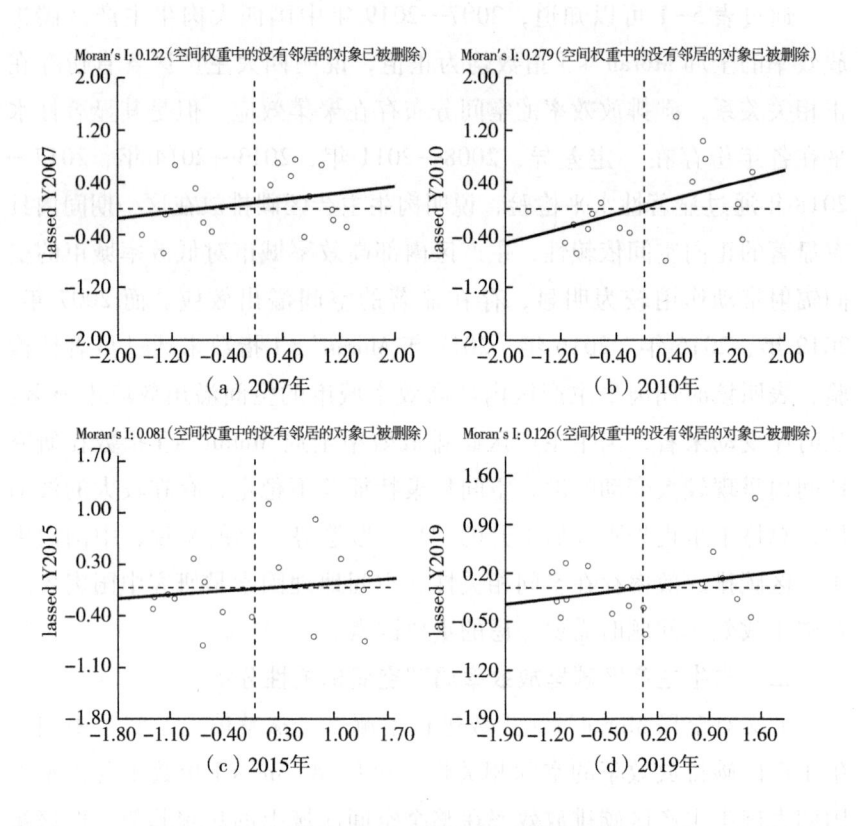

图 5-2　肉牛主产区碳排放效率莫兰散点图

为了更清晰地了解每个省份的空间分布情况，将散点图不同象限所对应的省份汇总至表5-2中，大部分省份主要集中在第一象限和第

[①] 吴义根：《低碳约束下的中国农业生产率研究——基于空间计量的视角》，博士学位论文，中国农业大学，2018年。

三象限,其中河北省、山东省在 2007 年、2010 年、2015 年、2019 年都位于第一象限,说明这两个肉牛产区的碳排放效率很高,它们分布于中原主产区,对于周边区域具有扩散效应。陕西省在 2007 年、2010 年、2015 年、2019 年都位于第三象限,说明这个肉牛产区的碳排放效率一直较低,同时也被低水平的区域所包围。贵州省在 2007 年、2010 年、2015 年、2019 年都位于第四象限,说明该产区的碳排放效率一直较高,自身增长空间较大,但是却被低效区域所包围,从而呈现出极化效应。

表 5-2　肉牛主产区碳排放效率 Moran's I 散点图象限分布
（2007—2019 年）

年份	H-H 高高集聚区	L-L 低低集聚区	L-H 低高集聚区	H-L 高低集聚区
2007	安徽、河南、山东、河北、新疆、云南	内蒙古、吉林、陕西、黑龙江、宁夏	重庆、广西	辽宁、贵州、四川、甘肃
2010	新疆、宁夏、山东、河南、安徽、云南、辽宁、河北、四川	黑龙江、广西、吉林、陕西、重庆	内蒙古	贵州、甘肃
2015	河南、河北、山东、辽宁、安徽	甘肃、四川、宁夏、内蒙古、重庆、黑龙江、陕西	云南、广西	贵州、新疆、吉林
2019	新疆、山东、辽宁、河北、四川	宁夏、河南、云南、广西、陕西、重庆	黑龙江、安徽、内蒙古	贵州、吉林、甘肃

不同象限对应省份的变化情况如下：2007 年,第一象限高高集聚区包括安徽、河南、山东、河北、新疆、云南。2010 年,新加入了宁夏、辽宁、四川,2015 年减少了新疆、宁夏、云南、四川,2019 年增加了新疆、四川,减少了河南、安徽,总体上高高集聚区呈现出减

少的趋势，区域分布主要以中原地区为主，东北个别省份受到中原地区的空间溢出效应最为明显。对于第二象限低高集聚区，2007年只有两个地区，即重庆与广西，到2019年这两个地区均转化为低低集聚区，低高集聚区则变化为黑龙江、安徽、内蒙古，东北地区占比达到66.67%。这些地区被高碳排放效率区域所包围，具有被这些高值区域同化的优势。在第三象限低低集聚区中，2007年包括内蒙古、吉林、陕西、黑龙江、宁夏五个省区，到2019年变化为宁夏、河南、云南、广西、陕西、重庆。主要分布在西南地区及西北地区，整体上受中原地区的带动效应较弱，逐渐形成了低碳排放效率的连绵区，这些肉牛主产区的碳排放效率水平较低，同时也被低水平的区域所包围。在第四象限高低集聚区中，2007年包括辽宁、贵州、四川、甘肃，2019年辽宁与四川从高低集聚区进入高高集聚区，又新加入了吉林，高低集聚区省份的碳排放效率较高，自身增长空间较大，并有可能进入高高集聚区。

（二）LISA集聚结果

进一步判断各主产区集聚相关类型及其集聚区是否存在统计意义上的显著，运用GeoDa 1.16及Arcgis 10.2软件，选取2007年、2010年、2015年及2019年作为时间节点，分析中国肉牛主产区碳排放效率LISA集聚情况，从不同年份呈现了各省（区、市）的局部空间分布特征（见表5-3）。

表5-3 肉牛主产区碳排放效率LISA集聚结果（2007—2019年）

年份	H-H高高集聚区	L-L低低集聚区	L-H低高集聚区	H-L高低集聚区
2007	安徽、山东、河北	内蒙古、黑龙江、宁夏	无	甘肃
2010	新疆、山东、河南、安徽、河北	黑龙江、重庆、四川	无	贵州、甘肃
2015	河北、山东、安徽	甘肃、四川、宁夏、内蒙古、陕西	无	贵州、吉林
2019	新疆、辽宁	云南、陕西、重庆	无	贵州

从表5-3可以看出，2007年H-H高高集聚区集中在中原地区，包括河北、山东及安徽，这三个肉牛主产区的碳排放效率水平高，并且具有很强的正向空间溢出效应。L-L低低集聚区集中在东北地区，包括黑龙江、内蒙古，还包括位于西北地区的宁夏，这三个肉牛主产区的碳排放效率水平低，邻近主产区的碳排放效率水平也低，整个区域的碳排放效率呈现低水平态势。H-L高低集聚区只有地处西北地区的甘肃，该主产区的碳排放效率水平高，但周边主产区的水平较低。2010年H-H高高集聚区与H-L高低集聚区有所增加，且变动不大，H-H高高集聚区只增加了新疆、河南，H-L高低集聚区只增加了贵州。L-L低低集聚区变动较大，除了黑龙江之外，其余区域聚集在西南地区，包括四川与重庆。2015年L-L低低集聚区明显增多，并集中在西北地区，包括陕西、宁夏、甘肃、四川以及内蒙古。H-H高高集聚区集中在中原地区，包括河北、山东及安徽。H-L高低集聚区调整为贵州与吉林。2019年H-H高高集聚区发生了明显变化，从中原地区转移到东北及西北地区，数量也显著减少，包括新疆与辽宁。H-L高低集聚区减少为1个，即贵州。L-L低低集聚区显著减少，集中在西南地区，包含重庆、云南及陕西。总体来看，在研究期内，H-H高高集聚区从中原地区发生了转移，L-L低低集聚区逐渐向西南地区聚集，西南主产区中贵州的碳排放效率较高，周边邻近区域水平低，整个西南主产区碳排放效率呈现较低水平。

第四节 本章小结

本章通过探索性空间数据分析方法对中国肉牛主产区碳排放效率的全局 Moran's I 指数进行测算，检验中国肉牛主产区碳排放效率是否存在空间相关性，并通过莫兰散点图及LISA集聚图检验和分析中国肉牛主产区碳排放效率的相关空间格局及集聚特征。主要得到以下研究结论：

（1）2007—2019年中国肉牛主产区碳排放效率的全局 Moran's I

指数均为正值，各肉牛主产区之间存在正相关关系，碳排放效率的空间分布存在聚集效应。肉牛主产区碳排放效率全局 Moran's I 指数在研究期间内呈现较大变动幅度，空间集聚特征并不稳定，存在较大的波动性，总体上呈现先下降后上升的"U"形趋势。因此，空间地理因素是研究中国肉牛产业碳排放效率问题时需要考虑的重要因素。

（2）通过绘制中国肉牛主产区碳排放效率莫兰散点图，发现大部分省份主要集中在第一象限、第三象限，存在较强的正向空间相关性。第一象限地区总体上呈现出减少的趋势，分布主要以中原主产区为主，东北主产区中的个别省份受到中原主产区的空间溢出效应最为明显。第三象限地区分布则以西南及西北主产区为主，整体上受中原主产区的带动效应较弱，逐渐形成了低碳排放效率的连绵区。

（3）通过 LISA 集聚分析发现 2007 年 H-H 集聚区集中在中原主产区，L-L 集聚区集中在东北主产区，H-L 集聚区只有地处西北产区的甘肃省。2010 年 H-H 集聚区与 H-L 集聚区有所增加且变动不大，L-L 集聚区变动较大，除了黑龙江省外，其余区域聚集在西南主产区。2015 年 L-L 集聚区明显增多并集中在西北主产区，H-H 集聚区集中中原主产区，H-L 集聚区调整为贵州省与吉林省。2019 年 H-H 集聚区发生了明显变化，从中原主产区转移到东北及西北主产区，数量也显著减少，H-L 集聚区减少为 1 个，即贵州省。L-L 集聚区显著减少，集中在西南主产区。总体来看，在研究期内 H-H 集聚区从中原主产区发生了转移，L-L 集聚区逐渐向西南主产区聚集，西南主产区中贵州碳排放效率较高，周边邻近区域水平低，整个西南主产区碳排放效率呈现较低发展水平。

第六章

中国肉牛主产区碳排放效率影响因素空间计量分析

通过前文的研究结论可知，中国各肉牛主产区碳排放效率区域间发展不均衡，不同主产区之间的碳排放效率存在很大差异，各主产区之间存在显著的空间集聚特征，空间地理因素是研究中国肉牛产业碳排放效率问题时需要考虑的重要因素。那么，是什么原因导致中国肉牛主产区之间碳排放效率存在显著差异？不同影响因素的贡献程度以及空间溢出效应的演变趋势如何？在省域角度下是否存在空间溢出性？本章采用空间计量经济模型将空间因素纳入中国肉牛主产区碳排放效率的影响因素分析框架。在此基础上，探讨各影响因素的影响程度及其空间溢出效应。厘清各影响因素对中国肉牛主产区碳排放效率的内在影响机理，能够为肉牛产业提高碳排放效率，实现产业的低碳减排提供理论支撑，有助于中国肉牛主产区实现产业经济增长与环境保护的协调发展。本章主要包括以下研究内容：①在理论分析的基础上，剖析各影响因素的内在影响机理，选取关键的影响变量。②阐述研究方法，选择适合本书的空间计量模型，主要包括空间滞后模型（SLM）、空间误差模型（SEM）及空间杜宾模型（SDM）。③对空间计量模型进行实证分析，并对区域间空间溢出效应进行检验。

第一节　空间计量模型的构建与检验

一　空间计量模型构建

1979 年 Paelinck 提出了空间计量经济学的概念，Paelinck 对空间计量经济模型的规范、检验及估计进行了描述[①]。经济学家 Anselin 认为，在统计分析中，空间会引起各种特性，使得数据具有空间相关性及空间依赖性[②]。目前，广泛应用的空间计量经济模型主要包含空间滞后模型（Spatial Lag Model，SLM）、空间误差模型（Spatial Error Model，SEM）及空间杜宾模型（Spatial Durbin Model，SDM），三种模型空间交互效应的产生机制各不相同，在空间滞后模型中解释变量会通过空间传导机制直接作用于因变量上，空间误差模型的空间传导机制作用在误差项上，空间杜宾模型则包含了以上两种模型的传导机制。

SDM 模型将空间单元之间的相互影响和误差项的空间关系同时纳入模型，兼顾空间效应和时间效应，参考 Pace 和 Lesage 提出的空间面板杜宾模型[③]，将 SDM 模型设定如式（6.1）所示：

$$Y_{it} = \rho W Y_{it} + \beta X_{it} + \theta W X_{it} + \varepsilon_{it} \tag{6.1}$$

式（6.1）中，Y_{it} 为被解释变量向量；X_{it} 为解释变量向量；ρ 为空间自回归系数，反映相邻地区碳排放效率对本地区的影响；W 为空间权重矩阵；WY_{it} 为被解释变量的空间交互项，WX_{it} 为解释变量的空间交互项；$\rho W Y_{it}$ 为邻近区域被解释变量对区域被解释变量的影响；$\theta W X_{it}$ 为邻近区域解释变量对区域被解释变量的空间影响；β 及 θ 为待估参数；ε_{it} 为随机误差项向量。

当 $\theta = 0$ 时，SDM 模型可以退化为 SLM 模型。SLM 模型通过被解

[①] Paelinck Jean, "Spatial Econometrics", *Economics Letters*, Vol. 1, No. 1, 1979, p. 59.

[②] Anselin Luc, *Spatial Econometrics: Methods and Models*, Dordrecht: Kluwer Academic Publisher, 1988, p. 10.

[③] Pace R. Kelley, Lesage James, "A Sampling Approach to Estimate the Log Determinant Used in Spatial Likelihood Problems", *Journal of Geographical Systems*, Vol. 11, No. 3, 2009, p. 209.

释变量的内生交互效应，反映各影响因素是否具有空间外溢效应，SLM 模型设定如式（6.2）所示：

$$Y_{it} = \rho W Y_{it} + \beta X_{it} + \varepsilon_{it} \qquad (6.2)$$

式（6.2）中，Y_{it} 为被解释变量向量；X_{it} 为解释变量向量；ρ 为空间自回归系数；W 为空间权重矩阵；WY_{it} 为被解释变量的空间交互项；ρWY_{it} 为邻近区域被解释变量对区域被解释变量的影响；β 为待估参数；ε_{it} 为随机误差向量，$\varepsilon_{it} \sim N(0, \sigma^2 I_n)$。

当 $\theta = -\rho\beta$ 时，SDM 模型可以退化为 SEM 模型。SEM 模型考虑误差项的空间交互作用，反映相邻地区被解释变量的误差项导致的溢出效应对本地区观测值的影响，SEM 模型设定如下：

$$Y_{it} = \beta X_{it} + \varepsilon_{it} \qquad (6.3)$$
$$\varepsilon_{it} = \lambda W \varepsilon_{it} + \mu_{it} \qquad (6.4)$$

式（6.3）、式（6.4）中，Y_{it} 为被解释变量向量；X_{it} 为解释变量向量；β 为待估参数；λ 为空间误差系数；W 为空间权重矩阵；ε_{it} 为随机误差向量；μ_{it} 为正态分布的随机误差向量，$\mu_{it} \sim N(0, \sigma^2 I_n)$。

二 空间计量模型估计与检验

（一）Moran's I 检验

对传统面板 OLS 模型的回归残差进行空间相关性检验，Moran's I 的统计量通过显著性检验，则说明相邻地区的肉牛碳排放效率值存在空间相关性，研究样本具有空间依赖性及空间异质性，不再满足经典回归模型的独立、随机分布的假设，仍旧采用 OLS 回归会导致结果出现偏差。OLS 模型不再适用的情况下，需要采用空间计量模型。

（二）LM 检验

根据"从具体到一般"思路[1]，采用拉格朗日乘数检验（LM）对 SEM 模型及 SLM 模型进行初步判断，当 LMerr 的统计值显著，LMlag 的统计值不显著，选择 SEM 模型。当 LMlag 的统计值显著，LMerr 的统计值不显著，选择 SLM 模型。若 LMerr、LMlag 的统计值都显著，

---

[1] Anselin Luc, *Spatial Econometrics: Methods and Models*, Dordrecht: Kluwer Academic Publisher, 1988, p.10.

则需要对 Robust LMlag 及 Robust LMerr 进行检验,当 Robust LMerr 比 Robust LMlag 显著,则选择 SEM 模型。当 Robust LMlag 比 Robust LMerr 显著,则选择 SLM 模型。

(三) Hausman 检验

采用 Hausman 检验对模型应采用固定效应或随机效应进行检验,若统计值通过显著性检验,选择固定效应;若统计值未通过显著性检验,选择随机效应。

(四) LR 检验

根据"从一般到具体"思路[①],利用似然比检验(LR)检验 SDM 模型能否简化为 SEM 模型及 SLM 模型,如果空间滞后模型 LR 检验及空间误差模型 LR 检验均拒绝原假设 H_0: $\theta = 0$ 及 H_0: $\theta = -\rho\beta$,则意味着 SDM 模型不能被简化。如果空间滞后模型 LR 检验的统计量通过显著性检验,且空间误差模型 LR 检验的统计量未通过显著性检验,则说明 SDM 模型可以简化为 SEM 模型,结合 LM 检验结果,最终选择 SEM 模型。如果空间误差模型 LR 检验的统计量通过显著性检验,且空间滞后模型 LR 检验的统计量未通过显著性检验,则说明 SDM 模型可以简化为 SLM 模型,结合 LM 检验结果,最终选择 SLM 模型。因 SDM 模型是 SEM 模型及 SLM 模型的一般形式,故而若出现 LR 检验与 LM 检验结果不一致等其他情况,选择 SDM 模型。

第二节 中国肉牛主产区碳排放效率影响因素指标选取

一 影响因素机理分析

(一) 经济发展水平

目前,对经济发展与环境污染关系的研究主要是依据环境库兹涅

---

① Anselin Luc, *Spatial Econometrics: Methods and Models*, Dordrecht: Kluwer Academic Publisher, 1988, p. 10.

茨曲线理论（Environment Kuznets Curve，EKC）展开的。环境库兹涅茨曲线理论是由经济学家 Grossman 和 Krueger 首次提出的，该理论认为环境质量与经济发展之间存在倒"U"形关系，即经济发展初期，环境污染程度较低，随着人均收入的增加，环境污染也不断增加，直至到达拐点，当国民经济发展到一定水平，环境污染逐渐减缓，两者实现协同发展。根据 EKC 理论，对于经济体的不同发展阶段，经济发展水平对肉牛主产区碳排放效率产生的作用机理是不同的，可将其分为三个阶段：零反馈作用阶段、负反馈作用阶段和正反馈作用阶段（见图 6-1）。跳脱出新古典增长模型的基本假定，将资本的流向设定为扩大生产与环境治理，资本将在生产行为与治理行为之间进行动态分配[①]。在零反馈作用阶段，原始资本水平较低而环境存量水平较高，经济增长主要依靠资本积累，与此同时会使环境存量降低，零反馈作用阶段主要发生在经济发展初期或工业化开始之前。对于传统畜牧业而言，此时肉牛繁殖率低，养殖科技水平落后，环境系统的压力较小，环境污染程度较低，经济与环境系统的相互作用甚微。接着，进入负反馈作用阶段，大量的资本积累用于扩大生产，社会经济形态处于规模化的生产阶段，经济增长是以破坏环境为代价实现的，这一状态将持续至经济达到稳态。此时，肉牛饲养量大增，草场超载严重，碳排放量大幅增加，规模效应使环境污染急剧上升，粗放型经济增长方式给环境系统带来极大的压力，碳排放效率低下。这一阶段的资本累积路径最优，但经济发展是不可持续的，经济发展到一定程度，肉牛饲养量的大幅增加会带来大量温室气体的排放，影响气温与降水，造成草场质量低下、饲料粮供给不足、土地资源稀缺。环境恶化与资源稀缺同时也会制约畜牧业经济系统的发展空间。此时，资本流向将在生产与环境治理中权衡，用于环境治理的比例开始上升。进而进入正反馈作用阶段，当国民经济发展到一定水平，经济开始转型，此时

---

① Dinda Soumyananda, et al., "Air Quality and Economic Growth of an Empirical Study", *Ecological Economics*, Vol. 34, No. 3, 2000, p. 409.

经济增长与环境之间的平衡达到最优，环境污染程度到达拐点①，工业化畜牧业成功向生态化畜牧业转型。当足够多的资本积累流向环境治理，会使畜牧业的科技水平不断提高，畜牧业的品种结构和产业布局不断优化，技术效应、结构效应超过规模效应，对资源的高效率利用能力以及低碳化生产能力显著提高，碳排放效率有所提升，逐渐实现经济发展过程中的环境"脱钩"，环境污染逐渐减缓，经济与环境系统实现协同发展。

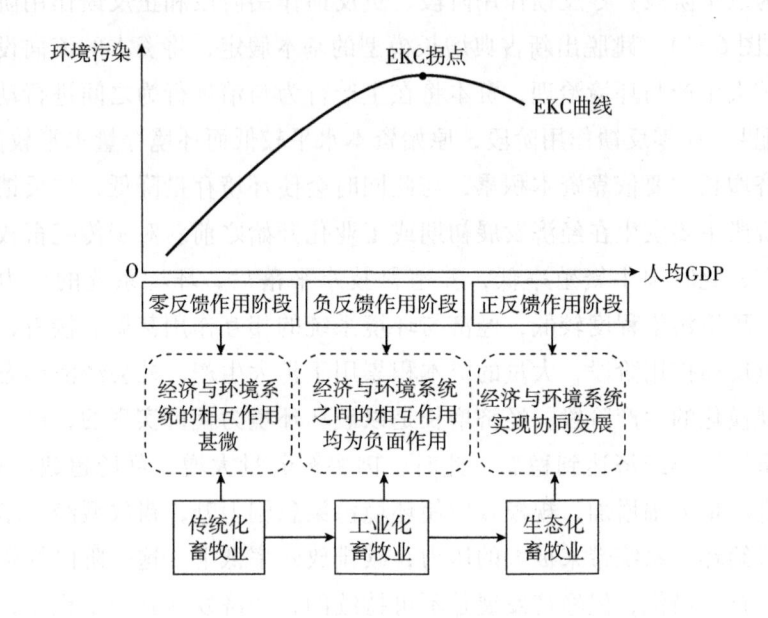

图6-1 经济发展对肉牛碳排放效率的作用机理

（二）规模化程度

中国肉牛产业是由役用转化而来的，在转化过程中逐渐向规模化、专业化养殖过渡。肉牛产业的规模化程度对碳排放效率的影响路径如图6-2所示。一方面，规模化会增加碳排放量，谢双红和王济

---

① Selden Thomas, Song Daqing, "Environmental Quality and Development: Is There a Kuznets Curve for Air Pollution Emission", *Journal of Environmental Economics and Management*, Vol. 35, 1994, p. 126.

民、谭支良和周传社等学者提出随着现代畜禽养殖生产规模的不断扩大和集约化程度的不断提高，导致环境污染加剧，规模化进程带来的大量污染不能被农田及时消纳[1][2]。与小规模且分散的饲养模式相比，规模化生产提高了饲养量，加剧了碳排放等环境污染问题。另一方面，罗伊·普罗斯特曼、罗必良等学者认为，规模经营将提升农业生产效率[3][4]。产业集中所释放的规模经济效益是肉牛产业未来发展的重要推动力，规模化生产下规模效益较为显著，从而增加了经济产出，与此同时规模化进程也提供了科学的饲养方式与饲养技术，配套的污染治理设施与低碳的饲养模式会降低碳排放量。规模化程度最终会通过碳排放量与经济产出综合作用于碳排放效率值。王俊能等认为，对于不同阶段的规模化程度，其带来的环境污染程度有所不同[5]。在规模化程度较低的家庭散养模式中，农户采用的种养结合、农田消纳、资源化利用等方式，使污染并不严重。对于大规模养殖场，政府管控、环保补贴、规模效益等因素使其具有相对齐全的污染治理设施，以及规范化、标准化的养殖流程及管理方式，污染能够得到有效的控制，此时，规模化会对碳排放效率带来正面影响。而中小规模的养殖场尚未实现规模效益，在利益最大化的驱使下，难以主动增加环保投入，采取环保措施是不经济的，环境污染最为严重，此时，规模化会对碳排放效率带来负面影响。

（三）机械化水平

随着工业化及城市化的快速发展，劳动力相对机械等要素的稀缺程度和价格呈不断上升趋势，农业生产中机械投入不断加大，机械化水平对碳排放效率的影响路径如图6-3所示。

---

[1] 谢双红、王济民：《关于加快畜牧业全面协调可持续发展的研究》，《农业经济问题》2005年第7期。

[2] 谭支良、周传社：《现代畜牧业可持续发展：环境问题与现实选择》，《农业现代化研究》2008年第6期。

[3] 罗伊·普罗斯特曼等：《中国农业的规模经营：政策适当吗？》，《中国农村观察》1996年第6期。

[4] 罗必良：《农地经营规模的效率决定》，《中国农村观察》2000年第5期。

[5] 王俊能等：《我国畜牧业的规模发展模式研究——从环保的角度》，《农业经济问题》2012年第8期。

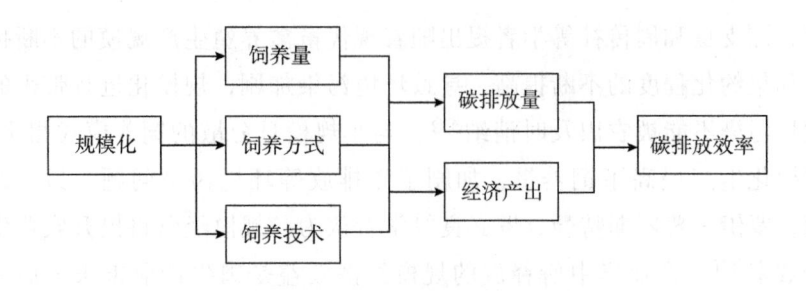

图 6-2　规模化对肉牛碳排放效率的作用机理

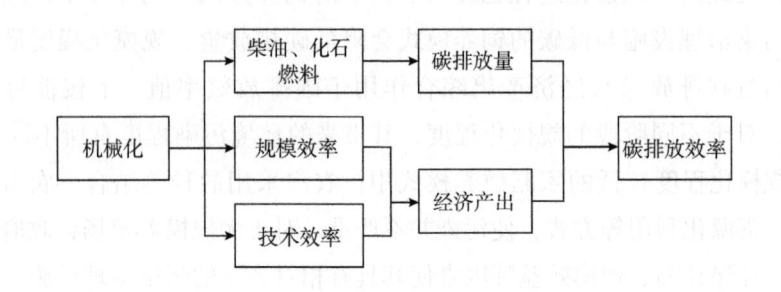

图 6-3　机械化对肉牛碳排放效率的作用机理

肉牛饲养过程中的机械化利用主要包括饲草加工机械、饲喂和饮水机械、牛舍除粪及粪便处理机械、牛舍环境控制设备、疫病防治机械等。采用机械化进行饲养、生产会加大柴油及化石燃料的投入，从而加大碳排放量，对碳排放效率产生负面影响。同时，农业机械化水平的提高会带来投入要素的高效利用[①]，从而提高规模效率，增加经济产出，并且机械化水平也会带动技术效率的提高，如通过粪污处理设施，能够将粪便发酵产生的气体回收再利用作为燃料或用于发电，沼渣用作有机肥等，给碳排放效率带来正面影响，故而机械化从碳排放量及经济产出两个方面综合作用于碳排放效率。尖端和先进的机械占比越大，越有利于提高碳排放效率；反之，则对提高碳排放效率的作用较小。

（四）进口依存度

根据贸易与环境理论，国际贸易可以将碳排放转移到其他国家，

[①] 何艳秋、戴小文：《中国农业碳排放驱动因素的时空特征研究》，《资源科学》2016 年第 9 期。

隐含的碳排放以贸易中的产品或服务作为载体,在各国间流转[1][2][3]。关于贸易开放对碳排放影响的研究,主要有以下几种观点:贸易有利论、贸易有害论、贸易影响不确定论。中国在全球贸易体系中处于重要位置,不断扩张的进出口规模,致使学者关注中国在碳转移格局中扮演的角色[4]。2020年中国牛肉需求的28.9%是由进口满足的,进口量达到275万吨,在全球牛肉进口量中位居第一,而牛肉出口量仅有97吨。大量的进口减少了相应生产要素的投入和使用,进而使饲养、生产所需要的能耗和生产活动造成的碳排放量减少,提高碳排放效率,并且在全生命周期视角下,进口牛肉饲养及加工阶段的碳排放没有在国内发生,也使碳排放量下降,进口依存度对碳排放效率的影响路径如图6-4所示。故而,应当考虑进口依存度对肉牛主产区碳排放效率的影响,探讨进口依存度与肉牛主产区碳排放效率之间的关系。

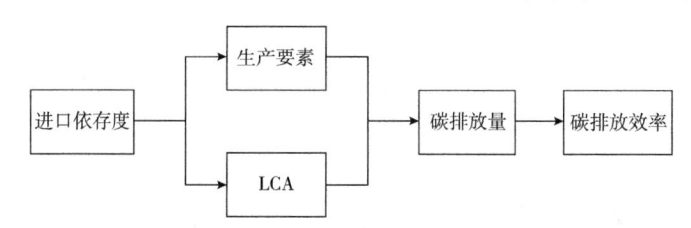

图6-4 进口依存度对肉牛碳排放效率的作用机理

(五)受教育程度

大量研究显示受教育程度与生态环境相互作用、相互影响,受教育程度的提高有助于环保意识的提升[5][6][7]。受教育程度对碳排放效率

---

[1] 闫云凤、赵忠秀:《中国对外贸易隐含碳的测度研究——基于碳排放责任界定的视角》,《国际贸易问题》2012年第1期。

[2] 杨曦、彭水军:《碳关税可以有效解决碳泄漏和竞争力问题吗?——基于异质性企业贸易模型的分析》,《经济研究》2017年第5期。

[3] 刘宏笪等:《全球供应链视角下的中国碳排放责任与形象》,《资源科学》2021年第4期。

[4] Weber Christopher L., et al., "The Contribution of Chinese Exports to Climate Change", *Energy Policy*, Vol. 36, No. 9, 2008, p. 3572.

[5] 张效莉:《人口文化素质与生态环境相互作用机制的分析》,《统计教育》2007年第12期。

[6] 肖周燕:《人口素质、经济增长与CO_2排放关联分析》,《干旱区资源与环境》2013年第10期。

[7] 赵领娣等:《基于空间计量的中国省域人力资本与碳排放密度实证研究》,《人口与发展》2014年第4期。

的影响路径如图 6-5 所示。受教育程度越高，越不会只顾眼前利益，生产活动不会只考虑局部利益，以破坏环境为代价追求短期经济效益。提高科学文化水平，有助于形成低碳意识形态，对于低碳生产技术的学习和使用的可能性就越高。受教育程度越高，认识世界、改造世界的能力就越强，能更好地按照客观事物的发展规律解决问题①，从而更容易采用有利于环境保护和资源节约的生产方式，提高技术效率，并更有利于采用绿色生产要素进行养殖生产活动，从而给碳排放效率带来正面影响。此外，包括来自公众、社区、非政府组织等要求减少环境污染的压力被称为非正式环境规制②，而受教育程度是非正式环境规制的一种"压力来源"，是衡量非正式环境规制的重要指标③④。故而，本书将劳动力受教育程度纳入影响因素分析框架，探讨受教育程度与肉牛主产区碳排放效率之间的关系。

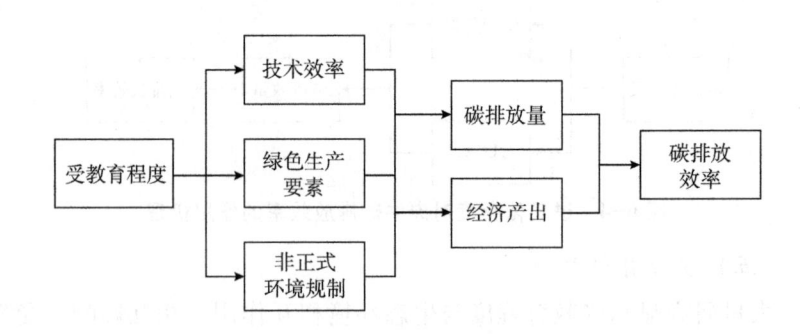

图 6-5 受教育程度对肉牛碳排放效率的作用机理

---

① 肖周燕：《人口素质、经济增长与 CO_2 排放关联分析》，《干旱区资源与环境》2013 年第 10 期。

② Liu Yong, "Investigating External Environmental Pressure on Firms and Their Behavior in Yangtze River Delta of China", *Journal of Cleaner Production*, Vol. 17, No. 16, 2009, p. 1480.

③ Goldar Bishwanath, Banerjee Nandini, "Impact of Informal Regulation of Pollution on Water Quality in Rivers in India", *Journal of Environmental Management*, Vol. 73, No. 2, 2004, p. 117.

④ 刘勇等：《环境规制对城市空间伸延的影响研究——基于中国 30 个城市的实证分析》，《工业技术经济》2022 年第 5 期。

（六）专业技术水平

经济活动的环境效应深受技术变革的影响①，提升技术水平能够提高能源利用效率，从而推动经济增长与碳排放的脱钩②③。而农业技术人员是新技术开发和推广的主体。在肉牛养殖过程中，低碳养殖技术的研究开发、进村入户，低碳养殖技术的提高以及新成果的推广应用，都需要农业技术人员来发挥作用。专业技术水平的提高能够让优良品种、低碳饲养及绿色生产要素尽快得到应用，提高肉牛饲养的科学性和合理性，保证牛肉的产量和质量，技术人员的专业技术水平越高，创新能力越强，肉牛产业的绿色发展越具有高效的倾向，从而能够提高肉牛主产区的碳排放效率水平。此外，农业技术人员在环境管理工作上更易见成效，在处理环境外部性等问题上效果更好，从而给碳排放效率带来正面影响，专业技术水平对碳排放效率的影响路径如图6-6所示。故而，本书将专业技术水平纳入影响因素分析框架，探讨专业技术水平与肉牛主产区碳排放效率之间的关系。

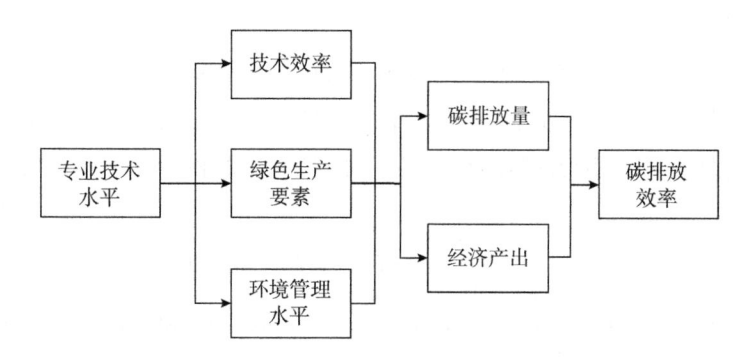

图 6-6　专业技术对肉牛碳排放效率的作用机理

（七）城乡收入差距

在经济发展过程中，农村发展速度落后于城市，发展收益主体以

---

① 唐洪松：《西北地区土地利用碳排放效率及减排潜力研究》，博士学位论文，新疆农业大学，2018年。

② 胡怀敏等：《长江经济带交通能源碳排放脱钩效应及驱动因素研究》，《长江流域资源与环境》2022年第4期。

③ 唐志鹏等：《基于函数极值条件下的中国碳达峰碳中和情景分析》，《自然资源学报》2022年第5期。

城镇为主，但因经济活动引起的污染则需要城乡一同承担①，城乡收入差距与环境污染的关系研究引发学者的关注。关于收入差距与环境质量关系的研究，主要有两种观点，一种观点认为收入差距会加剧环境质量的恶化，Boyce 认为环保政策会向高收入群体倾斜，导致环保成本由低收入群体承担，而高收入群体会从中受益，并且当收入差距扩大时，低收入群体会过度开采资源、破坏环境，而高收入群体不一定增加投资来改善环境，从而加剧了环境恶化②。钟茂初和赵志勇对城乡收入差距与污染排放之间的关系进行了实证分析，认为城乡收入差距对污染物排放有显著的正向影响③。另一种观点认为收入差距会减轻环境质量的恶化，Scruggs、Heerink 等对 Boyce 的研究提出了质疑，认为高收入群体较低收入群体更为关心环境质量和环境的保护，收入差距的扩大会强化"富人治理说"，使环境恶化程度减轻④⑤。Yang 等以碳排放为指标，利用中国省际面板数据，得到收入差距与环境质量负相关的结论⑥。国内外学者对收入差距与环境关系进行了一些研究，但还未得出一致的结论。

根据劳动力转移理论，Lewis 和 Baumol 等学者认为，不同地区之间在工资收入、工作条件等方面存在差异，从而导致劳动力在地区之间进行转移⑦⑧。随着城乡收入差距不断拉大，农村劳动力的机会成本

---

① 马青、傅强：《城乡收入差距、能源消耗与环境污染的双向耦合关系——基于经济起因的互动关系》，《技术经济》2019 年第 3 期。

② Boyce James K., "Inequality as a Cause of Environmental Degradation", *Ecological Economics*, Vol. 11, 1994, p. 169.

③ 钟茂初、赵志勇：《城乡收入差距扩大会加剧环境破坏吗？——基于中国省级面板数据的实证分析》，《经济经纬》2013 年第 3 期。

④ Scruggs Lyle A., "Political and Economic Inequality and the Environment", *Ecological Economics*, Vol. 26, 1998, p. 259.

⑤ Heerink Nico, et al., "Income Inequality and the Environment: Aggregation Bias in Environmental Kuznets Curves", *Ecological Economics*, Vol. 38, No. 3, 2001, p. 359.

⑥ Yang Jun, et al., "Income Distribution, Human Capital and Environmental Quality: Empirical Study in China", *Energy Procedia*, Vol. 5, 2011, p. 1689.

⑦ Lewis Arthur, "Economic Development with Unlimited Supplies of Labour", *The Manchester School of Economic and Social Studies*, Vol. 22, No. 2, 1954, p. 139.

⑧ Baumol William, "Macroeconomics of Unbalanced Growth: The Anatomy of Urban Crisis", *The American Economic Review*, Vol. 57, No. 3, 1967, p. 415.

会越来越大，根据"理性人"假设，农村劳动力更倾向于进城务工，使青壮劳动力流失，这一方面使劳动力对低碳饲养的认知度、接纳度降低，另一方面又会因青壮劳动力流失提高机械化使用率，从而综合作用于碳排放量及经济产出，最终影响碳排放效率，城乡收入差距对碳排放效率的影响路径如图6-7所示。故而，本书将城乡收入差距纳入影响因素分析框架，探讨城乡收入差距与肉牛主产区碳排放效率之间的关系。

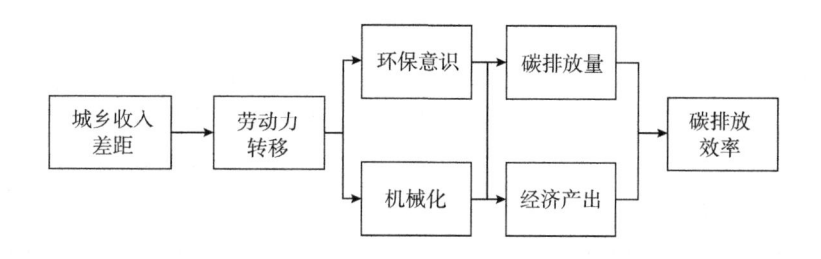

图6-7 城乡收入差距对肉牛碳排放效率的作用机理

二 变量来源与数据说明

根据上文的理论分析并结合现有学者的研究成果，本章选取的肉牛主产区碳排放效率驱动因素包括经济发展水平、规模化程度、机械化水平、进口依存度、受教育程度、专业技术水平、城乡收入差距，变量定义与说明如表6-1所示。其中经济发展水平（gdp）采用各地GDP来表征，并以2000年为基期，按生产总值平减指数进行可比价格处理。依据中国《畜禽养殖污染防治管理办法》规定，拥有100头以上牛的畜禽养殖场的新改扩建须进行环境影响评价，故而对于规模化程度（sca），采用各地区肉牛饲养规模达到100头以上的场（户）数来表征。机械化水平（mec）采用农业机械总动力占农林牧渔业从业人数的比重来表征。进口依存度（imp）采用地方进口总额与各地GDP之比来表征，并采用人民币兑美元的年均汇率进行汇率转换。受教育程度（edu）采用乡村人均受教育程度来表征。专业技术水平（tec）采用各级畜牧站、家畜繁育改良站、饲料监察所、草原工作站中初级技术职称及以上职称从业人员与在编职工人数之比来表征。城乡收入差距（inc）采用城镇居民人均可支配收入与农村居民人均可支配收入之比来表征。

表 6-1　　　　　　　　　　变量定义与说明

解释变量名称	变量简称	单位	计算方法
经济发展水平	gdp	亿元	各地 GDP
规模化程度	sca	个	肉牛饲养规模达到 100 头以上的场（户）数
机械化水平	mec	%	农业机械总动力与农林牧渔业从业人数之比
进口依存度	imp	%	地方进口总额与各地 GDP 之比
受教育程度	edu	%	乡村人均受教育程度①
专业技术水平	tec	%	各级畜牧站、家畜繁育改良站、饲料监察所、草原工作站初级技术职称及以上职称从业人员与在编工人数之比
城乡收入差距	inc	%	城镇居民人均可支配收入与农村居民人均可支配收入之比

　　经济发展水平（gdp）的数据来源于《中国统计年鉴》（2008—2020 年）；规模化程度（sca）的数据来源于《中国畜牧业年鉴》（2008—2014 年）、《中国畜牧兽医年鉴》（2015—2020 年）；机械化水平（mec）的数据来源于《中国农村统计年鉴》（2008—2020 年）、《中国统计年鉴》（2008—2020 年）；进口依存度（imp）的数据来源于《中国统计年鉴》（2008—2020 年）；受教育程度（edu）的数据来源于《中国人口和就业统计年鉴》（2008—2020 年）；专业技术水平（tec）的数据来源于《中国畜牧业年鉴》（2008—2014 年）、《中国畜牧兽医年鉴》（2015—2020 年）；城乡收入差距（inc）的数据来源于《中国统计年鉴》（2008—2020 年）。为消除解释变量可能存在的异方差，对解释变量做对数化处理，解释变量的描述性统计概况如表 6-2 所示。

---

① 将农村地区 6 岁以上人口受教育程度分为未上过学、小学、初中、高中、大专及以上 5 个级别，对应的受教育年限分别设定为 1 年、6 年、9 年、12 年、16 年，以此为权重通过加权平均计算得到各地区乡村人均受教育程度。

表 6-2　　解释变量的描述性统计概况

	变量	样本数（个）	均值	标准差	最大值	最小值
四大主产区	经济发展水平	221	8.062	0.692	9.400	6.062
	规模化程度	221	6.573	1.181	8.358	3.367
	机械化水平	221	0.097	0.130	0.911	0.002
	进口依存度	221	0.059	0.034	0.158	0.005
	受教育程度	221	2.146	0.055	2.259	1.970
	专业技术水平	221	0.551	0.061	0.654	0.387
	城乡收入差距	221	1.355	0.131	1.704	1.120
中原主产区	经济发展水平	52	8.863	0.360	9.400	8.164
	规模化程度	52	7.263	0.639	8.211	5.541
	机械化水平	52	0.247	0.181	0.911	0.054
	进口依存度	52	0.066	0.036	0.149	0.021
	受教育程度	52	2.173	0.038	2.232	2.044
	专业技术水平	52	0.520	0.076	0.605	0.387
	城乡收入差距	52	1.283	0.071	1.441	1.180
东北主产区	经济发展水平	52	8.075	0.364	8.739	7.483
	规模化程度	52	7.659	0.496	8.358	6.405
	机械化水平	52	0.013	0.009	0.051	0.003
	进口依存度	52	0.080	0.038	0.158	0.024
	受教育程度	52	2.180	0.023	2.236	2.113
	专业技术水平	52	0.561	0.052	0.645	0.393
	城乡收入差距	52	1.250	0.084	1.407	1.120
西北主产区	经济发展水平	52	7.332	0.643	8.126	6.062
	规模化程度	52	6.207	0.884	7.640	4.431
	机械化水平	52	0.045	0.036	0.165	0.002
	进口依存度	52	0.039	0.021	0.106	0.014
	受教育程度	52	2.146	0.056	2.259	2.006
	专业技术水平	52	0.538	0.058	0.654	0.426
	城乡收入差距	52	1.427	0.099	1.668	1.292

续表

变量		样本数（个）	均值	标准差	最大值	最小值
西南主产区	经济发展水平	65	7.994	0.383	8.760	7.223
	规模化程度	65	5.445	0.951	6.988	3.367
	机械化水平	65	0.086	0.067	0.304	0.011
	进口依存度	65	0.052	0.026	0.129	0.005
	受教育程度	65	2.099	0.052	2.219	1.970
	专业技术水平	65	0.578	0.042	0.654	0.498
	城乡收入差距	65	1.437	0.133	1.704	1.243

第三节 中国肉牛主产区碳排放效率影响因素实证检验

一 空间计量模型的检验和选择

根据第五章的分析结果可知，中国四大肉牛主产区碳排放效率值存在空间相关性，可以进一步通过 LM 检验来判断具体采用何种空间计量模型。检验结果如表 6-3 所示，可以看到 OLS 回归残差的 Moran's I 值在 1% 的置信水平上拒绝了"OLS 回归残差不存在空间相关性"的原假设，这说明应用普通面板回归可能会因为出现残差空间相关性而导致估计偏差，应在模型中纳入空间效应，使用空间计量经济模型。

此外，LMerr 及 LMlag 的统计量均在 1% 水平上显著，LMlag 的统计量（64.751）大于 LMerr 的统计量（46.812），在 Robust LM 检验中 Robust LMlag 的统计量也在 1% 水平上显著，Robust LMerr 则未通过检验，故而选择空间滞后模型（SLM）。进一步采用 LR 检验，在 SDM 模型与 SLM 模型中作出选择，SDM 模型可以简化为 SEM 模型及 SLM 模型的 LR 检验值皆显著拒绝原假设，SDM 模型较之 SEM 模型及 SLM 模型能更全面地解释肉牛主产区碳排放效率值的空间效应。故而本书选择空间杜宾模型（SDM）。在 Hausman 检验中统计量为负数，根据连玉君等学者通过 Monte Carlo 模拟分析得出的研究结论[①]，若 Hausman 检验得到的卡方值为负，则应拒绝 RE，而采用 FE，故而本书采用固定效应（FE）。

表 6-3　　　　　　　　空间计量模型检验结果

检验模型	统计量	p 值
Moran's I	8.665	0.000
Lagrange Multiplier (error)	46.812	0.000
Robust LM (error)	0.165	0.685
Lagrange Multiplier (lag)	64.751	0.000
Robust LM (lag)	18.103	0.000
SAR nested in SDM	63.53	0.000
SEM nested in SDM	16.91	0.018
Hausman test	-15.10	

二　空间计量估计结果分析

根据上文检验结果采用固定效应（FE）对空间面板数据进行回归，分别运用个体固定效应、时间固定效应、双固定效应进行回归。表 6-4 为中国肉牛主产区碳排放效率影响因素的空间杜宾模型估计结果，在个体固定效应、时间固定效应、双固定效应模型中，时间固定效应的 R^2 最大，因此，选择时间固定效应的空间杜宾模型进行回归分析。

表 6-4　　　　肉牛主产区碳排放效率影响因素的检验结果

模型Ⅰ：个体固定		模型Ⅱ：时间固定		模型Ⅲ：混合固定	
变量	统计值	变量	统计值	变量	统计值
Lngdp	-0.068 (0.070)	Lngdp	-0.027 (0.017)	Lngdp	-0.016 (0.068)
Lnsca	-0.036*** (0.014)	Lnsca	0.027*** (0.009)	Lnsca	-0.046*** (0.013)

---

① 连玉君等：《Hausman 检验统计量有效性的 Monte Carlo 模拟分析》，《数理统计与管理》2014 年第 5 期。

续表

	模型Ⅰ：个体固定		模型Ⅱ：时间固定		模型Ⅲ：混合固定
Lnmec	0.284*** (0.076)	Lnmec	0.588*** (0.069)	Lnmec	0.302*** (0.078)
Lnimp	-0.298 (0.291)	Lnimp	0.580** (0.262)	Lnimp	0.265 (0.307)
Lnedu	-0.148 (0.275)	Lnedu	0.101 (0.236)	Lnedu	0.111 (0.301)
Lntec	0.280** (0.159)	Lntec	0.337** (0.177)	Lntec	0.272* (0.161)
Lninc	-0.091 (0.145)	Lninc	0.037 (0.093)	Lninc	0.250 (0.178)
W×Lngdp	-0.146 (0.174)	W×Lngdp	0.020 (0.121)	W×Lngdp	0.161 (0.381)
W×Lnsca	0.078 (0.057)	W×Lnsca	-0.203*** (0.051)	W×Lnsca	-0.035 (0.074)
W×Lnmec	0.142 (0.294)	W×Lnmec	0.740** (0.392)	W×Lnmec	0.431 (0.374)
W×Lnimp	2.921*** (0.992)	W×Lnimp	6.871*** (1.885)	W×Lnimp	7.052*** (1.852)
W×Lnedu	-0.991 (0.753)	W×Lnedu	-2.368 (2.075)	W×Lnedu	0.806 (1.953)
W×Lntec	-0.610 (0.579)	W×Lntec	0.915 (1.268)	W×Lntec	0.158 (0.998)
W×Lninc	0.317 (0.304)	W×Lninc	-1.969*** (0.742)	W×Lninc	3.047*** (1.224)
ρ	0.413*** (0.105)	ρ	-1.445*** (0.252)	ρ	-0.696*** (0.252)
σ^2	0.003*** (0.001)	σ^2	0.006*** (0.001)	σ^2	0.002*** (0.001)
R^2	0.496	R^2	0.690	R^2	0.405
N	221	N	221	N	221

注：***、**、*分别表示在1%、5%、10%的水平上显著。

在表6-4空间计量回归结果中，空间回归系数ρ值为-1.445且通过1%的显著性水平检验。说明肉牛产区的碳排放效率不仅受到经济发展水平、规模化程度、机械化水平、进口依存度、受教育程度、专业技术水平、城乡收入差距等因素的影响，而且在一定程度上还依赖于邻接地区影响。这种影响主要是通过资源要素流动、科技信息交流、政策延伸等方式溢出实现的。

三 空间溢出效应检验

进一步检验影响因素对主产区碳排放效率是否存在空间溢出效应，采用Lesage和Fischer求解偏微分的方法来求得产区自变量发生变化时对邻近产区产生的溢出效应[1]。计算空间杜宾模型的直接效应、间接效应和总效应，测算结果如表6-5所示。直接效应是反映本产区的自变量因素对本产区碳排放效率的影响作用，这种效应还包括"反馈效应"，即效应"外溢"至邻近产区，并由其传回至本产区[2]，间接效应则反映本产区的自变量因素对相邻产区碳排放效率的影响作用，间接效应衡量了各变量的空间溢出效应。

表6-5　肉牛主产区碳排放效率影响因素的溢出效应

变量	直接效应	间接效应	总效应
Lngdp	-0.320** (0.015)	0.027 (0.053)	-0.005 (0.055)
Lnsca	0.046*** (0.009)	-0.119*** (0.024)	-0.073*** (0.023)
Lnmec	0.600*** (0.068)	-0.055 (0.167)	0.545*** (0.162)
Lnimp	0.098 (0.287)	2.971*** (0.877)	3.069*** (0.843)

---

[1] Lesage James, Fischer Manfred, "Spatial Growth Regressions: Model Specification, Estimation and Interpretation", *Spatial Economic Analysis*, Vol. 3, No. 3, 2008, p. 275.

[2] 姜松等：《中国经济金融化与城镇化的空间计量分析——基于直接效应与间接效应分解》，《贵州财经大学学报》2017年第3期。

续表

变量	直接效应	间接效应	总效应
Lnedu	0.306 (0.198)	-1.210 (0.941)	-0.905 (0.958)
Lntec	0.312** (0.140)	0.209 (0.572)	0.520 (0.605)
Lninc	0.201* (0.114)	-1.005*** (0.385)	-0.804** (0.338)

注：***、**、*分别表示在1%、5%、10%的水平上显著。

经济发展水平，直接效应系数为-0.320，通过了5%显著性水平检验。这表明就四大主产区整体层面而言，本地经济发展水平的提升会对碳排放效率起到负面作用。主要原因在于四大主产区目前仍处于经济与环境的负反馈作用阶段，粗放型经济增长方式给环境系统带来极大的压力，给碳排放效率带来负面影响。间接效应系数为0.027，未通过10%显著性水平检验，本地经济发展水平的提升对周围邻近产区碳排放效率的影响尚未形成统计学意义上的显著作用。

规模化程度，直接效应通过了1%的显著性检验且系数为正（0.046），间接效应通过了1%的显著性检验且系数为负（-0.119），说明虽然规模化程度对本地区的碳排放效率表现出正的直接效应，但在区域间产生了负的增长效应，即相邻地区规模化程度的提高对碳排放效率在一定程度上存在负的空间溢出效应。这可能是由于本地区规模化水平带来的规模效益较为显著，从而增加了经济产出，并推动了饲养方式与饲养技术的革新。但对于邻近产区，规模化溢出效应在前期会带来饲养量的提高，但与规模化生产配套的污染治理设施与低碳的饲养模式尚未齐全，规模化进程带来的大量污染不能被及时消纳，加剧了环境污染，使周边地区尚未实现规模化程度提高带来碳排放效率增长的阶段。总体而言，间接效应带来的负面影响超过了直接效应带来的正面影响，从而在综合作用下，总效应呈现负面影响。

机械化水平，直接效应系数为正（0.600），并通过了1%显著性水平检验，间接效应系数为负（-0.055），未通过10%显著性水平检验。说明肉牛饲养过程中的机械化利用程度的增加能够使投入要素得到高效利用，促进本地的养殖碳排放效率的提高。但对于邻近产区的溢出效应而言，影响程度低，尖端和先进的机械引入不够，机械化带来的柴油及化石燃料的投入降低了碳排放效率。在直接效应与间接效应的综合作用下，直接效应带来的正面影响更大，使总效应系数为正（0.545），且在1%水平上显著，总体而言，机械化水平的提高给碳排放效率带来了正向影响。

进口依存度，直接效应系数为正（0.098），未通过10%显著性水平检验，间接效应为正（2.971），并通过了1%显著性水平检验。进口依存度高能够转移饲养阶段的碳排放，但会对本地的肉牛饲养造成挤占，挤占后的碳排放水平提高[①]，但进口牛肉及相关产品隐含的碳排放较少，最终使直接效应系数为正，但并不显著。对于进口依存度的溢出效应显著为正，综合作用下，使总体效应系数为正，说明进口依存度的提高能够给碳排放效率带来正向影响。

受教育程度，直接效应系数为正（0.306），符合预期但未通过显著性检验，教育程度对本产区的低碳农业生产率的影响不明显，肉牛低碳养殖技术的研发、成果的落实，需要高层次人才，但目前农村劳动力的教育程度以初中文化及以下水平为主，高中文化程度的农村劳动力占比较低，所以抑制了受教育程度提高对碳排放效率的正向影响。间接效应为负（-1.210），未通过显著性检验，教育程度的提高，使劳动力的环保意识得到加强，使其倾向于转移污染产业至邻近地区，导致邻近主产区碳排放上升，进而抑制了碳排放效率的提升，但目前这种情况不够强烈，使得影响尚未显现出来。

专业技术水平，直接效应系数为正（0.312），符合预期且通过5%显著性检验，农业技术人员是新技术开发和推广的主体，能够保证牛肉的产量和质量，在环境管理工作上也更易见成效，从而能够提高肉牛主产区的碳排放效率。间接效应为正（0.209），但未通过显著

[①] 吴义根：《低碳约束下的中国农业生产率研究——基于空间计量的视角》，博士学位论文，中国农业大学，2019年。

性检验，说明农业技术人员面对环境外部性，能够采取具有科学性、合理性的治理方法，不会转移污染产业致使"公地悲剧"的发生，可以对邻近产区的碳排放效率溢出正向影响。综合作用下，使总体效应系数为正，专业技术水平的提高给碳排放效率带来了正向影响。

城乡收入差距，直接效应系数为正（0.201），并通过了10%显著性水平检验。根据"理性人"假设，农村劳动力更倾向于进城务工，劳动力流失可能提高机械化使用率，使投入要素的利用效率更高，增加经济产出，从而提高碳排放效率。间接效应为负（-1.005），并通过了1%显著性水平检验，城乡收入差距加大，本地城市更加关注绿色低碳生产，极有可能向邻近村落或不重视低碳问题的城市转移排放，故而存在负向空间溢出效应。由于负向空间溢出效应的存在抵消了正的直接效应，使总效应呈现出负面影响。

四 各主产区空间面板模型估计结果

通过上文的分析，可以宏观把握中国四大肉牛主产区碳排放效率的空间效应，但四个主产区的情况各不相同，存在区域差异性，故而本节进一步将研究样本细化分为中原主产区、东北主产区、西北主产区、西南主产区进行深入研究。

（一）中原主产区

中原肉牛主产区是中国牛肉产业发展起步较早的一个区域，该区域包括河北省、河南省、山东省及安徽省四个省份。中原地区地处于中国东部的黄淮海平原，气候温润，雨水充足，土壤肥沃，盛产粮食作物，天然条件优越，饲料资源丰富，其资源禀赋成为发展肉牛产业的重要基础，从而使中原肉牛主产区快速成长。中原主产区屠宰加工企业也迅速发展，使该地区成为以屠宰为主的肉牛主产区。对其空间面板模型进行检验，中原主产区空间杜宾计量模型（SDM）估计结果如表6-6所示。

表 6-6　　中原主产区碳排放效率空间杜宾模型估计结果

变量	中原	变量	中原
Lngdp	-0.125 (0.153)	W×Lngdp	-0.779 (0.555)
Lnsca	0.006 (0.056)	W×Lnsca	0.045 (0.202)
Lnmec	0.605*** (0.147)	W×Lnmec	0.732** (0.381)
Lnimp	-1.956 (1.226)	W×Lnimp	-4.570** (2.425)
Lnedu	1.779* (1.029)	W×Lnedu	3.294 (3.021)
Lntec	0.924** (0.469)	W×Lntec	3.996*** (1.635)
Lninc	1.417* (0.859)	W×Lninc	0.753 (2.591)
ρ	-0.752*** (0.191)		
σ^2	0.001*** (0.001)		
R^2	0.996		
N	52		

注：***、**、*分别表示在1%、5%、10%的水平上显著。

如表 6-6 所示，在空间计量回归结果中，对于中原主产区，机械化水平影响系数为正（0.605），并通过1%显著性检验，机械化水平的提高对中原肉牛主产区碳排放效率产生了积极的正向作用，农业机械化水平的提高推动了投入要素的高效利用，也带动了技术效率的提高，给本地区碳排放效率带来了正面影响，对邻近地区产生了正向的溢出效应。受教育程度、专业技术水平的影响系数为正，系数分别为

1.779、0.924,并分别通过10%、5%显著性检验,教育程度的提高与农业技术人员专业技术水平的提高也有利于低碳养殖方式的推广,让优良品种、低碳饲养及绿色生产要素尽快得到应用,从而使碳排放效率得到了提高,而农业技术人员是新技术开发和推广的主体,对邻近地区的碳排放效率也产生了正面的溢出效应,而教育程度对邻近地区的碳排放效率的正向溢出效应则不显著,中原主产区应加强与邻近地区的交流、学习,充分发挥教育程度、专业技术水平的溢出效应,带动周边城市对低碳养殖技术、低碳养殖模式的采纳。城乡收入差距系数为正(1.417),并通过了10%显著性水平检验。根据"理性人"假设,农村劳动力更倾向于进城务工,劳动力流失可能提高机械化使用率,使投入要素的利用效率更高,增加经济产出,从而对碳排放效率产生正向影响。此外,进口依存度会对邻近地区产生负向的溢出效应,这可能是由于进口牛肉及相关产品能够转移一部分养殖阶段的碳排放,但对邻近地区肉牛生产造成很大挤占,挤占后的碳排放平均水平有所增加,在一定程度上不利于碳排放效率的提高。

(二)东北主产区

作为中国的重要粮食产区,东北地区的粮食产量高达5900万吨,目前秸秆加工后的饲料量达到1600万吨,秸秆的利用率达到50%,根据比较优势原理,丰富的饲料资源和相对低的饲料价格,使东北地区近年来迅速发展成为中国肉牛生产的主要区域,包括辽宁、吉林、黑龙江、内蒙古4省(区)。东北主产区空间杜宾计量模型(SDM)估计结果如表6-7所示。

表6-7　　东北主产区碳排放效率空间杜宾模型估计结果

变量	东北	变量	东北
Lngdp	0.561*** (0.161)	W×Lngdp	1.552*** (0.615)
Lnsca	-0.169*** (0.046)	W×Lnsca	-0.397*** (0.153)

续表

变量	东北	变量	东北
Lnmec	-2.923 (4.394)	W×Lnmec	-6.186 (11.752)
Lnimp	2.106** (1.017)	W×Lnimp	7.168** (3.322)
Lnedu	3.045** (1.512)	W×Lnedu	8.329** (4.275)
Lntec	0.229 (0.526)	W×Lntec	1.134 (1.172)
Lninc	-0.460 (0.422)	W×Lninc	-0.086 (1.733)
ρ	-0.492** (0.251)		
σ^2	0.001*** (0.001)		
R^2	0.999		
N	52		

注：***、**、*分别表示在1%、5%、10%的水平上显著。

如表6-7所示，在空间计量回归结果中，对于东北主产区，经济发展水平、进口依存度、受教育程度的影响系数为正，系数分别为0.561、2.106、3.045，且分别通过了1%、5%、5%显著性检验，经济发展水平、进口依存度、受教育程度对碳排放效率产生了积极的正向作用。经济发展水平的提高会使足够多的资本积累流向环境治理，推动肉牛养殖的品种结构和产业布局不断优化，对资源的高效率利用能力以及低碳化生产能力显著提高，碳排放效率有所提升。进口依存度的提高减少了相应生产要素的投入和使用，进而使饲养、生产所需要的能耗和生产活动造成的碳排放量减少，提高碳排放效率，并且在全生命周期视角下，进口牛肉饲养及加工阶段的碳排放没有在国内发生,也使碳排放量下降。受教育程度的提高,有助于劳动力形成低碳意识形态,提高了学习、使用低碳生产技术的可能性,从而更容易采用有利于环境保护和资源节约的生产方式,提高技术效率,给碳排放效率带来了正面影响。在农产品贸易、地理环境与技术扩散的影响下,经济发展水平、进口依存度、受教育程度对东北主产区的邻近地区也产生了显著的正向溢出效应。规模化程度影响系数为负(-0.169),并通过1%显著性检验,对碳排放效率产生了消极的负向作用。规模效应使环境污染急剧上升,规模化进程带来的大量污染不能及时消纳,粗放型经济增长方式给环境系统带来了压力,从而降低碳排放效率,并对邻近地区也产生了负向的溢出效应。东北主产区在支持农村专业合作经济组织新建规模养殖场、养殖小区,支持现有规模养殖场改造的过程中,应在推进规模化进程的过程中加强推广科学的饲养方式与饲养技术低碳的饲养模式,提供配套的污染治理设施,加速进入规模化程度提高带来碳排放效率增长的阶段。

(三) 西北主产区

肉牛作为草食动物,自古以来主产区都分布在牧区,西部牧区天然草原和草山草坡面积较大,依靠其自然资源优势,西北地区成为中国肉牛的主要产区。西北主产区包括新疆、甘肃、陕西及宁夏四省(区),29个县市。但随着牧区人口的迅速增加,肉牛饲养量也随之增加,导致了草地的过度放牧。同时,为增加粮食产量,大量的草地被开发成为耕地,草地面积持续缩小,为改变传统草原畜牧业生产生活方式,西北主产区要走农牧结合、牧民定居、种草养畜、以草定畜的战略思路,畜牧业发展与生态保护并重。西北主产区空间杜宾计量模型(SDM)估计结果如表6-8所示。

表6-8　西北主产区碳排放效率空间杜宾模型估计结果

变量	西北	变量	西北
Lngdp	0.463*** (0.140)	W×Lngdp	0.548*** (0.147)

续表

变量	西北	变量	西北
Lnsca	0.086*** (0.031)	W×Lnsca	0.031 (0.042)
Lnmec	0.248 (0.633)	W×Lnmec	3.147** (1.378)
Lnimp	−0.905 (0.614)	W×Lnimp	−2.309** (1.015)
Lnedu	0.309 (0.609)	W×Lnedu	−1.264* (0.782)
Lntec	1.245*** (0.419)	W×Lntec	−0.049 (0.708)
Lninc	−0.031 (0.466)	W×Lninc	0.020 (0.571)
ρ	−0.537*** (0.094)		
σ^2	0.001*** (0.001)		
R^2	0.999		
N	52		

注：＊＊＊、＊＊、＊分别表示在1%、5%、10%的水平上显著。

如表6-8所示，在空间计量回归结果中，对于西北主产区，经济发展水平、规模化程度、专业技术水平的影响系数为正，系数分别为0.463、0.086、1.245，且通过了1%显著性检验。经济发展水平、规模化程度、专业技术水平对碳排放效率产生了积极的正向作用。随着经济发展水平的提高，足够多的资本积累流向环境治理，会使肉牛养殖的品种结构和产业布局不断优化，对资源的高效率利用能力以及低碳化生产能力显著提高，碳排放效率有所提升，并且对邻近地区也产生了正向的溢出效应。西北主产区在规模化生产下规模效益较为显著，宁夏重点扶持肉牛产业基础设施，建立规模化养殖场、科技示范村，甘肃建设标准化规模养殖小区发展规模养殖，陕西、新疆则对标准化肉牛养殖场给予补贴，规模化进程也提供了科学的饲养方式与饲养技术，配套的污染治理设施与低碳的饲养模式会降低碳排放量，对碳排放效率起到正向作用。专业技术水平也与预期一致，专业技术水平的提高增加了肉牛饲养的科学性和合理性，提高了肉牛主产区的碳排放效率。机械化水平的提高会带来投入要素的高效利用，对邻近地区产生了正向的溢出效应，但对本区域的正向影响不显著，应加大尖端和先进的机械占比，充分发挥机械化水平提高带来的减排效果。进口依存度会对邻近地区产生负向的溢出效应，这可能是由于进口牛肉及相关产品能够转移一部分养殖阶段的碳排放，但对邻近地区肉牛生产造成很大挤占，挤占后的碳排放平均水平有所增加，在一定程度上不利于碳排放效率的提高。受教育程度对邻近地区产生了负向的溢出效应，教育程度的提高，使劳动力的环保意识得到加强，使其倾向于转移污染产业至邻近地区，导致邻近主产区碳排放上升，进而抑制了碳排放效率的提升，而教育程度对本区域的正向影响不显著，说明教育程度对碳排放效率带来的正面影响尚未显现出来。

（四）西南主产区

20世纪90年代以前，西部牧区依靠自然优势成为中国肉牛的主要产区，90年代以后，肉牛主产区逐渐由草原资源丰富的西部牧区向作物秸秆资源丰富的中原和东北产区转移，因饲料资源短缺、技术水平相对落后及生产成本偏高等不利因素，西南主产区牛肉产量的比重持续下降。2000年后，草食畜的发展受到政府关注，西南主产区得到恢复与发展。西南主产区包括四川、重庆、云南、贵州及广西5省（区、市），67个县市。西南主产区空间杜宾计量模型（SDM）估计结果如表6-9所示。

表6-9 西南主产区碳排放效率空间杜宾模型估计结果

变量	西南	变量	西南
Lngdp	1.048*** (0.285)	W×Lngdp	2.876*** (1.002)

续表

变量	西南	变量	西南
Lnsca	-0.104*** (0.029)	W×Lnsca	-0.213** (0.113)
Lnmec	-0.228 (0.487)	W×Lnmec	-0.760 (1.832)
Lnimp	1.136** (0.479)	W×Lnimp	-0.101 (1.517)
Lnedu	1.265** (0.639)	W×Lnedu	3.304* (2.017)
Lntec	1.700*** (0.356)	W×Lntec	2.309** (1.125)
Lninc	-1.382** (0.708)	W×Lninc	-6.276*** (2.394)
ρ	-0.948*** (0.210)		
σ^2	0.001*** (0.001)		
R^2	0.494		
N	65		

注：***、**、*分别表示在1%、5%、10%的水平上显著。

如表6-9所示，在空间计量回归结果中，对于西南主产区，经济发展水平影响系数为正（1.048），并通过1%显著性检验，经济发展水平的提高会使足够多的资本积累流向环境治理，推动肉牛养殖的品种结构和产业布局不断优化，对资源的高效率利用能力以及低碳化生产能力显著提高，碳排放效率有所提升，并对周边邻近地区也产生了正向的溢出效应。进口依存度影响系数为正（1.136），并通过5%显著性检验，这可能是由于进口牛肉及相关产品能够转移一部分养殖阶段的碳排放，但对邻近地区的溢出效应并不显著。受教育程度、专业技术水平的影响系数为正，系数分别为1.265、1.700，并分别通过5%、1%显著性检验，教育程度的提高与农业技术人员专业技术水平的提高有利于推广西南主产区的肉牛良繁体系建设、沼气补贴项目，让优良品种、低碳饲养及绿色生产要素尽快得到应用，并对邻近地区的碳排放效率也产生了正面影响。规模化程度影响系数为负（-0.104），并通过1%显著性检验，对碳排放效率产生了消极的负向作用。规模效应使环境污染急剧上升，规模化进程带来的大量污染不能及时消纳，粗放型经济增长方式给环境系统带来了压力，从而降低了碳排放效率，并对邻近地区也产生了负向的溢出效应。城乡收入差距，影响系数为负（-1.382），并通过5%显著性检验，城乡收入差距的扩大对碳排放效率产生了消极的负向作用，低收入群体会为了增加收入，以利益最大化为前提进行肉牛饲养生产活动，加剧环境负担，而高收入群体未必增加环保投资，导致本地碳排放效率降低。城乡收入差距的扩大也会造成本地城市更加关注绿色低碳生产，极有可能向邻近村落或不重视低碳问题的城市转移排放，故而也存在显著的负向空间溢出效应。

第四节　本章小结

本章从理论视角对各肉牛主产区排放效率的影响因素进行了剖析和推理，认为经济发展水平、规模化程度、机械化水平、进口依存度、受教育程度、专业技术水平、城乡收入差距等要素可能对碳排放效率产生一定的影响。此外，空间地理因素也是研究肉牛主产区碳排放效率不可或缺的影响因素之一。基于此，本章采用空间杜宾模型对肉牛主产区碳排放效率的影响因素进行了实证分析，并试图捕捉各种影响因素的空间交互效应，得到以下几点结论：

（1）空间地理因素对肉牛主产区碳排放效率的影响显著，表明空间地理因素是影响肉牛主产区碳排放效率的一个不可忽视的因素。通过资源要素流动、科技信息交流、政策延伸等方式，邻近肉牛主产区碳排放效率的空间依赖性加强，各空间单元的联系更加紧密。

（2）对于四大主产区整体而言，本地区规模化程度、机械化水平、专业技术水平、城乡收入差距对碳排放效率具有显著的正向影响，本地区经济发展水平对碳排放效率具有显著的负向影响。能够产生空间溢出效应的因素包括进口依存度、规模化程度、城乡收入差距，其中进口依存度具有显著的正向溢出效应，规模化程度、城乡收入差距则具有显著的抑制效应。

（3）分区域来看，中原主产区的机械化水平、受教育程度、专业技术水平及城乡收入差距会对主产区碳排放效率产生显著的正向影响，对邻接地区只有机械化水平、进口依存度、城乡收入差距具有显著影响。东北主产区的经济发展水平、进口依存度及受教育程度会对主产区碳排放效率产生显著的正向影响，而规模化程度产生了负向影响，这些因素在对邻近地区的影响中也具有显著性。西北主产区的经济发展水平、规模化程度及专业技术水平会对主产区碳排放效率产生显著的正向影响，对邻接地区只有经济发展水平、机械化水平、进口依存度、受教育程度具有显著影响。西南主产区的经济发展水平、进口依存度、受教育程度、专业技术水平会对主产区碳排放效率产生显著的正向影响，而规模化程度、城乡收入差距产生了负向影响，对邻近地区的影响中经济发展水平、规模化程度、受教育程度、专业技术水平、城乡收入差距具有显著影响。

第七章

中国肉牛主产区碳排放效率的收敛性及减排潜力分析

通过前文的探讨可知，中国各肉牛主产区碳排放效率存在显著差异，并且碳排放效率之间具有空间相关性，使各影响因素之间存在空间交互效应。那么，随着时间的推移，这种差异是否会继续存在？差异能否逐渐缩小直至收敛？主产区之间的碳排放效率能否实现区域间的协调发展？各主产区是否具有减排潜力？减排潜力有多大？本章基于收敛性理论，探究 2007—2019 年中国肉牛主产区碳排放效率的收敛性，并构建减排潜力测算模型，深入探讨各主产区碳减排的潜力与规模，从而为缩小肉牛主产区碳排放效率的区域差异，推动主产区协调发展以及确定各主产区减排的工作重点提供决策依据。本章主要包括以下研究内容：①阐述收敛性相关经济学原理及研究方法，并对相关文献进行回顾。②采用 σ 收敛及绝对 β 收敛对中国肉牛主产区碳排放效率进行绝对收敛检验。并利用核密度函数刻画中国肉牛主产区碳排放效率的整体演变动态趋势。最后，采用 PS 收敛对中国肉牛主产区碳排放效率的整体收敛及俱乐部收敛进行检验。③构建碳减排潜力测算模型，测算各主产区的减排潜力、可减碳量及减碳规模。

第七章 中国肉牛主产区碳排放效率的收敛性及减排潜力分析

第一节 收敛性理论分析及其研究方法

一 收敛性理论分析

"收敛"这一概念是由数学概念引申出来的,数学概念中收敛是指数列中任意一个数趋向于该组数列中的极限值。广义的收敛则指两个个体在某个变量的数量或质量上逐渐接近的趋势①,这种趋势既可以是单向的,也可以是双向的,或是追赶式的。在宏观经济学中,收敛性假说是重要的理论之一,该假说为区域经济的差异性提供了一种基于时间趋势的描述。如果收敛性成立,那么地区间的经济差距一定会缩小。20世纪90年代以来,在经济一体化的时代背景下,经济收敛性逐渐成为国际经济学以及发展经济学研究的热点问题,学者对此进行了许多实证分析。随着环境污染问题的日趋加重,一些学者开始在环境污染问题中引入收敛性分析进行研究。吴玉萍和张云对河南省的城市绿色发展效率进行了收敛性分析②。于善波和张军涛对长江经济带省域绿色全要素生产率进行了收敛性分析,结果不存在显著的 σ 收敛,但是存在绝对 β 收敛③。杨朝均和刘立菊基于收敛性理论探讨中国低碳创新的空间收敛性,结果表明低碳创新不存在 σ 收敛,但存在 β 收敛④。王勇和赵晗利用收敛性原理对中国各省份碳排放效率的差异进行分析⑤。刘亦文等基于污染物排放强度的空间收敛模型实证

---

① 傅强、李四维:《基于经济增长理论的经济收敛性理论研究述评》,《经济问题探索》2016 年第 11 期。
② 吴玉萍、张云:《城市绿色发展效率的时空演变及动态评价》,《统计与决策》2020 年第 11 期。
③ 于善波、张军涛:《长江经济带省域绿色全要素生产率测算与收敛性分析》,《改革》2021 年第 4 期。
④ 杨朝均、刘立菊:《中国低碳创新的地区差异及空间收敛性研究》,《技术经济》2020 年第 1 期。
⑤ 王勇、赵晗:《中国碳交易市场启动对地区碳排放效率的影响》,《中国人口·资源与环境》2019 年第 1 期。

分析污染物排放强度的收敛性①。

肉牛主产区碳排放效率与主产区的自然条件、资源禀赋、经济环境息息相关，各地域的资源条件各不相同，使主产区碳排放效率产生差异，而资源要素的流动与转移又会促进区域间的交流、学习，从而减少区域异质性，降低各主产区碳排放效率的差异，使差异逐渐收敛。此外，具有比较优势的区域往往会使生产要素聚集于此，造成过度放牧，从而导致草场质量低下、饲料粮供给不足、土地资源稀缺等问题，环境恶化与资源稀缺同时也会制约肉牛产业经济系统的发展空间，迫使资源向邻近产区转移，区域差异也会逐渐收敛。

收敛性的分析框架如图 7-1 所示，σ 收敛是在不同的经济特征与资源禀赋的基础上，碳排放效率的离散程度逐渐缩小，最终实现收敛。绝对 β 收敛，基于新古典经济增长理论，经济增长是外生的，生产要素的边际生产率会随生产的增长而降低，那么资本存量相对较低的地区与资本存量相对较高的地区相比，经济增长速度会更快，从而会使两个地区的经济水平出现收敛②③，绝对 β 收敛假定在相同的经济特征与资源禀赋下，所有主产区的碳排放效率都将收敛于相同的稳态水平。新经济增长理论则认为经济增长是内生的，资本边际报酬会随着经济增长而递减，故而经济发展水平越高的地区，增长率越低，这成为俱乐部收敛的基础。在局部不确定性理论下，经济增长很大程度上取决于各国的初始状态，俱乐部收敛则强调具有相似初始条件的经济体，会收敛于同一稳态水平，即只有初始状态相同或相近的主产区最后才会收敛于相同的碳排放效率水平上。

---

① 刘亦文等：《中国污染物排放的地区差异及收敛性研究》，《数量经济技术经济研究》2016 年第 4 期。

② Solow Robert, "A Contribution to the Theory of Economic Growth", *Quarterly Journal of Economics*, Vol. 1, 1956, p. 65.

③ Ramsey Frank, "A Mathematical Theory of Saving", *Economic Journal*, Vol. 38, 1928, p. 543.

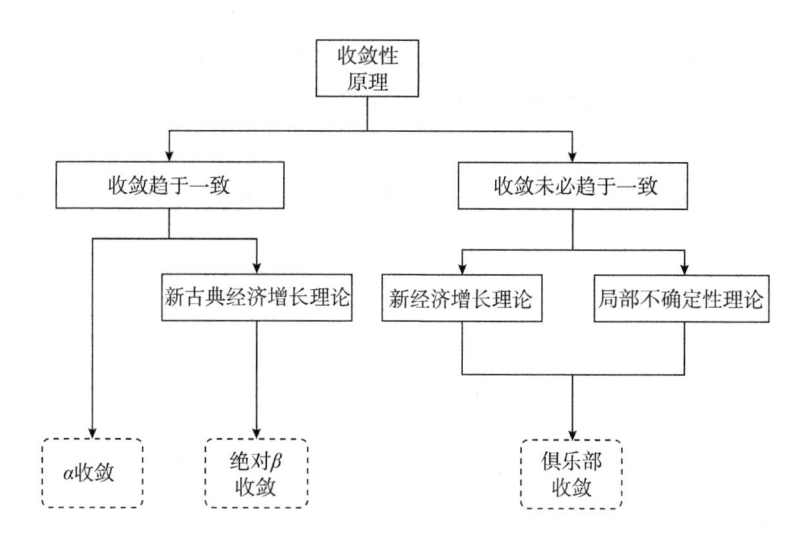

图 7-1 收敛性理论框架

二 收敛性研究方法

（一）σ 收敛

σ 收敛是指随着时间推移，各肉牛主产区的碳排放效率也会随之变动，肉牛主产区的碳排放效率的离散程度随时间推移而降低。随着时间的推移，主产区的离散程度越低，则表明肉牛主产区之间具有 σ 收敛性的碳排放效率，反之则说明具有 σ 发散性。在实证研究过程中，学者采用标准差、变异系数等方法来检验 σ 收敛性。

1. 标准差

本书以 CEE_i 表示肉牛主产区 i 省（区、市）的碳排放效率，以 $\overline{CEE_i}$ 表示肉牛主产区 i 省（区、市）的碳排放效率平均值，以此构建 σ 标准差，测算公式如式（7.1）所示：

$$\sigma = \sqrt{\frac{1}{n}\sum_{i=1}^{n}(CEE_i - \overline{CEE_i})(CEE_i - \overline{CEE_i})} \tag{7.1}$$

式（7.1）中，σ 表示肉牛主产区碳排放效率的相对差异，σ 值越大表明各肉牛主产区的碳排放效率水平与其平均值之间存在较大差异；CEE_i 表示肉牛主产区 i 省（区、市）的碳排放效率；n 表示省（区、市）的个数；i 表示肉牛主产区各省（区、市）。若在 $(t+m)$

年实现 $\sigma_t > \sigma_{t+m}$，则意味着肉牛主产区碳排放效率在 m 时间段内存在 σ 收敛，否则，收敛具有阶段性或者趋于发散。

2. 变异系数

通过变异系数，可以了解到肉牛主产区碳排放效率的绝对差异，进一步验证 σ 收敛，测算公式如式（7.2）所示：

$$CV = \frac{\sqrt{\frac{1}{n}\sum_{i=1}^{n}(CEE_i - \overline{CEE_i})^2}}{\frac{1}{n}\sum_{i=1}^{n}CEE_i} \qquad (7.2)$$

式（7.2）中，CV 表示肉牛主产区碳排放效率的变异系数，CV 数值越大，则各肉牛主产区的碳排放效率的绝对差异就越大；CEE_i 表示肉牛主产区 i 省（区、市）的碳排放效率；n 表示省（区、市）的个数；i 表示肉牛主产区各省（区、市）。

（二）绝对 β 收敛

1986 年，Baumol 首次提出了 β 收敛的概念，指出不同经济变量的增长率与其初始水平是负相关的。在绝对 β 收敛下，各肉牛主产区的碳排放效率都会达到相同的稳态增长速度和水平，这就意味着碳排放效率比较低的省（区、市）对碳排放效率较高的省（区、市）存在"追赶效应"。参考 Baumol 及 Elhorst 学者的做法[①][②]，将肉牛主产区碳排放效率绝对 β 收敛数学表达式设定如式（7.3）所示：

$$\frac{1}{T}\ln\left(\frac{\ln CEE_{i,t}}{\ln CEE_{i,0}}\right) = \alpha + \beta \ln CEE_{i,0} + \mu_{i,0} \qquad (7.3)$$

式（7.3）中，$CEE_{i,0}$ 表示 i 省（区、市）基期的碳排放效率；$CEE_{i,t}$ 表示 i 省（区、市）末期的碳排放效率；T 表示观测期的时间跨度；α 表示常数截距项；$\mu_{i,0}$ 表示随机误差项；β 表示收敛系数，即碳排放效率落后的地区追赶碳排放高效率地区的速度，如果

[①] Baumol William, "Productivity Growth, Convergence, and Welfare: What the Long-Run Data Show", *American Economic Review*, Vol. 76, No. 5, 1986, p. 1072.

[②] Elhorst Paul, "Dynamic Panels with Endogenous Interaction Effects When T is Small", *Regional Science and Urban Economics*, Vol. 40, No. 5, 2010, p. 272.

第七章 中国肉牛主产区碳排放效率的收敛性及减排潜力分析

$\beta = -\dfrac{(1-e^{\lambda T})}{T} < 0$，则说明碳排放效率存在绝对 β 收敛。

（三）核密度函数

在参数未知的情况下，用参数模型估计可能会导致偏差，核密度函数是非参数模型，能够使数据摆脱参数未知的影响。核密度函数最早由 Parzen 提出[①]，作为非参数模型，核密度函数可以观测到分布的峰值、形状等特征，因此近年来在收敛分析中被广泛应用。核密度函数的优点在于回归函数形式较为自由，解释变量和被解释变量的分布无须太多限制，适用性广等。核密度函数估计方法的基本原理如下：

设 $\{x_1, \cdots, x_n\}$ 为离散的随机样本，其核密度估计如式（7.4）所示：

$$f(x) = \dfrac{1}{nh} \sum_{i}^{n} k\left(\dfrac{x-x_i}{h}\right) \tag{7.4}$$

式（7.4）中，$k(\cdot)$ 为核函数；h 为带宽；n 为样本容量。核函数需满足以下几条基本性质：

(1) $K(x) \geqslant 0$ （7.5）

(2) $\int K(x)dx = 1$ （7.6）

(3) $\int xK(x)dx = 0$ （7.7）

(4) $\sigma_k^2 = \int x^2 K(x)dx > 0$ （7.8）

核密度函数的形式主要包括：高斯正态核函数（Gaussian Kernel Function）、二次核（Epanechnikov）、四次核（Quartic）、三角核函数（Triangular）等，其中应用最为广泛的是 Epanechnikov 核函数，本章也选用 Epanechnikov 核函数进行估计，并将带宽设定为 $h = 0.9SN^{-0.8}$。

（四）PS 收敛

为了解决样本总体异质性的问题，Phillips 和 Sul 提出了 PS 收

[①] Parzen Emanuel, "On Estimation of a Probability Density Function and Mode", *The Annals of Mathematical Statistics*, Vol. 33, No. 3, 1962, p. 1065.

敛①。该方法不仅能够检验面板数据各个序列是否存在整体收敛,还可检验是否存在俱乐部收敛。该方法的核心是采用 log t 检验。

首先将面板数据 $X_{i,t}$ 分解为:

$$X_{i,t} = g_{i,t} + \varepsilon_{i,t} \tag{7.9}$$

式(7.9)中,$X_{i,t}$ 表示第 i 个省区第 t 年的碳排放效率;$i=1,2,\cdots,N$,i 表示不同省区,N 表示样本数;$t=1,2,\cdots,T$ 表示不同年度,T 表示时间跨度。$g_{i,t}$ 表示共有特征;$\varepsilon_{i,t}$ 表示个体特征。

进一步地将式(7.9)分解为:

$$X_{i,t} = \frac{g_{i,t} + \varepsilon_{i,t}}{\mu_t} \mu_t = \delta_{i,t} \mu_t \tag{7.10}$$

式(7.10)中,μ_t 表示共同部分;$\delta_{i,t}$ 表示异质性部分,若其收敛于某一常数 δ,则代表碳排放效率趋于收敛。$\delta_{i,t}$ 的半参数方程如下:

$$\delta_{i,t} = \delta_i + \frac{\xi_{i,t}}{L(t)t^\alpha} \tag{7.11}$$

式(7.11)中,δ_i 表示共有特征,为固定成分;$\xi_{i,t} \sim iid(0, \sigma_i^2)$,$L(t)$ 是 t 的一个渐变函数,α 为收敛速度,对于任何一个 $\alpha \geq 0$,$t \to \infty$,$L(t) \to \infty$,$\delta_{i,t}$ 就会收敛于 δ_i。故而检验 $X_{i,t}$ 是否收敛,就转化为检验 α 是否大于 0。

由此提出原假设 H0:$\delta_i = \delta$ 且 $\alpha \geq 0$,备择假设为:H_A:$\delta_i \neq \delta$ 或 $\alpha < 0$。原假设下所有省份均收敛,而备择假设则代表某个省份背离整体收敛。

检验方程构造如下:

$$\log\left(\frac{H_1}{H_t}\right) - 2\log L(t) = c + b\log t + u_t \tag{7.12}$$

式(7.12)中,$H_t = \frac{1}{N}\sum_{i=1}^{N}(h_{i,t}-1)^2$,$h_{i,t}$ 为过渡参数,$h_{i,t} =$

---

① Phillips Peter, Sul Donggyu, "Transition Modeling and Econometric Convergence Tests", *Econometrica*, Vol.6, 2007, p.1771.

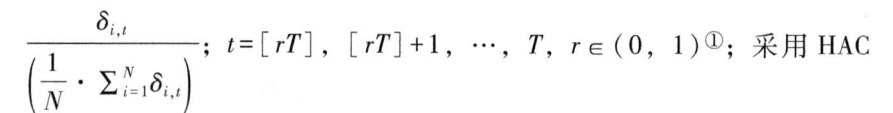

$$\frac{\delta_{i,t}}{\left(\frac{1}{N}\cdot\sum_{i=1}^{N}\delta_{i,t}\right)}; t=[rT], [rT]+1, \cdots, T, r\in(0, 1)$$[①]；采用 HAC 构建检验的估计结果，当 $\hat{t}_b<-1.65$ 时，拒绝原假设，说明所选择的指标是存在 PS 收敛的。

（五）俱乐部收敛

俱乐部收敛是指若具有相似初始条件及结构特征，则在长期收敛中，经济水平、人均收入会趋于收敛，强调的是一类经济体趋向于同一稳态水平。俱乐部收敛则拓展了收敛理论，将一种稳态拓展为多个稳态共存。对于俱乐部收敛的检验，要基于 log t 检验，如果拒绝全局收敛性假设，需进一步检验是否存在俱乐部收敛。俱乐部收敛检验主要包括四个步骤：

第 1 步，将所有地区按照 $w\cdot T$ 时间段的碳排放效率均值大小进行排序，w 一般取值为 0.2 或 0.3。

第 2 步，选取碳排放效率观测值靠前的 k 个区域（$2\leqslant k\leqslant N$）构建为核心组，采用 log t 检验判断收敛性，直到拒绝原假设为止。如果最初选择的两个地区的 t 值拒绝了原假设，则剔除碳排放效率最大的地区，形成新的子集重复此步骤，进行 log t 检验，直到接受原假设为止。

第 3 步，筛选俱乐部成员，将核心组的互补集合的成员逐个加入核心组，并再次运行 log t 检验，当得到的 t 值满足 $t>c$ 且 $c\geqslant 0$ 时（c 为选取的临界值），则将该成员与核心组成员一同纳入俱乐部中。

第 4 步，将未能进入组别中的区域再次进行 log t 检验，重复以上步骤，直到所有地区均纳入所属俱乐部中。

第 5 步，检验俱乐部各类型组别之间是否可以合并。

---

① 本书 r 取值为 0.3，PS(2007)通过蒙特卡罗模拟实验，建议在 $T<50$ 的情况下，r 选取 0.3。

第二节 中国肉牛主产区碳排放效率 σ 收敛检验

本节采用标准差、变异系数及模型回归的方式对中国肉牛主产区碳排放效率 σ 收敛假说进行检验。

一 标准差测算结果

根据式（7.1），测算得到中国四大肉牛主产区碳排放效率的标准差，结果如表 7-1 所示。

表 7-1　　中国肉牛主产区碳排放效率标准差测算结果

年份 地区	2007	2008	2009	2010	2011	2012	2013
中原	0.043	0.044	0.034	0.067	0.083	0.068	0.009
东北	0.248	0.175	0.165	0.189	0.118	0.168	0.198
西北	0.255	0.238	0.161	0.230	0.171	0.231	0.246
西南	0.232	0.225	0.147	0.107	0.122	0.154	0.197
全国	0.218	0.193	0.149	0.178	0.143	0.186	0.223
年份 地区	2014	2015	2016	2017	2018	2019	
中原	0.033	0.120	0.180	0.185	0.260	0.211	
东北	0.307	0.219	0.139	0.117	0.344	0.338	
西北	0.229	0.252	0.194	0.108	0.169	0.306	
西南	0.169	0.218	0.228	0.125	0.125	0.125	
全国	0.233	0.219	0.208	0.163	0.274	0.245	

中国四大肉牛主产区碳排放效率标准差变化趋势如图 7-2 所示，西南地区的碳排放效率标准差整体呈现下降趋势，其他各地呈现上升

趋势。从碳排放效率标准差的计算结果来看，西南地区碳排放效率标准差在研究期内均值为 0.167，2007—2010 年及 2016—2019 年均呈现收敛态势，2019 年标准差为 0.125，总体来看，西南地区碳排放效率整体表现为收敛趋势。中原地区在 2016 年前碳排放效率标准差显著低于其他各地，但在 2013 年，出现大幅上升的趋势。西北地区、东北地区、西南地区在 2007—2010 年出现下降趋势，2010—2014 年呈现上升趋势，2014—2017 年再次下降，2017—2019 年大幅上涨。西北、东北、西南主产区碳排放效率标准差整体出现波动与反复的情况，总体表现为发散状态。四大肉牛主产区碳排放效率标准差在研究期内均值为 0.203，2007—2012 年标准差较上一年均有所下降，但 2012 年后呈现上升趋势，2019 年达到 0.245，存在差异扩大的趋势，处于发散状态。为了研究的严谨性，进一步采用变异系数进行验证。

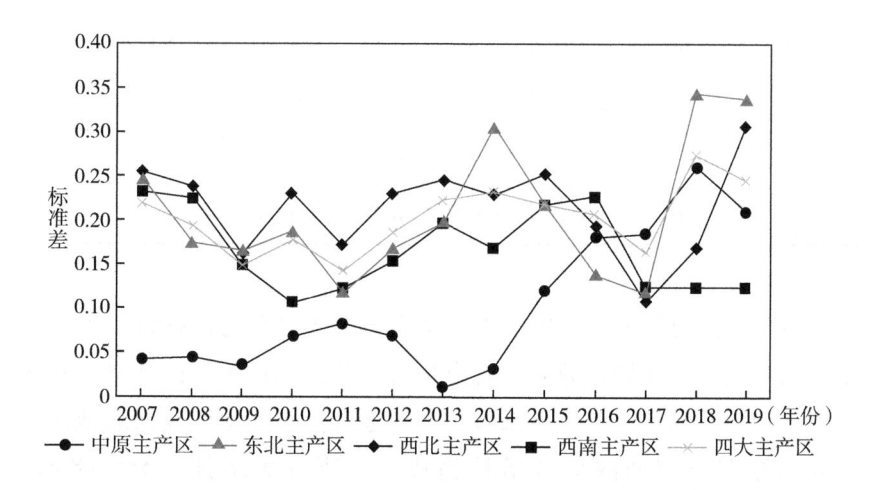

图 7-2　中国四大肉牛主产区碳排放效率标准差变化趋势

二　变异系数测算结果

根据式（7.2），测算得到中国肉牛主产区碳排放效率的变异系数，结果如表 7-2 所示。

表 7-2　中国四大肉牛主产区碳排放效率变异系数测算结果

年份 地区	2007	2008	2009	2010	2011	2012	2013
中原	0.038	0.043	0.035	0.071	0.096	0.072	0.009
东北	0.280	0.219	0.211	0.259	0.172	0.244	0.287
西北	0.297	0.237	0.186	0.299	0.248	0.326	0.359
西南	0.237	0.241	0.192	0.159	0.191	0.233	0.293
全国	0.227	0.205	0.177	0.230	0.201	0.250	0.294

年份 地区	2014	2015	2016	2017	2018	2019
中原	0.033	0.134	0.212	0.242	0.262	0.264
东北	0.408	0.346	0.257	0.236	0.473	0.451
西北	0.348	0.377	0.316	0.207	0.271	0.364
西南	0.257	0.343	0.366	0.233	0.232	0.206
全国	0.307	0.311	0.317	0.282	0.386	0.331

中国四大肉牛主产区碳排放效率变异系数的变化趋势如图 7-3 所示，四大主产区变异系数并没有出现随时间变化而下降的趋势，整体呈现波动上升趋势。分区域来看，中原地区、东北地区及西北地区的变异系数在研究期内呈现增长趋势，上升幅度分别为 585.883%、61.065%、22.527%，说明在所研究的时间段中，以上三大主产区中各省份的碳排放效率存在差距，且差距并未减小。西南地区则呈现下降趋势，在 2016 年后呈现收敛态势。从整体上看，四大主产区之间的碳排放效率差距并没有缩小的趋势。

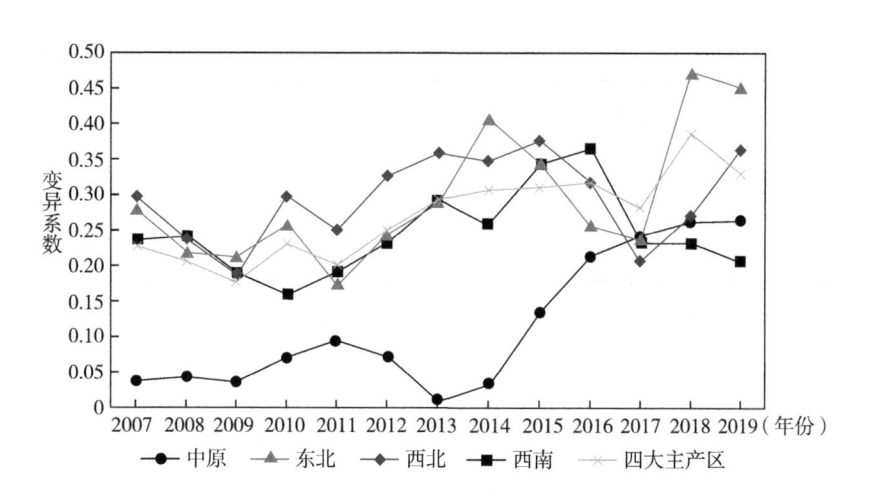

图 7-3　中国四大肉牛主产区碳排放效率变异系数变化趋势

三　模型回归结果

除利用标准差和变异系数判断是否存在 σ 收敛外，可以通过模型回归对 σ 收敛进行检验。进一步构建模型对是否存在 σ 收敛进行检验，用标准差对时间项进行回归，模型构建如式（7.13）所示：

$$\sigma_t = c + \lambda t + \varepsilon_t \tag{7.13}$$

式（7.13）中，σ_t 表示各肉牛主产区碳排放效率的标准差；t 表示时间趋势项，系数 $\lambda<0$ 表示差异随时间缩小，存在 σ 收敛，$\lambda>0$ 表示不存在 σ 收敛，$\lambda=0$ 表示差异既未扩大也未缩小；ε_t 表示随机扰动项。

根据模型（7.13）对中国四大肉牛主产区碳排放效率 σ 收敛进行回归检验，结果见表 7-3，系数 λ 大于 0，且在 1% 水平上显著，进一步验证了中国四大肉牛主产区的碳排放效率不存在 σ 收敛。各肉牛主产区碳排放效率存在差异，但这种差异在样本期内，并没有随着时间的推移而趋于稳定，各省份之间差异仍然存在。

表 7-3　中国肉牛主产区碳排放效率 σ 收敛检验结果

变量	系数
t	0.005*** (0.003)

续表

变量	系数
Cons	-9.872***
	(5.165)
Obs	13
R^2	0.257

注：***、**、*分别表示在1%、5%、10%的水平上显著。

第三节 中国肉牛主产区碳排放效率绝对 β 收敛检验

绝对 β 收敛是 σ 收敛的必要非充分条件，碳排放效率值低的地区可能具有更高的增长率，对高值地区存在"追赶效应"。因此，有必要进一步检验中国肉牛主产区碳排放效率值是否存在绝对 β 收敛，验证效率水平比较低的地区是否存在"追赶效应"，各主产区碳排放效率是否趋近于同一稳态均衡值。本书运用空间计量模型检验中国四大肉牛主产区碳排放效率的收敛性情况，构建计量模型如式（7.14）所示：

$$\ln\left(\frac{CEE_{i,t+k}}{CEE_{i,t}}\right) = \alpha I + \beta \ln CEE_{i,t} + \rho W \ln\left(\frac{CEE_{i,t+k}}{CEE_{i,t}}\right) + \varepsilon \quad (7.14)$$

式（7.14）中，i 表示不同省（区、市）；$\frac{CEE_{i,t+k}}{CEE_{i,t}}$ 表示 i 地区碳排放效率第 t 年的增长率；I 表示空间单位向量；ε 为随机扰动项；α 为常数项；ρ 为空间效应系数；β 为收敛系数，当 β 系数小于 0 且通过显著性检验时，存在绝对 β 收敛性，否则不存在绝对 β 收敛性。

空间计量经济模型主要包含空间滞后模型（SLM）、空间误差模型（SEM）及空间杜宾模型（SDM），需要对 SDM 模型、SLM 模型和 SEM 模型的适用性进行判别，本书采用 LM 检验对计量模型进行初步判断，结果如表 7-4 所示。

第七章　中国肉牛主产区碳排放效率的收敛性及减排潜力分析

表 7-4　绝对收敛下碳排放效率空间相关性检验结果

检验模型	统计量	p 值
Lagrange Multiplier (error)	0.600	0.439
Robust LM (error)	8.783	0.003
Lagrange Multiplier (lag)	3.874	0.049
Robust LM (lag)	12.057	0.001
SLM nested in SDM	0.000	0.967
SEM nested in SDM	0.080	0.780
Hausman test	14.16	0.003

从 LMerr、LMlag 及相关稳健形式的检验结果上来看，LMerr 的统计量（0.600）小于 LMlag 的统计量（3.874），且不显著，而 LMlag 的统计量在 1% 水平上显著，并且在 Robust LM 检验中 Robust LMlag 的统计值也大于 Robust LMerr，并在 1% 水平上显著。通过实证结果可以观测到空间滞后模型比空间误差模型效果更好。进一步采用 LR 检验，在 SDM 模型与 SLM 模型中作出选择，SDM 模型可以简化为 SEM 模型及 SLM 模型的 LR 检验值皆无法拒绝原假设，SDM 模型可以简化为 SLM 模型。在 Hausman 检验中，结果显示应采用固定效应模型，所以本书在分析 β 绝对收敛时选择固定效应的空间滞后 SLM 模型。

表 7-5 显示了空间滞后 SLM 模型与普通面板模型的实证结果，通过 Log L 和 R^2 的观测值可以看到对于中原地区、东北地区、西北地区、西南地区及四大主产区整体而言，空间滞后模型的拟合优度都要优于普通面板模型。就空间滞后模型来看，中原地区、东北地区、西北地区、西南地区及四大主产区整体的 β 值都小于 0 且都在 1% 水平上显著，也就是说四大主产区的碳排放效率值是存在绝对 β 收敛的。其中西南地区 β 值的绝对值最大，西北地区次之，中原地区最小，说明西部地区的收敛速度大于东北地区，中原地区的收敛速度最慢，这与杨朝均和刘立菊学者对中国低碳创新地区差异空间收敛性的研究结果一致[①]。

[①] 杨朝均、刘立菊：《中国低碳创新的地区差异及空间收敛性研究》，《技术经济》2020 年第 1 期。

表 7-5 肉牛主产区碳排放效率的绝对 β 收敛估计结果

变量	中原 OLS	中原 SLM	东北 OLS	东北 SLM	西北 OLS	西北 SLM	西南 OLS	西南 SLM	四大主产区 OLS	四大主产区 SLM
β	-0.368*** (0.128)	-0.264*** (0.099)	-0.117 (0.076)	-0.276*** (0.105)	-0.143* (0.081)	-0.355*** (0.088)	-0.298*** (0.079)	-0.676*** (0.115)	-0.140*** (0.035)	-0.524*** (0.063)
ρ		-0.680*** (0.190)		-0.776*** (0.264)		-0.903*** (0.151)		-1.149*** (0.226)		-0.616*** (0.253)
R^2	0.151	0.881	0.049	0.226	0.063	0.294	0.198	0.389	0.074	0.261
Log L	26.239	55.304	21.213	48.089	15.949	52.093	40.441	73.643	95.691	154.650

注：***、**、* 分别表示在 1%、5%、10% 的水平上显著。

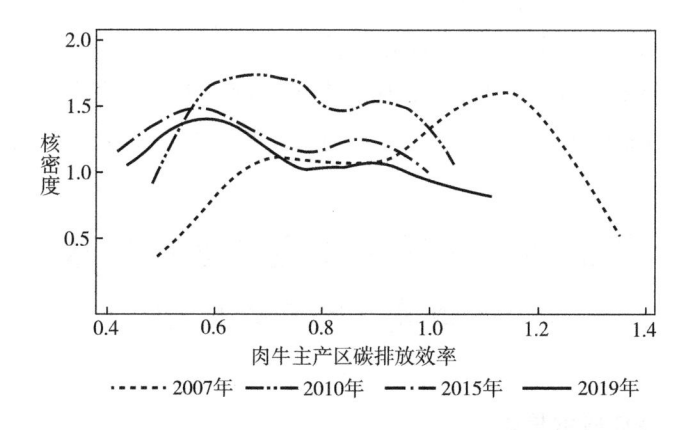

第四节　中国肉牛主产区碳排放效率核密度函数估计

若核密度曲线图呈现为"单峰"态势，则说明中国四大肉牛主产区碳排放效率值分布收敛于同一均衡点，倘若核密度曲线图呈现为"双峰"态势，或呈现"多峰"态势，则说明中国四大肉牛主产区碳排放效率值将分别收敛于"高""低"不同的均衡点，表明四大肉牛主产区碳排放效率值呈现出"两极分化"或"多极化"的趋势。本节选取2007年、2010年、2015年、2019年4个年份为代表样本绘制核密度曲线图，如图7-4所示。其中横轴为主产区碳排放效率值，纵轴为核密度值。

图7-4　中国肉牛主产区碳排放效率核密度曲线

通过核密度曲线图可以观测到：

（1）2007—2019年，中国四大肉牛主产区碳排放效率呈现"双峰"分布态势，说明部分省份收敛于"高值"，另一部分则收敛于"低值"。

（2）从位置上看，中国四大肉牛主产区碳排放效率核密度曲线整体向左偏移，说明主产区碳排放效率整体呈下滑态势。

（3）2007年出现的"双峰"结构中，第一个主峰位于低水平区间，第二个主峰高于第一个主峰，"左峰"低于"右峰"，说明肉牛主产区碳排放效率低值省份数量所占比重小于高值省份数量所占比重；而到了2010年，"左峰"明显高于"右峰"，说明碳排放效率低值省份数量所占比重大于高值省份数量所占比重，这种趋势一直持续到2019年。

（4）2007—2010年，"左峰"峰度升高，说明低值省份的集中度在提高，2010年后，"左峰"峰度降低，说明低值省份的集中度在降低。对于"右峰"而言，2007—2019年，"右峰"峰度明显降低，说明高值省份的集中度在降低。

（5）从拖尾程度上来看，左侧拖尾向低值处延展，说明主产区碳排放效率值不断出现低值，在2015年达到最低值，右侧拖尾亦向低值处延展，2015年后有所恢复。"左峰"与"右峰"的密度中心都向左移动，说明主产区总体都向更低值处收敛。

通过核密度估计，证实了在研究期内中国四大肉牛主产区碳排放效率值不存在整体上的收敛，但可初步判断呈现出"俱乐部"收敛的态势。

第五节　中国肉牛主产区碳排放效率PS收敛检验

一　整体收敛检验

由于中国四大肉牛主产区17个省份的经济发展水平、资源禀赋、环境规制等方面存在差异，使用同质性收敛模型会造成研究偏误，故而本书引入Phillips、Sul提出的非线性时变因子模型，对四大主产区碳排放效率进行整体收敛性检验。首先提出如下原假设与备择假设：原假设为所有肉牛主产区的碳排放效率均收敛；备择假设为某些肉牛主产区的碳排放效率发散。本书对模型（7.12）进行估计，结果如表7-6所示。

表 7-6　中国肉牛主产区碳排放效率的整体收敛检验
[log（t）检验]

	估计系数	标准误	t 统计值	整体收敛性
log（t）	-1.159	0.648	-1.790	发散

通过 t 统计值可以进行整体收敛性的判断，$t_b = -1.790$，小于 -1.65，说明在 0.05 的显著性水平上，可以拒绝"所有肉牛主产区的碳排放效率均收敛"的原假设，中国四大肉牛主产区碳排放效率不存在整体收敛，进一步采用俱乐部收敛进行检验。

二　俱乐部收敛检验

由整体收敛检验结果可知，中国 17 个肉牛主产区的碳排放效率不存在整体收敛，总体不收敛并不意味着不存在收敛趋势，因此进一步检验是否存在俱乐部收敛。俱乐部收敛检验步骤如下：

第 1 步，将所有地区 $\frac{1}{2} \cdot T$ 时间段（2014—2019 年）的碳排放效率均值按大小进行排序，从高至低的排序为：河北、山东、河南、贵州、吉林、辽宁、新疆、甘肃、安徽、四川、宁夏、云南、广西、内蒙古、重庆、黑龙江、陕西。

第 2 步，选取碳排放效率观测值靠前的两个区域，即河北和山东，构建为核心组，采用 Log t 检验判断收敛性，Log t 检验中 t 值为 0.157，大于 -1.65，接受原假设，河北与山东构成核心组。

第 3 步，筛选俱乐部成员，将核心组互补集合的成员依据平均值的高低次序分别加入核心组进行 Log t 检验，当得到的 t 值满足 $t > -1.65$ 时，则将该成员与核心组成员一同纳入俱乐部中，重复此步骤，直到非核心组省份加入后使得 $t < -1.65$，则停止检验。俱乐部 1 的成员包括河北、山东、吉林。

第 4 步，将前 3 步中没有选中的地区构建为一个组别检验其收敛性。如果拒绝原假设，将剩余地区按照前 3 步中的步骤再次进行 Log t 检验筛选其他收敛类型。重复以上步骤，直到所有地区均纳入所属俱乐部中。

第5步，检验俱乐部各类型组别之间是否可以合并。通过前4步进行俱乐部成员分类，实证结果如表7-7所示，形成了3个俱乐部类型，各类俱乐部的t值均明显大于-1.65。得到俱乐部1的成员包括河北、山东、吉林。俱乐部2的成员包括河南、辽宁、新疆、甘肃、宁夏、四川、云南、贵州、广西。俱乐部3的成员包括安徽、黑龙江、内蒙古、陕西、重庆。继续采用Phillips提出的合并法对3个俱乐部进行检验，判断收敛类型能否合并，结果如表7-7所示。

表7-7　　　　　　　　俱乐部收敛成员分类

俱乐部	估计系数	t统计值	俱乐部成员
俱乐部1	0.026	0.281	河北、山东、吉林
俱乐部2	0.167	25.634	河南、辽宁、新疆、甘肃、宁夏、四川、云南、贵州、广西
俱乐部3	0.689	7.168	安徽、黑龙江、内蒙古、陕西、重庆

采用杜克锐和邹楚沅学者开发的Stata指令进行俱乐部收敛类型合并检验①，通过表7-8可以看到，类型1和类型2、类型2和类型3的合并检验对应系数的t值小于临界值，说明类型1和类型2、类型2和类型3无法合并。三个俱乐部不能合并，仍保持原来的状态。

表7-8　　　　　　　　俱乐部收敛合并分类

俱乐部	合并检验	合并后俱乐部
俱乐部1 [3]	Club1+2 -0.354* (-11.866)	俱乐部A [3]
俱乐部2 [9]	Club2+3 -0.148* (-20.747)	俱乐部B [9]
俱乐部3 [5]		俱乐部C [5]

注：[ ] 内为俱乐部成员个数；( ) 内为标准误差；* 表示不能合并。

---

① 杜克锐、邹楚沅：《我国碳排放效率地区差异、影响因素及收敛性分析——基于随机前沿模型和面板单位根的实证研究》，《浙江社会科学》2011年第11期。

第七章 中国肉牛主产区碳排放效率的收敛性及减排潜力分析

最终,将中国四大肉牛主产区碳排放效率值分为三种收敛类型,具体分类结果如表7-9所示。类型 A 包括河北、山东、吉林,其中包括中原地区的 2 个省份,以及东北地区的 1 个省份,地域经济发展的初始条件以及肉牛饲养环境都十分相似,整体上来看,这些地区的碳排放效率的均值水平较高。类型 B 包括河南、辽宁、新疆、甘肃、宁夏、四川、云南、贵州、广西,以西北地区及西南地区为主,表明西部省域在资源要素配置等方面具有相似之处。类型 C 包括安徽、黑龙江、内蒙古、陕西、重庆,这些省份的碳排放效率表现为收敛,表明这些省域之间碳排放效率的差异正在逐渐缩小。

表7-9　　　　　　　俱乐部收敛合并分类结果

俱乐部类型	俱乐部成员
俱乐部 A	河北、山东、吉林
俱乐部 B	河南、辽宁、新疆、甘肃、宁夏、四川、云南、贵州、广西
俱乐部 C	安徽、黑龙江、内蒙古、陕西、重庆

第六节　中国肉牛主产区碳减排潜力分析

一　减排潜力测算模型构建

通过第四章的测算,可以发现中国肉牛主产区多个省份尚未处于碳排放效率的生产前沿面,为深入探究各主产区碳减排的潜力与规模,本书参照魏楚等、余泳泽、郭姣等学者的研究思路[1][2][3],构建碳减排潜力测算模型,对中国四大肉牛主产区 17 个省(区、市)的减

---

[1] 魏楚等:《中国能否实现节能减排目标:基于 DEA 方法的评价与模拟》,《世界经济》2010 年第 3 期。

[2] 余泳泽:《我国节能减排潜力、治理效率与实施路径研究》,《中国工业经济》2011 年第 5 期。

[3] 郭姣:《中国三大城市群节能减排效率及空间治理研究》,博士学位论文,天津理工大学,2021 年。

排潜力进行测算。对于存在非期望产出的情况,测算减排潜力时,一般采用间接法,将非期望产出进行转换,使转换后的数据可以包括在正常的产出函数中[①]。如图7-5所示,SS'是生产可能性边界,Y_1为期望产出,Y_2为非期望产出,A为非经济有效DMU,B为技术有效,A'为经济有效的帕累托最优点。A点存在效率损失,A点到B点则达到技术前沿,继而B点到A'点为配置效率造成的浪费。相较于帕累托最优点A'',A点应增加两部分产出:一是由于技术无效导致的产出不足AB,其中非期望产出应减少BA''。二是由于配置不恰当所导致的BA',故而则$BA''+BA'$为减排潜力的转换变量。

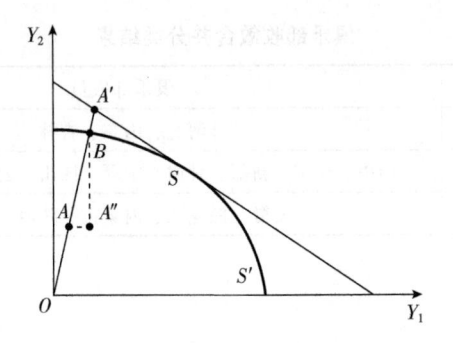

图 7-5 碳减排潜力测算模型

利用乘法逆转法(MLT)对非期望产出碳排放进行转换,根据Banker等、魏楚等、曹珂和屈小娥等学者的思路[②③④],将生产技术集定义为$T=\{(x,y) \mid \lambda^T X \leq x, \lambda^T Y \geq y, \lambda^T e=1\}$,选取转换函数$f_i^k$

[①] Scheel Holger, "Undesirable Outputs in Efficiency Valuations", European Journal of Operational Research, Vol. 132, No. 2, 2001, p. 400.

[②] Banker Rajiv, et al., "Some Models for Estimating Technical and Scale Inefficiencies in Data Envelopment Analysis", Management Science, Vol. 30, No. 9, 1984, p. 1078.

[③] 魏楚等:《中国能否实现节能减排目标:基于DEA方法的评价与模拟》,《世界经济》2010年第3期。

[④] 曹珂、屈小娥:《中国区域碳排放绩效评估及减碳潜力研究》,《中国人口·资源与环境》2014年第8期。

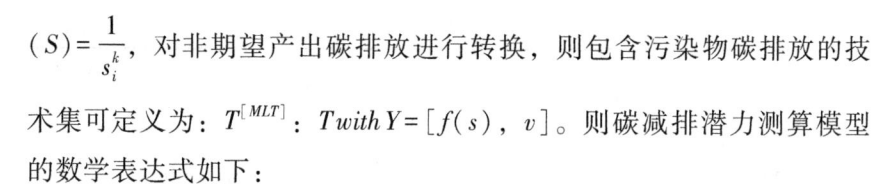

$(S)=\dfrac{1}{s_i^k}$，对非期望产出碳排放进行转换，则包含污染物碳排放的技术集可定义为：$T^{[MLT]}:T with Y=[f(s),v]$。则碳减排潜力测算模型的数学表达式如下：

$$CPP_{it}=(ACP_{it}-TCP_{it})/ACP_{it} \quad (7.15)$$

式（7.15）中，CPP_{it} 表示污染物碳排放的减排潜力；ACP_{it} i 地区 t 时期的实际碳排放量，TCP_{it} i 地区 t 时期的生产前沿面碳排放量。CPP_{it} 越大说明污染越严重，减排潜力越大。

二 肉牛主产区碳减排潜力测算及分析

减碳量指如果该地区按照最优前沿模式运行，在既定投入和产出等相同条件下，可以减少的碳排放量，同时这也是指该产区在养殖、生产过程中可节约但未节约导致的过度投入量。碳减排潜力则是该产区减碳量占真实排放量的比重，这就意味着碳减排潜力越高，主产区因无效利用及低效配置而导致的浪费也就越严重，但同时减碳空间和减碳潜力也越大，改进和提升的空间也很大。根据式（7.15），首先计算出各主产区的目标碳排放量 TCP_{it}，结合实际碳排放量 ACP_{it}，就可以计算出 i 地区在 t 时期的可减碳量和减碳潜力，计算结果如表 7-10 所示。

表 7-10 各肉牛主产区碳减排潜力、可减碳量及减碳规模

省份	减排潜力（%）				可减碳量（吨）				减碳规模（%）
	2007 年	2011 年	2016 年	2019 年	2007 年	2011 年	2016 年	2019 年	2007—2019 年
河南	0	17.63	0	15.02	0	1262.62	0	451.41	2.87
河北	0	4.23	5.32	0	0	75.07	105.00	0	0.27
山东	0	0	7.87	10.38	0	0	300.27	306.18	0.53
安徽	0	0	0	0	0	0	0	0	0
黑龙江	4.09	0	0	0	171.25	0	0	0	0.15
吉林	24.20	0	0	0	1373.47	0	0	0	1.69
内蒙古	32.27	37.42	32.59	34.37	1248.75	1369.09	1550.28	1836.97	17.05

续表

省份	减排潜力（%）				可减碳量（吨）				减碳规模（%）
	2007年	2011年	2016年	2019年	2007年	2011年	2016年	2019年	2007—2019年
辽宁	0	0	5.15	0.20	0	0	199.48	5.08	0.29
新疆	0	58.46	0	0	0	559.38	0	0	3.50
甘肃	0	2.60	43.07	0	0	113.78	1940.48	0	6.06
陕西	36.78	21.41	26.19	30.51	500.48	239.10	292.69	402.16	2.95
宁夏	31.12	60.67	36.14	47.09	237.49	406.49	298.76	494.75	3.77
四川	0	52.77	40.18	65.72	0	2772.22	2379.83	3536.92	26.74
重庆	50.61	7.80	0	0	364.80	66.00	0	0	0.73
云南	0	34.40	45.98	9.37	0	2473.61	3562.36	782.05	20.52
贵州	0	55.38	0	45.71	0	1634.33	0	2117.88	8.59
广西	41.75	0	16.36	17.22	791.99	0	163.98	190.03	4.31

通过表7-10可以发现，中国各肉牛主产区碳减排潜力差异较大，有部分地区处于生产前沿面上，如黑龙江与吉林在2007年以外的年份中，减排潜力与可减碳量均为0，安徽在研究期内的减排潜力与减排规模均为0，2019年河北、安徽、黑龙江、吉林、新疆、甘肃以及重庆等地区的减排潜力与可减碳量为0。对于这些处于生产前沿面上的肉牛产区，并不意味着这些产区不存在效率损失，而是与其他产区相比，在当前技术条件和产出水平下，已经处于帕累托最优点，目前无法在保证产出不变的情况下进一步减少碳排放量。在2007—2019年样本考察期内，年碳减排潜力均超过20%的地区包括内蒙古、陕西、宁夏，这些是需对碳排放情况进行重点监控的主产区。2019年碳减排潜力超过30%的地区包括四川、宁夏、贵州、内蒙古、陕西，其中四川的碳减排潜力达到65.72%，说明目前西北及西南地区是减排潜力较大的区域。同时这也意味着这些产区与处于生产前沿面的产区相比，由于其资源要素配置、低碳养殖技术采纳及管理水平等因素的差异，导致生产过程中有超过30%，甚至超过一半的资源没有发挥出

最高的能效，碳排放效率亟待改善与提升。

从可减碳量来看，2007年，吉林及内蒙古的可减碳量占比最大，比重达到全国的56%。2011年，四川、云南、贵州、内蒙古及河南的可减碳量占比最大，比重达到全国的87%。2016年，云南、四川、甘肃及内蒙古的可减碳量占比最大，比重达到全国的87%。2019年，四川、贵州及内蒙古的可减碳量占比最大，比重达到全国的74%，属于减碳大户。从减排规模上来看，在2007—2019年样本考察期内，四川、云南、贵州、内蒙古等省区是肉牛主产区中减碳规模最大的省区，这些省区对肉牛主产区整体可减碳量具有较强的拉动力。

将表7-10中各地区的数据进行加总可以得到中国肉牛主产区可减碳量及碳减排潜力，如表7-11所示。可以看出，中国肉牛主产区在2016年后的可减碳量可以达到10000吨，在2007—2019年样本考察期内平均减排潜力达到15.53%，这说明如果各地区以处于生产前沿面的地区作为参照及目标，通过改善碳排放效率达到生产前沿，那么可以在已有投入及现有牛肉产量不变的情况下，减少15.53%的碳排放。

表7-11　2007—2019年中国肉牛主产区可减碳量及碳减排潜力

年份	可减碳量（吨）	减排潜力（%）
2007	4688.24	12.65
2008	4949.32	13.54
2009	10132.33	18.07
2010	8017.48	17.12
2011	10971.69	20.17
2012	9118.06	17.55
2013	8063.34	15.11
2014	9132.30	15.93
2015	9603.23	12.92
2016	10793.14	14.90
2017	12010.77	17.49
2018	12010.77	10.98
2019	10123.42	15.50

进一步绘制图7-6，显示各肉牛主产区碳减排潜力的动态变化趋势，可以发现，在四大肉牛主产区中，西北地区减排潜力最大，2007—2019年减排潜力平均值达到27.44%。在西北地区中，除重庆外，其他地区均表现为较大的减碳空间和减碳规模。西南地区次之，减排潜力平均值达到22.75%，西南地区中，除新疆与甘肃，其他地区均表现为较大的减碳空间和减碳规模。其次是东北地区，减排潜力平均值为10.25%，除内蒙古外，其余三个省份的可减碳量和减碳规模都较小。中原地区减排潜力平均值为1.7%。2018—2019年，西南地区、东北地区及中原地区的碳减排潜力有所提升，西北地区的碳减排潜力略有下降。

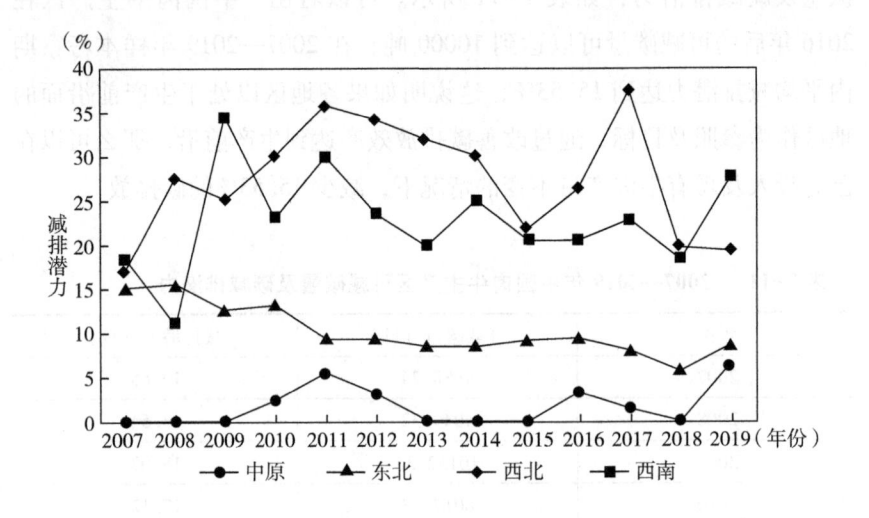

图7-6 中国肉牛主产区碳减排潜力趋势

第七节 本章小结

本章对中国肉牛主产区碳排放效率的收敛情况进行了判断，采用σ收敛、绝对β收敛、PS收敛等方法对收敛性进行分析和研究，并利用核密度函数刻画碳排放效率的整体演变动态趋势此外,构建了碳减排潜力测算模型,对中国肉牛主产区的碳减排潜力、可减碳量及减碳规模进行测算,从而加深了对中国肉牛主产区碳排放效率变化趋势的理解。主要得到以下研究结论:

(1) 在 2007—2019 年研究期内,中国肉牛主产区的碳排放效率不存在 σ 收敛,在样本期内,各主产区碳排放效率的差异并没有随着时间的推移而趋于稳定,各省份之间差异仍然存在。但存在绝对 β 收敛,碳排放效率值低的地区具有更高的增长率,对高值地区存在"追赶效应",其中西部地区的收敛速度大于东北地区,中原地区的收敛速度最慢。

(2) 通过核密度估计,可以得到肉牛主产区碳排放效率整体呈下滑态势,碳排放效率值不断出现低值,主产区总体都向更低值处收敛。并再次验证了在研究期内中国肉牛主产区碳排放效率值不存在整体上的收敛,但可初步判断存在"俱乐部收敛"的现象。

(3) 基于异质性假设的 PS 收敛模型能内生地识别俱乐部收敛类型。在 PS 收敛检验下,肉牛主产区碳排放效率不存在整体收敛,需要进一步采用俱乐部收敛进行检验。在俱乐部收敛检验中,可以将主产区划分为三种收敛类型,类型 A 包括河北、山东、吉林,类型 B 包括河南、辽宁、新疆、甘肃、宁夏、四川、云南、贵州、广西,类型 C 包括安徽、黑龙江、内蒙古、陕西、重庆,各类型组内的碳排放效率均表现为收敛,组内省域之间碳排放效率的差异正在逐渐缩小。

(4) 中国各肉牛主产区碳减排潜力差异较大,2019 年河北、安徽、黑龙江、吉林、新疆、甘肃以及重庆等地区的减排潜力为 0,这些地区目前处于生产前沿面上。2019 年碳减排潜力超过 30% 的地区包括四川、宁夏、贵州、内蒙古、陕西,其中四川的碳减排潜力达到 65.72%,可以看到目前西北及西南地区是减排潜力最大的区域,这些地区的碳排放效率急需进行改善。在 2007—2019 年样本考察期内,年碳减排潜力均超过 20% 的地区包括内蒙古、陕西、宁夏,这些地区是肉牛主产区中碳减排的重点监控地区。

(5) 从可减碳量来看,2019 年四川、贵州及内蒙古的可减碳量占比达到全国的74%，属于减碳大户。从减排规模上来看，四川、云南、贵州、内蒙古等省区是肉牛主产区中减碳规模最大的省区，对肉牛主产区的可减碳量具有较强的拉动力。从碳减排潜力的动态变化趋势上看，研究期内西北主产区的减排潜力最大，但在2018年至2019年期间有所下降，而西南地区、东北地区及中原地区的碳减排潜力则有所提升。

（6）在2007—2019年样本考察期内平均减排潜力达到15.53%，这说明如果各地区以处于生产前沿面的产区作为参照及目标，通过改善碳排放效率达到生产前沿，那么可以在已有投入及现有牛肉产量不变的情况下，减少15.53%的碳排放。

第八章

研究结论、政策建议与研究展望

2020年,《国务院办公厅关于促进畜牧业高质量发展的意见》中强调要坚持畜牧业绿色发展,统筹资源环境承载能力,协同推进畜禽养殖和环境保护。本书将碳排放作为非期望产出纳入肉牛产业效率分析框架,科学测算中国肉牛主产区碳排放效率水平,同时从静态和动态两方面来分析其时空演变规律,并从空间计量的角度剖析中国肉牛主产区碳排放效率的空间相关性、收敛性及其动态演进趋势,基于此厘清影响中国肉牛主产区碳排放效率的影响因素,并对各主产区的减排潜力进行探究。本章内容安排如下:首先,对各章节主要研究结论进行归纳与总结;其次,在研究结论的基础上,提出提高中国肉牛主产区碳排放效率的相关政策建议;最后,总结本书存在的不足之处并对未来的研究方向进行展望。

第一节 研究结论

一 中国肉牛主产区碳排放效率水平还不高,与生产前沿面还有一定差距,各主产区的碳排放效率存在显著差异,区域发展存在不均衡、不充分的情况

本书在考虑外部环境、随机误差及存在多个有效单元的情况下,采用三阶段超效率 SBM-DEA 模型,将碳排放量纳入效率测算框架,对中国肉牛主产区碳排放效率进行评价,并从静态及动态两个方面探讨肉牛主产区碳排放效率的区域差异。主要结论如下：

第一，中国肉牛主产区碳排放效率水平与生产前沿面还有一定差距。在剥离外部环境与随机误差带来的影响后，效率值产生了显著差异，采用三阶段超效率SBM-DEA模型剥离外部环境与随机误差带来的影响是合理且必要的。

第二，在剔除省域经济水平、政府对行业的扶持力度及环保投入等外部环境影响后，碳排放效率值呈上升态势的有河北、内蒙古、辽宁、吉林、黑龙江、山东、河南、云南、新疆，说明这些地区除内部管理水平外，还会受到相对不利的外部环境影响。碳排放效率值呈下降态势的有安徽、广西、四川、重庆、贵州、陕西、甘肃、宁夏，说明这些地区会受到相对有利的外部环境影响。

第三，在静态特征分析中，中国肉牛主产区碳排放效率值随时间变化呈现出波动下降趋势，整体呈现负增长。从地域上来看，中国肉牛主产区碳排放效率存在明显的区域空间差异，碳排放效率值呈现出"中原＞东北＞西北＞西南"的格局。

第四，在动态特征分析中，通过GML指数分解得到2007—2019年中国肉牛主产区的GML指数平均值小于1，主产区碳排放效率整体呈现下降趋势。从碳排放效率的增长动力来源看，规模化效率带来的贡献占比更大，生产要素利用率不高是导致目前中国肉牛主产区碳排放效率GML指数偏低的主要原因。对于GEC指数，"十二五"时期达到"1"的地区最多，说明这一时期的综合效率水平增长最快，资源配置合理，规模化养殖水平提高。对于GTC指数，"十三五"时期达到"1"的地区最多，说明随着时间增长，肉牛遗传育种、饲料营养等养殖技术水平有所提高，使GEC指数有所提升。

二 中国肉牛主产区碳排放效率的差异会受空间单元的影响，具有较强的空间相关性，碳排放效率的空间分布存在聚集效应

本书从空间视角出发，通过探索性空间数据分析方法（ESDA）从全局和局部两个角度对中国肉牛主产区碳排放效率的空间相关性进行分析，以揭示各肉牛主产区碳排放效率的空间集聚特征。主要结论如下：

第一，通过全局莫兰指数可以看出，中国肉牛主产区中的各省份存在正相关关系，碳排放效率的空间分布存在聚集效应。全局莫兰指数在研究期间内呈现较大变动幅度，空间集聚特征并不稳定，存在较大的波动性，总体上呈现先下降后上升的"U"形趋势。

第二，通过莫兰散点图可以看出，大部分省份主要集中在第一象限、第三象限，存在较强的正向空间相关性。第一象限地区总体上呈现出减少的趋势，分布主要以中原主产区为主，东北主产区的个别省份受到中原主产区的空间溢出效应最为明显。第三象限地区分布则以西南及西北主产区为主，整体上受中原主产区的带动效应较弱，逐渐形成了低碳排放效率的连绵区。

第三，通过LISA集聚分析可以看出，在研究期内，H-H集聚区的数量显著减少，从中原主产区转移到东北及西北主产区。L-L集聚区则逐渐向西南主产区聚集，西南主产区中贵州碳排放效率较高，周边邻近区域水平低，整个西南主产区的碳排放效率呈现较低发展水平。

三 空间地理因素是研究肉牛主产区碳排放效率不可或缺的因素，其溢出效应明显，其他影响因素对不同主产区的影响也存在差异

本书剖析了肉牛主产区碳排放效率各影响因素的内在影响机理，并在此基础上，采用SDM空间杜宾模型捕捉空间地理因素，并对区域间的影响因素及其空间溢出效应进行检验。主要结论如下：

第一，空间地理因素对肉牛主产区碳排放效率有显著影响，通过资源要素流动、科技信息交流、政策延伸等方式，使邻近肉牛主产区碳排放效率的空间依赖性加强，各空间单元的联系更加紧密。

第二，就主产区整体而言，本地区规模化程度、机械化水平、专业技术水平及城乡收入差距对肉牛主产区碳排放效率具有显著的正向影响，本地区经济发展水平对肉牛主产区碳排放效率具有显著的负向影响。能够产生空间溢出效应的因素包括进口依存度、规模化程度及城乡收入差距，其中进口依存度具有显著的正向溢出效应，规模化程度、城乡收入差距则具有显著的抑制效应。

第三，从区域的角度来看，各影响因素对不同主产区碳排放效率的作用大小以及对邻近地区产生溢出效应的大小存在较大差异，影响效果的显著性不同，影响大小也不同。对于中原主产区，机械化水平、受教育程度、专业技术水平、城乡收入差距对肉牛主产区碳排放效率产生了显著的正向影响，对邻近地区只有机械化水平、进口依存度、城乡收入差距具有显著影响。对于东北主产区，经济发展水平、进口依存度及受教育程度对肉牛主产区碳排放效率产生了显著的正向影响，而规模化程度产生了负向影响，这些因素在对邻近地区的影响中也具有显著性。对于西北主产区，经济发展水平、规模化程度、专业技术水平对肉牛主产区碳排放效率产生了显著的正向影响，对邻近地区则在经济发展水平、机械化水平、进口依存度、受教育程度上具有显著影响。对于西南主产区，经济发展水平、进口依存度、受教育程度、专业技术水平对肉牛主产区碳排放效率产生了显著的正向影响，而规模化程度、城乡收入差距产生了负向影响，对邻近地区的影响中经济发展水平、规模化程度、受教育程度、专业技术水平、城乡收入差距具有显著影响。

四　中国肉牛主产区的碳排放效率不存在 σ 收敛，但存在绝对 β 收敛，碳排放效率低值地区对高值地区存在"追赶效应"。各俱乐部组内的碳排放效率表现为收敛，省域之间碳排放效率的差异正在逐渐缩小

本书基于收敛性理论，采用 σ 收敛及绝对 β 收敛对中国肉牛主产区碳排放效率进行绝对收敛检验，利用核密度函数刻画中国肉牛主产区碳排放效率的整体演变动态趋势，并采用 PS 收敛对中国肉牛主产区碳排放效率的整体收敛及俱乐部收敛进行检验，以揭示四大肉牛主产区碳排放效率的差异是否会随着时间的推移而逐渐缩小。主要结论如下：

第一，在研究期内，中国肉牛主产区的碳排放效率不存在 σ 收敛，在样本期内，各肉牛主产区碳排放效率的区域差异没有随着时间的推移而趋于稳定，各省份之间的差异仍然存在。

第二，中国肉牛主产区的碳排放效率存在绝对 β 收敛，碳排放效率值低的地区具有更高的增长率，对高值地区存在"追赶效应"，其中西部地区的收敛速度大于东北地区，中原地区的收敛速度最慢。

第三，通过核密度估计及 PS 收敛检验可以看出，肉牛主产区碳排放效率整体呈下滑态势，碳排放效率值不断出现低值，主产区总体都向更低值处收敛，主产区碳排放效率值不存在整体上的收敛。

第四，在俱乐部收敛检验中，可以将主产区划分为三种收敛类型，类型 A 包括河北、山东、吉林。类型 B 包括河南、辽宁、新疆、甘肃、宁夏、四川、云南、贵州、广西，类型 C 包括安徽、黑龙江、内蒙古、陕西、重庆，各类型组内的碳排放效率均表现为收敛，说明各组内省域之间碳排放效率的差异正在逐渐缩小。

五 中国四大肉牛主产区皆存在碳减排潜力，但主产区内各地区碳减排潜力差异较大，可减碳量及减排规模也存在区域差异

本书构建了碳减排潜力测算模型，量化了中国肉牛主产区的碳减排潜力、可减碳量和减排规模，能够对推动主产区协调发展以及确定各主产区减排的工作重点提供决策依据。主要结论如下：

第一，中国各肉牛主产区碳减排潜力差异较大，2019 年河北、安徽、黑龙江、吉林、新疆、甘肃以及重庆等地区的减排潜力为 0，这些地区目前处于生产前沿面上。2019 年碳减排潜力超过 30% 的地区包括内蒙古、陕西、宁夏、四川、贵州，其中四川的碳减排潜力达到 65.72%，可以看到目前西北及西南主产区是减排潜力最大的区域，碳排放效率急需进行改善。在 2007—2019 年样本考察期内，年碳减排潜力均超过 20% 的地区包括内蒙古、陕西、宁夏，这些地区是肉牛主产区中碳减排的重点监控地区。

第二，从可减碳量来看，2019 年四川、贵州及内蒙古的可减碳量占比达到全国的 74%，属于减碳大户。从减排规模上来看，四川、云南、贵州、内蒙古等省区是肉牛主产区中减碳规模最大的省区，对肉牛主产区的可减碳量具有较强的拉动力。

第三，从碳减排潜力的动态变化趋势上看，研究期内西北主产区的减排潜力最大，但在 2018 年至 2019 年期间有所下降，而西南、东北及中原的碳减排潜力则有所提升。

第四，在 2007—2019 年样本考察期内，中国肉牛主产区平均减排潜力达到15.53%，这说明如果各地区以处于生产前沿面的地区作为参照及目标，通过改善碳排放效率达到生产前沿，那么可以在已有投入及现有牛肉产量不变的情况下，减少15.53%的碳排放。

第二节 政策建议

一 充分发挥低碳养殖示范区正向扩散作用，规避负向溢出效应

中国四大肉牛主产区碳排放效率会受到空间单元的影响，具有较强的空间相关性，随着生态系统空间流转、区域间经济交互、生产要素流动、养殖政策等方面的交互作用，会对邻近地区产生正向溢出效应或负向溢出效应。因此，应加大高碳排放效率主产区对周边地区的带动，加速形成空间集聚效应，形成"互帮互助、相互推进"的肉牛主产区碳减排模式，建立低碳肉牛养殖示范区，带动邻近产区的模仿与学习，通过人才交流、低碳技术推广等方式起到正向的辐射和带动作用。与此同时，因为搭便车效应、邻避效应的存在，制定肉牛产业减排政策时要规避负向溢出效应，避免为规避严苛的环保政策，使高碳养殖场迁移至邻近区域，造成周边产区的高污染。推动"H-L高低集聚区""L-H低高集聚区"加速向"H-H高高集聚区"的转型。

二 提高肉牛产业规模化程度，加大对低碳减排技术的扶持

目前，规模化程度是中国肉牛主产区碳排放效率增长的动力来源，而制约肉牛主产区碳排放效率水平提升的因素为减排技术不足。因此，推进适度规模化、集约化的肉牛养殖模式是提高中国肉牛主产区碳排放效率的有效途径。目前，中国肉牛饲养仍以小规模、大群体散养为主，标准化、集约化程度低。在传统的散养模式下，农户受制于成本及技术的约束，饲养设备和饲养条件有限，无法在饲料选择及粪污处理等环节上有效控制、减少碳排放。例如，养殖规模小、肉牛来源混杂的农户难以采用可显著提高肉牛生产性能和饲料转化率的TMR（全混合日粮）技术、阶段饲养和饲料配制技术以及大型粪污处理设施。规模化养殖模式是肉牛产业发展的必然趋势，也是实现肉牛

产业低碳发展的最佳路径。另一方面，加大对肉牛产业低碳减排技术的扶持是提高碳排放效率的有效手段。先进的技术是驱动产业进步的原动力。牛舍环境控制技术、粪污处理技术、生态发酵技术等都是能够减少肉牛产业碳排放的生态养殖技术。又如通过微生物菌种发酵，使肉牛排泄物短时间内降解并与相关辅材转变成有机肥，用于农田、果园施肥，实现循环利用的生态发酵床养牛技术。加大对环保减排技术的扶持，能够为产业的生产方式带来革新。实现发展与减排的"双赢"，从而提高碳排放效率。此外，还要提高农村劳动力及农业技术人员的受教育程度及专业技术水平，也有助于低碳减排技术及管理模式的实施及推广。

三 因地制宜，制定与各主产区自身资源禀赋、发展阶段与管理水平相匹配的减排政策

肉牛产业碳减排政策的制定，应考虑到各产区的空间异质性，制定与各主产区自身发展阶段与管理水平相匹配的减排目标并实施地区差异的技术推广模式，着力解决西北地区与西南地区饲养规模过小、组织化程度不高的问题，加强东北地区低碳减排技术的推广，鼓励中原主产区与其他区域之间的人才和技术交流，从而实现各主产区碳排放效率的提升。

此外，肉牛主产区碳排放效率与各主产区的自然条件、资源禀赋息息相关，各地域的资源条件各不相同，会造成主产区碳排放效率产生差异。东北主产区饲料粮丰富，年产农作物秸秆量大，基于此优势条件，吉林省推行"秸秆变肉"暨千万头肉牛工程建设，在减少了秸秆燃烧造成温室气体排放的同时将其饲料化，降低了肉牛饲料喂养阶段的碳排放。这种通过资源化利用实现碳减排的方式具有很大的推广价值。中原主产区是中国肉牛主产区中起步较早的一个区域，利用其已形成的高度组织化及全产业链肉牛产业模式，能够充分发挥其现代肉牛产业集聚优势，将低碳政策覆盖范围拓展，涵盖上游、下游产业链，促进肉牛产业全生命周期下的绿色发展。对于西北主产区，改变其传统草原畜牧业的生产生活方式，建立草畜产业良性循环体系，走农牧结合、种草养畜、牧民定居的战略路线，加大对天然生态草原的

保护与改良，培植壮大人工草场是依据其地域特点提高碳排放效率的有效途径。而西南主产区因其地处亚热带，夏季炎热，高气温易于沼气的形成，鼓励推动沼气补贴项目的实施，将肉牛排泄物通过发酵生成沼气进行再利用，能够利用该地域的自然优势改善主产区的碳排放效率水平。综上所述，通过政策引导，实现因地制宜，减少区域异质性，将具有相似初始条件及结构特征的俱乐部经济体收敛于同一稳态水平，能够降低各主产区碳排放效率的差异。

四 快速释放西南及西北主产区减排空间，深度挖掘各主产区减排潜力

通过研究发现，中国肉牛各主产区碳排放潜力存在区域异质性，未来在对各主产区制定碳减排政策时，应采取"先大后小"的策略。在2007—2019年样本考察期内，基于主产区视角下，西南及西北主产区是减排潜力较大的区域，碳排放效率亟待进行改善。可以通过加大政策扶持力度、资源要素配置等方式优先布局减排策略，促进主产区快速有效地释放碳减排潜力。对于中原及东北主产区，其整体碳排放潜力相对较小。在制定碳减排政策时，一方面应巩固减排成果，防范增排风险。另一方面，应引导主产区对肉牛产业低碳科学技术及管理模式的持续创新及推广，突破碳减排"瓶颈"，进一步挖掘减排潜力。在省域视角下，2019年碳减排潜力超过30%的省份包括四川、宁夏、贵州、内蒙古、陕西。这些地区是各肉牛主产区中碳减排潜力较大的省份，在推行相关减排政策时，能够产生较好的效果，并对其所在的肉牛主产区可减碳量提供较强的拉动力，较快地提高中国肉牛产业碳减排水平。在实施如建立低碳养殖试点等各类减排政策时应优先考虑这些地区。河北、安徽、黑龙江、吉林、新疆、甘肃以及重庆等省份的减排潜力为0，应在保持上述省份减排水平的同时加大对这些地区碳减排潜力的培育力度，提高其碳减排潜力的后劲。

五 兼顾产业发展与碳减排，尽早布局产业自主发展策略及碳减排政策

进口依存度会对碳排放效率产生显著的正向影响。2020年中国牛肉进口量达到275万吨，在全球牛肉进口量中位居第一。对于进口牛

肉而言，饲养及加工阶段的碳排放没有在中国发生。随着近几年国际环境和政治形势的日益严峻，无论是为响应国家内循环发展政策还是为兑现2030年实现碳达峰的承诺，提高自主肉牛产业竞争力、降低对进口牛肉及相关产品的依赖是中国肉牛产业未来发展的重点。这意味着随着中国肉牛产业自主能力的提高，未来可能会迎来产业增长与高碳排放并行的阶段。为应对这种情况，尽早规划布局产业自主发展策略及碳减排政策。

在全球碳减排的背景下，中国牛肉供需尚存在较大的缺口，2020年中国牛肉需求的28.9%是由进口满足的。在这种情况下，碳减排应以产业发展为前提。中国人的饭碗要掌握在自己手里，中国人的肉蛋奶也要掌握在自己手里。碳排放权同时也是发展权，中国肉牛产业仍需大力发展。要在制定减排政策的同时兼顾产业的健康发展，提高碳排放效率是解决问题的关键。例如，在饲料喂养环节，可以通过饲料加工调制等技术提高饲料转化率，增加肉牛单位生产性能从而减少碳排放。在粪肥管理环节，通过有机肥还田、微生物菌种发酵等技术降低碳排放等。提高肉牛产业碳排放效率既是履行碳达峰承诺的必要措施，也是中国肉牛产业可持续发展的关键路径，是实现经济、社会、生态多重属性有机统一、协调发展的良策。

第三节 研究展望

本书从碳排放效率测算及评价、空间相关性分析、碳排放效率影响因素、空间收敛性及减排潜力分析等几个方面对中国肉牛主产区碳排放效率进行了较为深入的研究。但限于研究能力、研究手段及数据获取等因素的限制，仍存在一些问题值得进一步探讨。具体表现在以下几个方面：

第一，目前有关于肉牛产业的相关统计数据较少，获取完整的、实时的宏观数据存在一定困难，使本书只能以2019年为截止年份，并且采用了指标换算、数理推导等统计方法对部分无法直接获取的统计数据进行了相对合理的补充，但在一定程度上依然会影响数据的准确性。在后续的研究中，可以进一步通过走访相关部门或实地探访等方法进一步提高研究数据的准确性。

第二，本书基于中国肉牛主产区17个省（区、市）13年的宏观数据进行了碳排放效率的相关研究，得到了省级层面的研究结论。但各肉牛主产区省域内部的差异也是非常大的，基于省级层面得到的政策建议并不适用于更细化的决策单元，在后续的研究中，应将研究尺度微观化，进一步探索肉牛主产市、县的碳排放效率，或以肉牛养殖场为研究对象，从而进一步提出更加有针对性的决策参考。

第三，本书在对中国肉牛主产区碳排放效率的影响因素进行分析时，虽然已将空间因素考虑在内，并对经济发展水平、规模化程度、机械化水平、进口依存度、受教育程度、专业技术水平及城乡收入差距等要素进行探讨，但在实际过程中，影响肉牛主产区碳排放效率的因素是多方面的，并且各影响因素之间也存在复杂的内部联系。在后续的研究中，应进一步探讨更多因素对中国肉牛主产区碳排放效率的影响，并对各因素的相互作用机理进行更深层次的剖析。

附 录

附表1 气候区 k 每种粪肥管理系统 S 的甲烷转化因子——MCF（S，k）　　单位:%

年均温度		粪肥管理系统								
		粪池	液体/泥肥	固体存放	干燥育肥场	草场/牧场/围场	每日施用	发酵	作燃料燃烧	其他
寒冷	10	66	17	2.0	1.0	1.0	0.1	10.0	10.0	1.0
	11	68	19	2.0	1.0	1.0	0.1	10.0	10.0	1.0
	12	70	20	2.0	1.0	1.0	0.1	10.0	10.0	1.0
	13	71	22	2.0	1.0	1.0	0.1	10.0	10.0	1.0
	14	73	25	2.0	1.0	1.0	0.1	10.0	10.0	1.0
温和	15	74	27	4.0	1.5	1.5	0.5	10.0	10.0	1.0
	16	75	29	4.0	1.5	1.5	0.5	10.0	10.0	1.0
	17	76	32	4.0	1.5	1.5	0.5	10.0	10.0	1.0
	18	77	35	4.0	1.5	1.5	0.5	10.0	10.0	1.0
	19	77	39	4.0	1.5	1.5	0.5	10.0	10.0	1.0
	20	78	42	4.0	1.5	1.5	0.5	10.0	10.0	1.0
	21	78	46	4.0	1.5	1.5	0.5	10.0	10.0	1.0
	22	78	50	4.0	1.5	1.5	0.5	10.0	10.0	1.0
	23	79	55	4.0	1.5	1.5	0.5	10.0	10.0	1.0
	24	79	60	4.0	1.5	1.5	0.5	10.0	10.0	1.0
	25	79	65	4.0	1.5	1.5	0.5	10.0	10.0	1.0

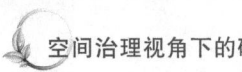

续表

年均温度		粪肥管理系统								
		粪池	液体/泥肥	固体存放	干燥育肥场	草场/牧场/围场	每日施用	发酵	作燃料燃烧	其他
温暖	26	79	71	5.0	2.0	2.0	1.0	10.0	10.0	1.0
	27	80	78	5.0	2.0	2.0	1.0	10.0	10.0	1.0
	28	80	80	5.0	2.0	2.0	1.0	10.0	10.0	1.0

资料来源：IPCC 国家温室气体清单指南。

附表 2　肉牛粪肥管理系统使用情况——MS（BC，S，k）　单位：%

	粪池	液体/泥肥	固体存放	干燥育肥场	草场/牧场/围场	每日施用	发酵	作燃料燃烧	其他
MS	0.0	0.0	0.0	46.0	50.0	2.0	0.0	2.0	0.0

注：采用《2006 年 IPCC 国家温室气体清单指南》中汇报的亚洲参考值。
资料来源：IPCC 国家温室气体清单指南。

附表 3　粪肥管理产生的氧化亚氮（N_2O）直接排放的缺省排放因子——$EF_{3(S)}$

系统	EF_3 参考值
草场/牧场/围场	0.02
每天散施	0
固体存储	0.005
干燥育肥场	0.02
液体/泥肥——含天然硬皮覆盖	0.005
液体/泥肥——不含天然硬壳覆盖	0
无盖厌氧塘	0
牲畜圈养蓄粪池	0.002
无氧发酵池	0

续表

系统	EF_3 参考值
作为燃料燃烧	0.02
家牛的厚铺垫——非混合型	0.01
家牛的厚铺垫——现用组合	0.07
堆肥——容器中	0.006
堆肥——静态堆置	0.006
堆肥——集约化条垛式	0.1
堆肥——被动条垛式	0.01
耗氧管理——自然通风系统	0.01
耗氧管理——强制通风系统	0.005

资料来源：IPCC 国家温室气体清单指南。

附表 4　粪肥管理产生的 NH_3 和 NOx 挥发引起的氮损失缺省值——$Frac_{GasMS}$　　单位：%

粪肥管理系统	$Frac_{GasMS}$
干燥育肥场	30
固体存储	45
厚铺垫	30

资料来源：IPCC 国家温室气体清单指南。

参考文献

中文文献

著作

胡代光、高鸿业主编：《西方经济学大辞典》，经济科学出版社 2000 年版。

［英］马尔萨斯：《人口论》，陈祖洲等译，陕西人民出版社 2013 年版。

［英］亚当·斯密：《国富论》，郭大力、王亚南译，上海三联书店 2009 年版。

期刊

曹兵海：《2010 年肉牛产业发展趋势与政策建议》，《中国畜牧杂志》2010 年第 2 期。

曹兵海：《2015 年肉牛牦牛产业发展趋势与政策建议》，《中国牛业科学》2015 年第 1 期。

曹兵海：《2017 年肉牛牦牛产业发展趋势与政策建议》，《中国畜牧业》2017 年第 6 期。

曹兵海等：《2017 年肉牛产业发展情况、未来发展趋势及建议》，《中国畜牧杂志》2018 年第 3 期。

曹珂、屈小娥：《中国区域碳排放绩效评估及减碳潜力研究》，《中国人口·资源与环境》2014 年第 8 期。

曾大林等：《中国省际低碳农业发展的实证分析》，《中国人口·资源与环境》2013 年第 11 期。

陈黎明、黄伟：《基于随机前沿的我国省域碳排放效率研究》，《统计与决策》2013 年第 9 期。

陈诗一：《能源消耗、二氧化碳排放与中国工业的可持续发展》，《经济研究》2009 年第 4 期。

陈晓红等：《基于三阶段 SBM-DEA 模型的中国区域碳排放效率研究》，《运筹与管理》2017 年第 3 期。

陈瑶、尚杰：《四大牧区畜禽业温室气体排放估算及影响因素分解》，《中国人口·资源与环境》2014 年第 12 期。

陈瑶：《基于 DEA 的我国区域畜牧业温室气体排放效率评价研究》，《黑龙江畜牧兽医》2016 年第 8 期。

董锋、刘晓燕等：《基于三阶段 DEA 模型的我国碳排放效率分析》，《运筹与管理》2014 年第 4 期。

董红敏、杨其长：《反刍动物甲烷排放研究进展》，《农村生态环境》1993 年第 S1 期。

杜克锐、邹楚沅：《我国碳排放效率地区差异、影响因素及收敛性分析——基于随机前沿模型和面板单位根的实证研究》，《浙江社会科学》2011 年第 11 期。

杜欣怡等：《奶牛场技术选择对综合效益和碳排放的影响》，《中国乳业》2021 年第 11 期。

范敏等：《低碳经济与江西省畜禽养殖业可持续发展》，《能源研究与管理》2009 年第 4 期。

傅强、李四维：《基于经济增长理论的经济收敛性理论研究述评》，《经济问题探索》2016 年第 11 期。

公茂刚、张梅娇：《农地"三权"分置对农村金融包容性发展影响研究——基于 CMP 方法的实证分析》，《金融理论与实践》2021 年第 4 期。

龚飞飞等：《不同日粮组成对冬季密闭青年母牛舍碳排放影响的研究》，《中国畜牧杂志》2010 年第 14 期。

郭际等：《雾霾排放效率评估的二阶段 DEA 模型的构建及实证》，《中国软科学》2020 年第 10 期。

郭娇等：《中国畜牧业温室气体排放现状及峰值预测》，《农业环境科学学报》2017 年第 10 期。

郭文慧等：《山东省碳排放效率与影响因素分析——基于非期望产出的 SBM 模型的实证研究》，《东岳论丛》2013 年第 5 期。

何小钢、张耀辉：《中国工业碳排放影响因素与 CKC 重组效应——基于 STIRPAT 模型的分行业动态面板数据实证研究》，《中国工业经济》2012 年第 1 期。

何艳秋、戴小文：《中国农业碳排放驱动因素的时空特征研究》，《资源科学》2016 年第 9 期。

胡怀敏等：《长江经济带交通能源碳排放脱钩效应及驱动因素研究》，《长江流域资源与环境》2022 年第 4 期。

胡剑波等：《中国产业部门隐含碳排放效率研究——基于三阶段 DEA 模型与非竞争型 I-O 模型的实证分析》，《统计研究》2021 年第 6 期。

胡剑波等：《中国出口贸易隐含碳排放效率及其收敛性》，《中国人口·资源与环境》2020 年第 12 期。

胡向东、王济民：《中国畜禽温室气体排放量估算》，《农业工程学报》2010 年第 10 期。

华坚等：《基于三阶段 DEA 的中国区域二氧化碳排放绩效评价研究》，《资源科学》2013 年第 7 期。

黄秀声等：《畜牧业发展与低碳经济》，《中国农学通报》2010 年第 24 期。

江洪、赵宝福：《碳排放约束下中国区域能源效率测度与解构——基于三阶段 DEA 方法》，《价格理论与实践》2015 年第 1 期。

姜明红等：《生命周期评价在畜牧生产中的应用研究现状及展望》，《中国农业科学》2019 年第 9 期。

姜松等：《中国经济金融化与城镇化的空间计量分析——基于直接效应与间接效应分解》，《贵州财经大学学报》2017 年第 3 期。

解春艳等：《环境规制下中国农业技术效率的区域差异与影响因素——基于农业碳排放与农业面源污染双重约束的视角》，《科技管理研究》2021 年第 15 期。

匡远凤、彭代彦：《中国环境生产效率与环境全要素生产率分析》,《经济研究》2012年第7期。

雷玉桃、杨娟：《基于SFA方法的碳排放效率区域差异化与协调机制研究》,《经济理论与经济管理》2014年第7期。

李广明、张维洁：《中国碳交易下的工业碳排放与减排机制研究》,《中国人口·资源与环境》2017年第10期。

李水霞：《低碳经济背景下畜牧业发展中强化养殖污染治理的重要性分析》,《中国畜牧兽医文摘》2018年第4期。

李瑛、崔宇威：《地方高校科技创新效率评价研究——基于超效率的三阶段DEA分析》,《东北师大学报》（哲学社会科学版）2011年第2期。

李玉波等：《畜牧养殖业碳排放与经济增长关系——基于吉林省的统计数据》,《内江师范学院学报》2021年第6期。

厉以宁等：《低碳发展作为宏观经济目标的理论探讨——基于中国情形》,《管理世界》2017年第6期。

连玉君等：《Hausman检验统计量有效性的Monte Carlo模拟分析》,《数理统计与管理》2014年第5期。

刘宏笪等：《全球供应链视角下的中国碳排放责任与形象》,《资源科学》2021年第4期。

刘亦文、胡宗义：《中国碳排放效率区域差异性研究——基于三阶段DEA模型和超效率DEA模型的分析》,《山西财经大学学报》2015年第2期。

刘亦文等：《中国污染物排放的地区差异及收敛性研究》,《数量经济技术经济研究》2016年第4期。

刘翌晨等：《规模化奶牛养殖场温室气体排放研究——以山西省某奶牛养殖场为例》,《环境保护与循环经济》2020年第6期。

刘颖、任燕燕：《基于VEC模型的中国CO_2库兹涅茨曲线分析》,《安徽师范大学学报》（人文社会科学版）2012年第1期。

刘勇等：《环境规制对城市空间伸延的影响研究——基于中国30个城市的实证分析》,《工业技术经济》2022年第5期。

卢新海等：《碳排放约束下耕地利用效率的区域差异及其影响因

素》,《自然资源学报》2018年第4期。

罗必良:《农地经营规模的效率决定》,《中国农村观察》2000年第5期。

罗伊·普罗斯特曼等:《中国农业的规模经营:政策适当吗?》,《中国农村观察》1996年第6期。

马国群、谭砚文:《环境规制对农业绿色全要素生产率的影响研究——基于面板门槛模型的分析》,《农业技术经济》2021年第5期。

马海良、张格琳:《偏向性技术进步对碳排放效率的影响研究——以长江经济带为例》,《软科学》2021年第10期。

马青、傅强:《城乡收入差距、能源消耗与环境污染的双向耦合关系——基于经济起因的互动关系》,《技术经济》2019年第3期。

马宗虎等:《规模化肉牛育肥场温室气体排放的生命周期评估》,《农业环境科学学报》2010年第11期。

潘树峰:《发展低碳畜牧业的必要性及应对措施研究》,《新农业》2019年第5期。

曲晨瑶等:《产业聚集对中国制造业碳排放效率的影响及其区域差异》,《软科学》2017年第1期。

邵海琴、王兆峰:《中国交通碳排放效率的空间关联网络结构及其影响因素》,《中国人口·资源与环境》2021年第4期。

史丹:《中国能源效率的地区差异与节能潜力分析》,《中国工业经济》2006年第10期。

宋金昭等:《基于超效率三阶段DEA模型的建筑业碳排放研究》,《环境科学与技术》2019年第1期。

苏为华、张崇辉:《关于异质性假说的中国EKC再检验》,《统计研究》2016年第12期。

孙爱军等:《2000—2012年中国出口贸易的碳排放效率时空演变》,《资源科学》2015年第6期。

孙爱军:《省际出口贸易、空间溢出与碳排放效率——基于空间面板回归偏微分效应分解方法的实证》,《山西财经大学学报》2015年第4期。

谭支良、周传社:《现代畜牧业可持续发展:环境问题与现实选择》,《农业现代化研究》2008年第6期。

唐建荣、卢玲珠:《低碳约束下的物流效率分析——以东部十省市为例》,《中国流通经济》2013年第1期。

唐志鹏等:《基于函数极值条件下的中国碳达峰碳中和情景分析》,《自然资源学报》2022年第5期。

王惠等:《出口贸易、工业碳排放效率动态演进与空间溢出》,《数量经济技术经济研究》2016年第1期。

王俊能等:《我国畜牧业的规模发展模式研究——从环保的角度》,《农业经济问题》2012年第8期。

王谦等:《创新驱动发展战略下中国财政科技支出效率评价——基于三阶段超效率SBM-DEA模型》,《科技管理研究》2020年第5期。

王效琴等:《运用生命周期评价方法评估奶牛养殖系统温室气体排放量》,《农业工程学报》2012年第13期。

王益煊、吴优:《中国国有经济固定资本存量初步测算》,《统计研究》2003年第5期。

王勇、赵晗:《中国碳交易市场启动对地区碳排放效率的影响》,《中国人口·资源与环境》2019年第1期。

王占红、张世伟:《发展低碳畜牧业之拙议》,《现代畜牧兽医》2011年第2期。

王兆峰、杜瑶瑶:《基于SBM-DEA模型湖南省碳排放效率时空差异及影响因素分析》,《地理科学》2019年第5期。

魏楚等:《中国能否实现节能减排目标:基于DEA方法的评价与模拟》,《世界经济》2010年第3期。

魏梅等:《生产中碳排放效率长期决定及其收敛性分析》,《数量经济技术经济研究》2010年第9期。

温婷、罗良清:《中国乡村环境污染治理效率及其区域差异——基于三阶段超效率SBM-DEA模型的实证检验》,《江西财经大学学报》2021年第3期。

邰彩霞：《中国低碳经济发展的协同效应研究》，《管理世界》2021年第8期。

吴献金、邓杰：《贸易自由化、经济增长对碳排放的影响》，《中国人口·资源与环境》2011年第1期。

吴玉鸣、李建霞：《中国区域工业全要素生产率的空间计量经济分析》，《地理科学》2006年第4期。

吴玉萍、张云：《城市绿色发展效率的时空演变及动态评价》，《统计与决策》2020年第11期。

郗永勤、吉星：《我国工业行业碳排放效率实证研究——考虑非期望产出SBM超效率模型与DEA视窗方法的应用》，《科技管理研究》2019年第17期。

席建国：《我国碳排放效率的区域动态差异、敛散性及时变因素分析》，《地域研究与开发》2013年第5期。

肖周燕：《人口素质、经济增长与CO_2排放关联分析》，《干旱区资源与环境》2013年第10期。

谢波、李松月：《贸易开放、技术创新对我国西部制造业碳排放绩效影响研究》，《科技管理研究》2018年第9期。

谢双红、王济民：《关于加快畜牧业全面协调可持续发展的研究》，《农业经济问题》2005年第7期。

闫云凤、赵忠秀：《中国对外贸易隐含碳的测度研究——基于碳排放责任界定的视角》，《国际贸易问题》2012年第1期。

严立冬等：《农业生态资本投资水平及其空间溢出效应研究》，《中国地质大学学报》（社会科学版）2021年第6期。

杨朝均、刘立菊：《中国低碳创新的地区差异及空间收敛性研究》，《技术经济》2020年第S1期。

杨飞、汪少波：《畜牧产业的发展与环境——兼论我市畜牧产业的低碳经济》，《情报杂志》2011年第S1期。

杨莉莎等：《中国碳减排实现的影响因素和当前挑战——基于技术进步的视角》，《经济研究》2019年第11期。

杨曦、彭水军：《碳关税可以有效解决碳泄漏和竞争力问题吗？——基于异质性企业贸易模型的分析》，《经济研究》2017 年第 5 期。

游和远、吴次芳：《土地利用的碳排放效率及其低碳优化——基于能源消耗的视角》，《自然资源学报》2010 年第 11 期。

于善波、张军涛：《长江经济带省域绿色全要素生产率测算与收敛性分析》，《改革》2021 年第 4 期。

于伟咏等：《碳排放约束下中国农业能源效率及其全要素生产率研究》，《农村经济》2015 年第 8 期。

余泳泽：《我国节能减排潜力、治理效率与实施路径研究》，《中国工业经济》2011 年第 5 期。

岳立、苗菊英：《碳减排视角下黄河流域城市能源高效利用的提升机制研究》，《兰州大学学报》（社会科学版）2022 年第 1 期。

詹晶等：《我国畜牧业低碳化发展的路径选择——基于畜牧业排放源对甲烷增长的回归分析》，《广西社会科学》2012 年第 9 期。

张金灿、仲伟周：《基于随机前沿的我国省域碳排放效率和全要素生产率研究》，《软科学》2015 年第 6 期。

张龙：《牛羊养殖环境污染问题与防控措施》，《今日畜牧兽医》2022 年第 1 期。

张宁、赵玉：《中国能顺利实现碳达峰和碳中和吗？——基于效率与减排成本视角的城市层面分析》，《兰州大学学报》（社会科学版）2021 年第 4 期。

张晓彤等：《常用减排政策在肉牛养殖业中的有效性分析》，《安徽农业科学》2016 年第 4 期。

张效莉：《人口文化素质与生态环境相互作用机制的分析》，《统计教育》2007 年第 12 期。

张耀民等：《中国农业排放源甲烷排放量的估算》，《农村生态环境》1993 年第 S1 期。

张月等：《基于库兹涅茨曲线的中国工业用水与经济增长关系研究》，《资源科学》2017 年第 6 期。

赵俊伟等：《生猪规模养殖粪污治理演化博弈及影响因素分析》，

《科技管理研究》2019年第23期。

赵领娣等：《基于空间计量的中国省域人力资本与碳排放密度实证研究》，《人口与发展》2014年第4期。

赵霞等：《低碳约束下中国流通业效率的区域差异——基于三阶段DEA模型的测算》，《北京工商大学学报》（社会科学版）2018年第5期。

赵玉等：《环境污染与治理的空间效应研究》，《干旱区资源与环境》2015年第7期。

钟茂初、赵志勇：《城乡收入差距扩大会加剧环境破坏吗？——基于中国省级面板数据的实证分析》，《经济经纬》2013年第3期。

钟茂初：《"双碳"目标有效路径及误区的理论分析》，《中国地质大学学报》（社会科学版）2022年第1期。

仲云云、仲伟周：《中国区域全要素碳排放绩效及影响因素研究》，《商业经济与管理》2012年第1期。

周五七、聂鸣：《中国工业碳排放效率的区域差异研究——基于非参数前沿的实证分析》，《数量经济技术经济研究》2012年第9期。

周亚莉等：《陕西省经济增长与环境污染关系研究》，《统计与信息论坛》2009年第3期。

朱磊等：《环境治理约束与中国经济增长——以控制碳排放为例的实证分析》，《中国软科学》2018年第6期。

论文

郭姣：《中国三大城市群节能减排效率及空间治理研究》，博士学位论文，天津理工大学，2021年。

陈瑶：《中国畜牧业碳排放测度及增汇减排路径研究》，博士学位论文，东北林业大学，2056年。

唐洪松：《西北地区土地利用碳排放效率及减排潜力研究》，博士学位论文，新疆农业大学，2018年。

王桂霞：《中国牛肉产业链研究》，博士学位论文，中国农业大学，2005年。

吴义根：《低碳约束下的中国农业生产率研究——基于空间计量

的视角》，博士学位论文，中国农业大学，2018年。

外文文献

Anselin Luc, *Spatial Econometrics: Methods and Models*, Dordrecht: Kluwer Academic Publisher, 1988, p. 10.

Moran Patrick Alfred Pierce, "The Interpretation of Statistical Map", *Journal of the Royal Statistical Society*, Vol. 19, No. 2, 1948, p. 243.

Albert Boaitey, et al., "Environmentally Friendly Breeding, Spatial Heterogeneity and Effective Carbon Offset Design in Beef Cattle", *Food Policy*, Vol. 84, 2019, p. 40.

Aslan Alper, et al., "Bootstrap Rolling Window Estimation Approach to Analysis of the Environment Kuznets Curve Hypothesis: Evidence from the USA", *Environmental Science and Pollution Research*, Vol. 25, No. 3, 2018, p. 2406.

Andersen Per, Petersen Niels Christian, "A Procedure for Ranking Efficient Units in Data Envelopment Analysis", *Management Science*, Vol. 39, No. 10, 1993, p. 1261.

Aslam Muhammad Shoaib, et al., "Assessment of Major Food Crops Production Based Environmental Efficiency in China, India, and Pakistan", *Environmental Science and Pollution Research*, Vol. 29, No. 7, 2022, p. 10091.

Banker Rajiv, et al., "Some Models for Estimating Technical and Scale Inefficiencies in Data Envelopment Analysis", *Management Science*, Vol. 30, No. 9, 1984, p. 1078.

Baumol William, "Macroeconomics of Unbalanced Growth: The Anatomy of Urban Crisis", *The American Economic Review*, Vol. 57, No. 3, 1967, p. 415.

Baumol William, "Productivity Growth, Convergence, and Welfare: What the Long-Run Data Show", *American Economic Review*, Vol. 76, No. 5, 1986, p. 1072.

Boer IJM De, et al., "Greenhouse Gas Mitigation in Animal Production: Towards an Integrated Life Cycle Sustainability Assessment", *Current Opinion in Environmental Sustainability*, Vol. 3, No. 5, 2011, p. 423.

Boyce James K., "Inequality as a Cause of Environmental Degradation", *Ecological Economics*, Vol. 11, 1994, p. 169.

Branco José Eduardo Holler, et al., "Mutual Analyses of Agriculture Land Use and Transportation Networks: The Future Location of Soybean and Corn Production in Brazil", *Agricultural Systems*, Vol. 194, 2021, p. 103264.

Casey John, Holden Nicholas, "Quantification of GHG Emissions from Suckler-Beef Production in Ireland", *Agricultural Systems*, Vol. 90, 2006, p. 79.

Cederberg Christel, Stadig Magnus, "System Expansion and Allocation in Life Cycle Assessment of Milk and Beef Production", *The International Journal of Life Cycle Assessment*, Vol. 8, No. 6, 2003, p. 350.

Charnes Abraham, et al., "Measuring the Efficiency of Decision Making Units", *European Journal of Operational Research*, Vol. 2, No. 6, 1978, p. 429.

Chaves Alexandre Vieira, et al., "Effect of Pasture Type (Alfalfa vs. Grass) on Methane and Carbon Dioxide Production by Yearling Beef Heifers", *Canadian Journal of Animal Science*, Vol. 86, No. 3, 2006, p. 409.

Chen Chao Mei, "CiteSpace II: Detecting and Visualizing Emerging Trends and Transient Patterns in Scientific Literature", *Journal of the American Society for Information Science and Technology*, Vol. 57, No. 3, 2006, p. 359.

Chen Chao Mei, et al., "The Structure and Dynamics of Co-Citation Clusters: A Multiple-Perspective Co-Citation Analysis", *Journal of the American Society for Information Science and Technology*, Vol. 61, No. 7, 2010, p. 1386.

Chen Chao Mei, "Searching for Intellectual Turning Points: Progressive Knowledge Domain Visualization", *Proceedings of the National Acade-*

my of Sciences, Vol. 101, 2004, p. 5303.

David I. Stern, "The Rise and Fall of the Environmental Kuznets Curve", World Development, Vol. 32, No. 8, 2004, p. 1419.

Defra, Energy White Paper: Our Energy Future—Creating a Low Carbon Economy, London: The Stationery Office, 2003, p. 68.

Dickey David, Fuller Wayne, "Likelihood Ratio Statistics for Auto Regressive Time Series with a Unit Root", Econometrica, Vol. 49, No. 4, 1981, p. 1057.

Dinda Soumyananda, et al., "Air Quality and Economic Growth of an Empirical Study", Ecological Economics, Vol. 34, No. 3, 2000, p. 409.

Dogan Eyup, Inglesi-Lotz Roula, "The Impact of Economic Structure to the Environmental Kuznets Curve (EKC) Hypothesis: Evidence from European Countries", Environmental Science and Pollution Research, Vol. 27, No. 3, 2020, p. 12717.

Edwards-Jones Gareth, et al., "Carbon Foot Printing of Lamb and Beef Production Systems: Insights from an Empirical Analysis of Farms in Wales, UK", Journal of Agriculture Science, Vol. 147, 2009, p. 707.

Eghball Bahman and Power J. F., "Beef Cattle Feedlot Manure Management", Journal of Soil and Water Conservation, Vol. 49, No. 2, 1994, p. 113.

Elhorst Paul, "Dynamic Panels with Endogenous Interaction Effects When T is Small", Regional Science and Urban Economics, Vol. 40, No. 5, 2010, p. 272.

Farrell Michael James, "The Measurement of Productive Efficiency", Journal of the Royal Statistical Society, Vol. 120, No. 3, 1957, p. 2537.

Fried Harold, et al., "Accounting for Environmental Effects and Statistical Noise in Data Envelopment Analysis", Journal of Productivity Analysis, Vol. 17, No. 1, 2002, p. 157.

Fried Harold, et al., "Incorporating the Operating Environment into a Non-Parametric Measure of Technical Efficiency", Journal of Productivity

Analysis, Vol. 12, No. 3, 1999, p. 249.

Grossman Gene, Krueger Alan, "Economic Growth and the Environment", *Quarterly Journal of Economics*, Vol. 110, No. 2, 1995, p. 353.

Gavrilova Olga, et al., "International Trade and Austria's Livestock System: Direct and Hidden Carbon Emission Flows Associated with Production and Consumption of Products", *Ecological Economics*, Vol. 69, No. 4, 2010, p. 920.

Georgiev Emil, Mihaylov Emil, "Economic Growth and the Environment: Reassessing the Environmental Kuznets Curve for Air Pollution Emissions in OECD Countries", *Letters in Spatial & Resource Sciences*, Vol. 8, No. 1, 2015, p. 29.

Goldar Bishwanath, Banerjee Nandini, "Impact of Informal Regulation of Pollution on Water Quality in Rivers in India", *Journal of Environmental Management*, Vol. 73, No. 2, 2004, p. 117.

Engle Robert, Granger Clive, "Co-Integration and Error Correction: Representation, Estimation, and Testing", *Econometrica*, Vol. 55, No. 2, 1987, p. 251.

Harrison Matthew, et al., "Improving Greenhouse Gas Emissions Intensities of Subtropical and Tropical Beef Farming Systems Using Leucaena Leucocephala", *Agricultural Systems*, Vol. 136, 2015, p. 138.

He Ge, "Benchmarking Low-Carbon Management Performance: An Empirical Study of G20 Countries", *Actual Problems of Economics*, Vol. 137, No. 11, 2012, p. 484.

Heerink Nico, et al., "Income Inequality and the Environment: Aggregation Bias in Environmental Kuznets Curves", *Ecological Economics*, Vol. 38, No. 3, 2001, p. 359.

Lewis Arthur, "Economic Development with Unlimited Supplies of Labour", *The Manchester School of Economic and Social Studies*, Vol. 22, No. 2, 1954, p. 139.

Jondrow James, et al., "On the Estimation of Technical Efficiency in the Stochastic Frontier Production Function Model", *Econometrics*, Vol. 19, 1982, p. 259.

Lesage James, Fischer Manfred, "Spatial Growth Regressions: Model Specification, Estimation and Interpretation", *Spatial Economic Analysis*, Vol. 3, No. 3, 2008, p. 275.

Manafiazar Ghader, et al., "Methane and Carbon Dioxide Emissions from Yearling Beef Heifers and Mature Cows Classified for Residual Feed Intake under Drylot Conditions", *Canadian Journal of Animal Science*, Vol. 100, No. 3, 2020, p. 522.

Matthew Andersen, et al., "Capital Services in U. S. Agriculture: Concepts, Comparisons, and the Treatment of Interest Rates: An Error and a Correction", *American Journal of Agricultural Economics*, Vol. 94, No. 5, 2012, p. 1247.

Miehnik Otavio, Goldemberg José, "Communication the Evolution of the 'Carbonlization Index' in Developing Countries", *Energy Policy*, Vol. 5, 1999, p. 307.

Nar Mehmet, "The Relationship between Income Inequality and Energy Consumption: A Pareto Optimal Approach", *Journal of Asian Finance Economics and Business*, Vol. 8, No. 4, 2021, p. 619.

Newton, et al., "Public Policies for Low Carbon Emission Agriculture Foster Beef Cattle Production in Southern Brazil", *Land Use Policy*, Vol. 80, 2019, p. 269.

Oggioni Giorgia, et al., "Eco-Efficiency of the World Cement Industry: A Data Envelopment Analysis", *Energy Policy*, Vol. 39, No. 5, 2011, p. 2842.

Ogino Akifumi, et al., "Environmental Impacts of the Japanese Beef-Fattening System with Different Feeding Lengths as Evaluated by a Life-Cycle Assessment Method", *Journal of Animal Science*, Vol. 82, No. 7, 2004, p. 2115.

Ogino Akifumi, et al., "Evaluating Environmental Impacts of the Japanese Beef Cow-Calf System by the Life Cycle Assessment Method", *Journal of Animal Science*, Vol. 78, 2007, p. 424.

Oh Dong Hyun, "A Global Malmquist-Luenberger Productivity Index", *Journal of Productivity Analysis*, Vol. 34, No. 3, 2010, p. 183.

Ominski Kimberly, et al., "Estimates of Enteric Methane Emissions from Cattle in Canada Using the IPCC Tier-2 Methodology", *Canadian Journal of Animal Science*, Vol. 87, No. 3, 2007, p. 459.

Pace R. Kelley, Lesage James, "A Sampling Approach to Estimate the Log Determinant Used in Spatial Likelihood Problems", *Journal of Geographical Systems*, Vol. 11, No. 3, 2009, p. 209.

Parzen Emanuel, "On Estimation of a Probability Density Function and Mode", *The Annals of Mathematical Statistics*, Vol. 33, No. 3, 1962, p. 1065.

Paelinck Jean, "Spatial Econometrics", *Economics Letters*, Vol. 1, No. 1, 1979, p. 59.

Perron Pierre, "Trends and Random Walks in Macroeconomic Time Series: Further Evidence from a New Approach", *Journal of Economic Dynamics & Control*, Vol. 12, No. 2, 1988, p. 332.

Phillips Peter, Sul Donggyu, "Transition Modeling and Econometric Convergence Tests", *Econometrica*, Vol. 6, 2007, p. 1771.

Phillips Peter, "Time Series Regression with a Unit Root", *Cowles Foundation Discussion Papers*, Vol. 55, No. 2, 1987, p. 301.

Pittman Robert, "Multilateral Productivity Comparisons with Undesirable Outputs", *The Economic Journal*, Vol. 93, 1983, p. 933.

Ramsey Frank, "A Mathematical Theory of Saving", *Economic Journal*, Vol. 38, 1928, p. 543.

Renand Gilles, et al., "Methane and Carbon Dioxide Emission of Beef Heifers in Relation with Growth and Feed Efficiency", *Animals*, Vol. 9, No. 12, 2019, p. 1136.

Ricardo Rebolledo Leiva, et al., "A New Method for Eco-Efficiency

Assessment Using Carbon Footprint and Network Data Envelopment Analysis Applied to a Beekeeping Case Study", *Journal of Cleaner Production*, Vol. 329, 2021, p. 7.

Scheel Holger, "Undesirable Outputs in Efficiency Valuations", *European Journal of Operational Research*, Vol. 132, No. 2, 2001, p. 400.

Scruggs Lyle A., "Political and Economic Inequality and the Environment", *Ecological Economics*, Vol. 26, 1998, p. 259.

Selden Thomas, Song Daqing, "Environmental Quality and Development: Is There a Kuznets Curve for Air Pollution Emission", *Journal of Environmental Economics and Management*, Vol. 35, 1994, p. 126.

Singh Akshit, et al., "Cloud Computing Technology: Reducing Carbon Footprint in Beef Supply Chain", *International Journal of Production Economics*, Vol. 164, 2015, p. 462.

Sohag Kazi, et al., "Re-Visiting Environmental Kuznets Curve: Role of Scale, Composite, and Technology Factors in OECD Countries", *Environmental Science and Pollution Research*, Vol. 6, 2019, p. 27726.

Solow Robert, "A Contribution to the Theory of Economic Growth", *Quarterly Journal of Economics*, Vol. 1, 1956, p. 65.

Shafik Nemat, Bandyopadhyay Sushenjit, "Economic Growth and Environmental Quality: Time Series and Cross-country Evidence", *Policy Research Working Paper Series*, Vol. 6, 1992, p. 1.

Taskin Fatma, Zaim Osman, "Searching for a Kuznets Curve in Environmental Efficiency Using Kernel Estimations", *Economics Letters*, Vol. 68, No. 2, 2000, p. 217.

Tobler Waldo, "A Computer Movie Simulating Urban Growth in the Detroit Region", *Economic Geography*, Vol. 46, 1970, p. 234.

Tone Kaoru, "A Slacks-Based Measure of Efficiency in Data Envelopment Analysis", *European Journal of Operational Research*, Vol. 130, No. 3, 2001, p. 498.

Tone Kaoru, "A Slacks-Based Measure of Super-Efficiency in Data

Envelopment Analysis", *European Journal of Operational Research*, Vol. 143, No. 1, 2002, p. 32.

Weber Christopher L., et al., "The Contribution of Chinese Exports to Climate Change", *Energy Policy*, Vol. 36, No. 9, 2008, p. 3572.

Xie Bai Chen, et al., "Environmental Efficiency and Abatement Cost of China's Industrial Sectors Based on a Three-Stage Data Envelopment Analysis", *Journal of Cleaner Production*, Vol. 153, No. 1, 2017, p. 626.

Yang Jun, et al., "Income Distribution, Human Capital and Environmental Quality: Empirical Study in China", *Energy Procedia*, Vol. 5, 2011, p. 1689.

Liu Yong, "Investigating External Environmental Pressure on Firms and Their Behavior in Yangtze River Delta of China", *Journal of Cleaner Production*, Vol. 17, No. 16, 2009, p. 1480.

Zhang Ning, et al., "Does Major Agriculture Production Zone Have Higher Carbon Efficiency and Abatement Cost under Climate Change Mitigation?", *Ecological Indicators*, Vol. 105, 2019, p. 376.

Zhou Peng, et al., "Measuring Environmental Performance under Different Environmental DEA Technologies", *Energy Economics*, Vol. 30, No. 1, 2008, p. 1.

后　记

感谢吉林大学杨印生教授、吉林大学数量经济研究中心林煜恩教授、德国哥廷根大学于晓华教授、日本早稻田大学 Satoru Shimokawa 教授、中国人民大学毛学峰教授对本书撰写过程中提供的指导与帮助。

感谢农业农村部国家现代农业产业技术体系肉牛牦牛产业经济研究专项（CARS-38）、农业农村部畜牧兽医局委托课题（编号：16230002）、吉林财经大学著作出版资助项目对本书的资助。同时对中国社会科学出版社责任编辑的大力支持与帮助表示感谢。

此外，由于肉牛产业自身及碳排放效率影响因素的复杂性、研究尺度的局限性以及部分统计数据难以获得，使研究的不足之处在所难免，敬请广大读者及同人批评指正。